会计职业道德丛书

会计职业道德研究

[美] 劳伦斯·A.波尼蒙　主编
马克·J.爱泼斯坦　詹姆斯·盖尔　副主编
李正　王晖　翁乐天　王颖　译
郭永清　校

格致出版社
上海人民出版社

总 序

在我的学术生涯中，虽然也出版了一些研究成果，但看看案头这套丛书沉甸甸的译稿，我心里还是充溢着从来没有过的激动与欣喜。在上海国家会计学院组建后的短短五年时间里，我们已经出版了多套高质量的学术研究丛书和翻译丛书。现在，又有一套译丛即将付梓出版，喜悦之情，油然而生，缀数语于卷首，为丛书序。

公平、诚信的竞争秩序是市场经济制度建立和发展的基础，是保障社会财富合理分配、提高资源配置效率的先决条件。在系统的诚信体系中，会计诚信又是市场经济健康运行的基石。中国还处在社会主义市场经济发展的初级阶段，会计法律制度的完善、会计信息披露的公正透明、会计从业者职业道德水准的提高，不仅对中国资本市场的建设意义重大，而且对中国整个市场经济体系的长期健康发展至关重要。

上海国家会计学院自成立之日起，即秉承朱镕基总理“不做假账”的校训，肩负着开展会计诚信教育、提高中国会计从业人员的职业素质、促进中国会计诚信建设的重任。本套丛书即是上海国家会计学院推进会计诚信教育的重要组成部分，也是对会计诚信问题不断深入研究的重要成果。

丛书包括《会计与金融的道德问题》、《会计职业道德研究》、《构建公司受托责任》、《公司的崩溃》等四本译著，对西方国家近十年发生的一些典型的会计舞弊案进行了深入剖析。近年来我国新闻媒体对美国的安然公司、世通，中国的银广厦、蓝田股份等国内外公司会计丑闻连篇累牍的报道引起了学者、实务界人士及广大股民对会计职业道德问题的高度关注，会计丑闻对经济的影响和危害日益凸显，严重打击投资者信心，增加社会交易成本。本译丛从不同的视角，解释了发达国家会计舞弊案层出不穷的深层原因，针对如何提升会计职业道德，如何构建公司受托责任，以及如何加强法律与会计、审计的改革，提出了许多的真知灼见。他山之石，可以攻玉。这些来自西方发达市场经济的经验教训，既为我国会计实务界——包括资本市场监管者、会计审计从业人员以及广大的投资者——提供了借鉴，亦为从事会计职业道德研究乃至公司治理研究的专业人员提供了重要的文献参考。

我相信，本套丛书必能对我国市场经济诚信体系尤其是会计职业道德体系的建构有所帮助。

是为序。

夏大慰

译者序

近年来，会计丑闻被不断曝光，美国的安然公司、世界通信，我国的银广夏、蓝田股份等公司的恶性事件，严重打击了投资者的信心。学者们对如何恢复公众投资者的信心进行了广泛的讨论与研究，并提出了一系列措施。许多研究者都把会计丑闻归结为公司治理结构的失败。但是，我们认为，会计丑闻不是一个孤立的问题，必须从诸多领域采取多种手段才能得到有效解决。其中，一个不容忽视的问题，就是会计伦理道德的教育。依靠道德力量约束和规范人们的行为是十分重要的。公司会计师（以及事务所的CPA）经常会陷入道德的两难困境，因为他们既要向公司管理层（事务所的客户）负责，又要向公众负责，具有双重身份。那么，在会计活动中，是不是存在一致的伦理道德呢？回答是肯定的。所谓一致的会计伦理道德是指在全球范围内调整会计与投资者、会计与市场主体及会计本身之间的关系的基本行为规范，是会计活动为了生存和发展所必须遵守的一系列行为准则。会计伦理道德从适用范围而言，不仅包括会计职业道德，还包括社会会计道德。所谓社会会计道德是要求不能仅仅将会计伦理道德局限在职业道德的范畴中，还应将其看作是社会道德的组成部分，以便使社会公众能理解、接受、遵守会计伦理道德，监督其实施。会计理论上的伦理道德标准将重点放在正当、真实与公正上，这是作为会计应遵守的普遍道德标准。

然而，纵观我国现有的会计课程，几乎没有谈论会计伦理道德问题的尝试。因为很多人认为伦理学的课程空洞而无用处。那么，伦理是否可以被教导呢？本书的实证研究表明，经由教育，我们可以学习到行事的标准、社会的规范，让我们发现原来一件事可以从这么多的观点来思考，开拓自己的视野。伦理教育听来或许有点过于抽象，它的内容除了教导我们道德规范，还有什么呢？举“商业伦理”这门课为例，主要是要让未来的商业人士明白自己对社会所应负起的责任，因此坚持一些美德是必需的，好比遵守法律、诚实、公平等等，试想，一个做假账的公司在被揭发后，除了自身名誉的损害，对整个国家经济更有难以评估的影响；而企业因为公众消费而得利润后，也应该对社会有所回馈，如改善生产设备，减低污染，从“利己”的层面提升到“利他”的层次。以上种种都是可以教导的观念，也是伦理教育的部分内容。

江泽民同志指出：“我们在建设有中国特色社会主义，发展社会主义市场经济的过程中，要坚持不懈地加强社会主义法制建设，依法治国，同时也要坚持不懈地加强社会主义道德建设，以德治国。”道德的力量十分重要，是对社会经济活动的市场调节和政府调节之外的第三种力量。市场调节与政府调节都有其局限性，两种调节互补之后仍会留下一部分空白，这个空白只能依靠道德调节来发挥作用。从这个意义上说，道德约束是一道最后的防线。我们认为，只有通过广泛开展各种形式的有效的会计职业道德教育，才能使“诚信为本、操守为重、坚持准则、不做假账”这一思想深入人心。会计职业道德研究及其教育是一个需要我们进行更加深入研究的重要课题。

国外有很多学者采用实地研究、调查问卷、逻辑推理等方法，就会计伦理道德进行了深入的研究，取得了丰硕的成果。借鉴他们的研究成果，开展符合我国国情的会计职业道德研究以及教育，是建立会计诚信必不可少的一环，因此，我们组织翻译了本书。希望本书的出版，能为我国的会计职业道德研究和教育提供一定的思路和参考。

本书第 1、5、6、7、8 和 9 章由厦门大学会计系的李正翻译，第 2、3 和 4 章由王晖翻译，第 10、11、12、13、14 和 15 章由翁乐天翻译，第 16 和 17 章由王颖翻译。郭永清博士负责本书的主校。由于时间仓促，再加上译校者水平有限，其中可能有误译之处，还望读者不吝批评指正。

上海国家会计学院

目录

1 年度报告是自愿传递信号和公司公允表达社会责任活动的媒介

Moses L. Pava
Joshua Krausz

摘　要

本研究的主要动机是在实证上(empirical)检验为什么一些公司对于自己的社会责任活动披露得比其他公司多。为了达到这个目的,我们计量了样本组那些已经被认为满足了公司社会责任标准的公司在年度报告中有关社会责任活动方面的披露,并且把上述结果与控制样本的披露进行分析。此外,我们还检查了"有关公正性的语言修辞"。更加具有针对性的是,通过对总裁致股东的信进行分析,我们检查了公司管理层是否运用策略性或非策略性语言为社会责任活动的选择提供了正当的理由。

引　言

就什么原因促使一些公司比另外一些公司在公司社会责任(corporate social responsibility, CSR)活动上披露更多的信息这一问题,会计文献上的分歧很大。一种观点是假设社会责任披露是试图满足外部“压力集团”的要求。我们称这种观点为“伪装”(bluffing);另一种观点是认为公司社会责任披露反映了管理层通过运用年度报告来试图正确传达他们在CSR活动中的选择。这种观点被称为“信号传递”(signaling)。

因此,本研究的主要动机是从实证上检验这个问题。为了达到这个目的,我们计量了样本组那些已经被认为满足了公司社会责任标准的公司在年度报告中有关社会责任活动方面的披露。这些公司已经被经济重点问题理事会(Council on Economic Priorities, CEP)确认为符合标准的公司。我们把上述结果与对控制样本的社会责任披露的分析进行了对比。

此外,考虑到存在一些有关社会责任的有意义的披露,我们也检验了“正当理由的语言修辞”。在本研究中,通过公司管理层在选择社会责任活动中所使用的策略性或非策略性语言,我们检查了公司管理层是否提供了正当的理由。特别地,对于有关CSR的特殊活动方面的披露和明确阐述的目标之间的任何差异,通过使用内容分析的方法,我们分析了总裁致股东的信。

作为一种纯粹的描述性活动,证明存在非策略性的正当理由是重要的。就作者所了解的内容来说,迄今为止,尚没有一项研究说明了这个问题。我们确信在年度报告中存在非策略性的正当理由,这些理由对于我们理解公司社会责任披露的本质是重要的,但这又是目前所缺少的。在完整的社会责任披露的“理论”形成之前,有必要准确描述报告环境的特点,这是一个较为直接的问题,但是在以前的著作中,这个问题几乎没有或者根本就没有受到关注。

检查总裁致股东的信有许多原因。第一,对于所有的股东和其他利益相关各方来说,这封信是通用的。以年为基础,总裁的信是受到高度关注的文件。第二,总裁致股东的信易于理解。在最近的一个有关个人投资者对年度报告的使用和阅读次数的调查中,Epstein 和 Pava(1993)得出的结论是,总裁致股东的信是最易于理解的项目。第三,这封信直接针对股东(尽管并非总是如此),而我们的研究重点主要集中在管理层如何向公司股东披露和提供公司社会责任活动的正当理由上,所以这封信是重要的。最后,并且也许是最重要的,总裁的信提供了一种开放的和相对没有限制的管理层自愿向利益相关各方传递消息的媒介。虽然管理层的讨论和分析也具有这一特征(Epstein and Pava, 1993),但是我们对管理层的讨论和分析及总裁致股东的信中有关 CSR 的披露进行了初始对比,对比情况较强地显示了管理层具有通过总裁的信而不是管理层的讨论和分析来传递公司社会责任方面信息的倾向。与此相似,Wolfe(1991)得出的结论是,管理层的讨论只是关注财务结果的技术扩展方面,有关 CSR 问题的介绍就没有包括在里面。

披露的理论基础:伪装、信号传递和提供正当理由所使用的语言修辞

如前所述,关于为什么一些公司比其他公司披露更多的有关 CSR 活动方面的信息,至少已经提出了两个截然相反的原因。我们称第一个原因为“伪装”,第二个原因是“信号传递”。在这一节中,我们考察这两种观点。最后,在这一节的第三部分,我们讨论与提供正当理由所使用的语言修辞有关的问题。

伪　装

伪装观点的理论基础是下面的两个假设:第一,投资者,只发挥投资者的作用,假设他们仅把公司价值与未来现金流量的预期

联系起来，而与正的或者负的外部性无关。这个假设已经被描述为假定股东的愿望是利润最大化（Engel, 1979）。第二，这种观点假设在CSR活动和财务业绩之间有一个反比关系。因此，它假设CSR活动水平越高，财务业绩水平就越低。这两个假设放在一起，就产生了如下结论：在允许严格的自愿披露的环境中，CSR评价较高的公司，将会有强烈的动机不去披露这方面的信息，特别是不会通过总裁致股东的信来披露。此外，CSR评价较低的公司也不愿披露这类信息，当然它们也没有那么多信息需要披露。

Abbott和Monsen（1979）对此已经作了总结并且为这种观点提供论据：

> 在理论上，预期公司减少它的有关社会活动的报告是有原因的。因为投入社会活动也是有成本的，当股东了解到这些社会活动时，他们会认为公司的管理层没有把最高的注意力放在股东利益上，即没有通过股利发放来达到股东利益最大化。（p. 506）

最近，Cowen、Ferreri和Parker（1987）发表了相似的见解，他们写道：

> 一个公司可能会高度投入到社会责任活动中去，但是它也许不会选择在年度报告中披露这些活动。与此相反的是，一些公司也许几乎不关注社会福利但是它们会大量披露那些相对很少的社会活动来提高其公司形象。（p. 121）

到目前为止，George J. Benston在一篇名为“会计和公司的受托责任”（1982）的文章中已经对这种观点作出了最清楚的和最全面的表述。这篇文章引发了争议并且使一些人有点恼火。因为这篇文章的重要性，我们对它进行全面的评论。Benston应用从有效市场学派（efficient market school）借用来的论据，提出管理者在选择CSR活动中几乎没有或者根本没有自由可言。

为了陈述他的理由，Benston明确地宣称顾客、股东和管理层对于CSR活动几乎没有或者根本就没有表露出自己的要求。给定这些限制性假设，Benston提出了强有力的分析论据，他提出了不可能存在大量的 CSR 活动。Benston 列举了四个管理层在其选择方面受到限制的一般性原因：商品和服务的市场；财务和公司控制市场；经理服务市场；内部和外部监督制度。

由于 Benston 的假设中顾客对公司社会责任活动“几乎不感兴趣”，那么商品和服务市场限制了管理层的决策。管理层不能把其他的资源扩展到环境项目上，并且也不能把公司社会责任活动的成本转嫁给顾客。顾客将不会为环境清洁而支付更多的钱。

与此相似，因为股东在 CSR 活动上没有什么价值可言，财务和公司控制市场也限制了管理层投入到公司社会责任活动中去的能力。Benston 宣称“不良的受托责任”与投入到社会责任活动的决策联系在一起将不可避免地导致更低的股价。同时，“公司股票市价的下降提高了公司被收购并且替换管理层的可能性”(p. 91)。因此，关注他们自己本职工作的管理层有避免 CSR 活动的强烈的内在动机。

经理服务市场，如同上面讨论的市场一样，也限制了管理层。在有关这一点的争论上，Benston 把 CSR 活动和“服务于自我利益的决策”等同起来(p. 91)。因此，一个管理者被认为投入到 CSR 活动中去越多，他就越难发现一个新的经理职位。用 Benston 的话来说，“总体来说，在市场上，其他的生产商和顾客有了解和提供产品价值信息的动机”(p. 91)。在某种程度上，如果一个管理者被认为是一个 CSR 管理者，那么他的价值将会下降。

最后一点，也是 Benston 认为最重要的一点是，外部与内部的监督制度将防止经理们“滥用股东资源”(p. 92)。Benston 指出，绝大多数管理者(与广大的客户和股东一样)都不愿从事 CSR 活动。所以，管理者认为建立和设计内部与外部监督制度是符合其自身利益的，因为这样可以证实他们没有从事像 CSR 那样的非营利行为。例如，如果没有外部审计人员存在，那么，管理层的“报酬将减少的数额是他们预期从股东那里所转移出去的资源的数量”(p. 92)。简而言之，雇用审计人员来证实不存在 CSR 活动是符合管理者利益的。

Benston的结论很明确。管理者除了采取符合股东利益的行动以外没有多少自由选择的空间。由于股东被假定为不愿从事CSR活动,管理者也就不能够并且将不会从事这类活动。作为支持其观点的实证证据的一部分,Benston早已提到了三只具有CSR背景的共同基金的失败,对这部分讨论下了定论。

然而,Benston非常清楚地知道,一部分CSR披露确实存在。因此,他必须借助有效市场观点来解释这一现象。

为了解释CSR披露,Benston将"压力集团"这一理念引入到分析中来。他指出,CSR披露是为了缓解"压力集团可能施加的成本"(p. 99)。管理者策略性地披露一点经筛选的信息,这些信息通过安抚与员工、顾客和政府问题有关的各种压力集团来为公司利益服务。换句话说,管理者们试图欺骗压力集团。Benston还指出,由于计量CSR活动是一个主观的过程,所以报告偏袒公司也就不足为奇了。Benston相信即使是在要求披露CSR的规范环境里,关于社会责任的报告中,我们能期待看到的这些社会责任也"很难避免只是一些公共关系或者其他的服务自我利益的活动"(p. 100)。

Benston认为真正的CSR活动实际上是不可能的。然而,公司都愿意将自身装扮成具有社会责任感。这是"恶对于善的崇敬"(Lindsay, 1962, p. 97)。Benston的压力集团指由利益相关者所组成的单一阶层,他们要求对社会负责的行为。

Ullmann(1979)将德国的CSR披露理解为管理者试图压制工会提高工资要求的结果。由此它为Benston的服务自我利益的披露提供了一个清晰的例证。Ullmann是这样描述德国的报告环境的:

> 今天CSR能够在剧烈变化的经济环境中发挥着非同寻常的策略性作用,也就是抑制对工资大幅度上涨的要求。在经济增长缓慢、失业率高的时期,分配矛盾更加尖锐,如果公司社会报告表明雇员得到了公司所创造财富的最大份额,管理层在与工会协商时就方便多了。正如德国雇员组织联盟所指

出的那样，CSR“能够帮助减少乌托邦式的构想，使社会要求与真正的经济能力相一致”。(p. 127)

Benston 指出披露决策是站在管理者服务自我利益考虑立场上的结果。这种观点理所当然地解释了许多在全国媒体上曝光的报告的失误问题。例如，Con Edison 公司和两名退休官员被控告隐瞒了一次爆炸的信息，这次爆炸向曼哈顿地区排放了大量石棉。《纽约时报》(1993 年 12 月 17 日)对此事进行了整版的专题报道。据报道，这次爆炸后，该公司曾保证这次爆炸不会引起石棉的排放。基于此项所宣称的错误信息，居民们搬回了他们的公寓。在一种非正式的或暗含的成本利益分析的基础上，Edison 公司的管理层做出这样的披露决策是看似合理的。爆炸发生时，管理层可能认为让居民们相信一切正常，这将符合公司的利益，至少短期而言是这样的。

与此相似，《纽约时报》所描述的下一个情景，也显示了管理层具有较强的策略行为的因素：

> 为纽约市及其 820 万人民投保的帝国公司(Empire)，目前依然存在着一些问题。联邦和地方执法机构已在调查帝国公司近几年所编制的两套账册。帝国公司的官员承认他们向纽约州立保险局提供了虚假的财务数据，并运用该数据在修改保险法的活动中进行了成功的游说，以隐瞒帝国公司的真实财务状况。(*New York Times*, July 11, 1993)。

这两个事例的共同之处在于，管理层都抱有这样一种态度，认为可以通过操纵信息来达到个人的或公司的目标，甚至做到二者兼得。在以上两个事例中，管理层被指控没有以一种公开和中立的方式披露信息。

诸如这两个事例的情况并不少见。因此，Benston 从中明确地认识到管理层的披露决策是“服务于自我利益的”，从直觉上来看，这样的看法是具有吸引力的。①② 然而，我们相信它也有一些值得推敲的地方。第一，此理论的一些假设似乎具有局限性。客户、股东甚至管理层被设想为对社会责任漠不关心。虽然这种极端的断言有可能成立，但 Benston 的实证论据还是不足以让人完全信服。第二，有关分析并没有回答为什么压力集团（那些明确赞成 CSR 活动的人）对只是服务于管理层自我利益的社会责任报告感到满意。如果这个理论模型的创建者知道 CSR 报告只不过是一种公共关系的话，那么压力集团为什么没有意识到这一点呢？分析看来，我们并不能满意地认为这个模型的创建者掌握了一些经济参与者所缺漏的信息。第三，这个理论本身太过宣扬了。如果理论的出发点是将所有的管理行为都设想为自利性的话，那么断言社会责任披露的自利性也就不足为奇了。

然而，尽管我们对一些问题持保留意见，Benston 的论文无疑为证实伪装观点的假说提供了最为清晰的模型和最为精确的论述。因此它对于理解 CSR 披露做出了重要贡献。

信号传递

Benston 理论之外的另一种观点源自这样的假设：除了压力集团之外，在一些情况下，对于一些问题，股东、客户和管理者都将愿意承担促进 CSR 目标的费用。

例如，在 20 世纪 50 年代，Richardson-Merrell 公司开始开发和试验一种名叫 MER/29 的新药，公司希望这种药能有助于降低人体内的胆固醇。Christopher D. Stone（1975）在《法律在此终结》一书中这样写道：

> 当高层领导对此药兴奋不已并且正在准备开展大型市场营销战时，公司的其他部门却正在收到很多坏消息。在一次实验室实验中，所有大剂量服药的母鼠都在六周内死了。在接下来的实验中，所有服药量较低的老鼠在实验中途都不得不被杀死。验尸结果表明，它们的血液发生了异常变化。其他动物也出现了角膜浊斑的症状。猴子的血液也发生了变化，体重减轻……当公司最终向 FDA 提出新药申请、寻求 MER/29 的上市许可时，其申请材料中包含着许多虚假陈述。（p. 54）

Stone进一步指出尽管数据造假可以为公司带来所设想的利益,"仍很难相信董事会成员中具有代表性的群体在充分知晓Richardson-Merrell公司实验室实验结果的情况下依然投票支持MER/29的上市"。为了解释他的观点,Stone提出,如果他们假造数据,那么这就与"公众和商业团体所持有的道德观念"背道而驰。(p. 135)

这种解释引导我们探究信号传递这一观点。Wolfe(1991)的研究表明,有关年度报告最重要的问题之一是,年度报告披露中的变化是反映了所拥护的价值观与行为的变化还是反映了实际的价值观与行为的变化。信号传递的观点支持后者。

这个观点认为公司可以通过年度报告将自己展示为具有社会责任感的公司。这并不意味着CSR业绩与CSR披露要一一对应。这只是意味着,一般而言,被视为已符合CSR标准的公司更有可能在其年度报告中披露这方面的信息。

观察者认同美国的CSR披露主要是自愿性质的。Wolfe这样描述披露环境:

> 虽然讨论和研究社会责任报告耗费了相当的资源,但美国的社会责任报告主要是自愿性的……而且将会一直如此。SEC认为社会信息不属于其职责范围之内,除非这些信息能带来实际的经济后果。(p. 290)

在这种自愿披露的环境里,为什么有人愿意接受信号传递观点呢? Gibbins、Richardson和Waterhouse(1990)在对公司信息披露管理的研究中总结出,披露信息的可信性是那些参与披露决策的经理们关心的首要问题。这三位专家曾经大范围地与加拿大一些公司的管理者面谈。基于对这些面谈结果的总结,他们写道:

> 可信性似乎是决定有效披露的主要因素。企业可以通过某些途径提高可信度,例如,雇用外部机构来检验信息,同时,披露的可信度还依赖于这个企业的声誉。(p. 138)

在一定程度上,这三位专家根据自己的数据得出了正确结论,他们提出,即使在CSR领域,也不能认为管理者操纵披露只是为自己的利益服务,他们为此提供了强有力的理由。如果股东们认为公司信息披露仅仅是为了服务于公司自己的利益并试图控制不利环境的话,那么信息披露的可信度很快就会成为问题。

信号传递观点的创立基于下面两个很重要的假设,它们是:

1. 与前面讨论过的 Benston 的观点不同,由于股东、顾客和管理者相信某些 CSR 活动是可取的,因此真正的 CSR 活动是存在的。

2. 管理者们试图与信息使用者以中立的和无偏的方式进行沟通。

第二个假设涉及与信息使用者交流中立信息的问题,这是会计中的一个基本的理念。根据财务会计准则委员会(FASB)的概念框架项目(1980),公司经理们必须尽自己的职责,披露对信息使用者作出判断和决策有重要影响的**所有**信息。更明确地,FASB 警告说:“所产生信息的相关性和可靠性应是公司首要关心的问题。”另外,委员会解释道:

> 会计信息必须尽可能真实地报告经济活动,对它所传输的形象不能妄加色彩,以求朝**某些特定的方向**来影响行为。

这一著名的标准被称做“中立”。

上面提到的第一个假设仍然存在争议,但是也被越来越多的观察者接受了。例如,Anderson 和 Frankle(1980)的实证研究得出如下结论:

> 因此,“有道德的投资者”可能存在并且实际上控制了市场。这是否源于那些投资者利他的或经济的动机,仍然没有找到答案。(p. 477)

与此相似,例如 Epstein 和 Pava(1993)对投资者的调查表明,虽然大家的老一套看法认为股东只关心利润,但显然事实并非如此。例如,当让投资者就公司资金如何分配排出先后顺序时,污染和产品安全问题会排在股利之前。

很多研究者观察了 CSR 披露行为与真实工作业绩之间一致的程度,并提出了相似的论据。

在为使用CSR披露作为真实的CSR业绩的代替品进行辩护时,Bowman(1984)写道,他不会在一些诸如CSR等问题上期望有“不寻常的吹捧之辞”。因为年度报告“基本上是写给股东的”(p. 63),管理者不太可能捏造或夸大CSR活动。

与此相似,Wolfe相信,尽管CSR披露具有自愿性的性质,但还是会有很多压力使管理层做出诚实、准确的报告,Wolfe认为:

> 不断增加的公开审查、竞争对手、独立的财经报纸、审计法和反欺诈法、对公众信心的潜在影响以及道德约束将促使公司管理者提供诚实的年度报告信息。(p. 290)

Abbott和Monsen(1979)指出,有理由相信管理者愿意以无偏和诚实的方式披露CSR活动。他们较少强调股东所谓的利他性或Wolfe的“道德责任”,而更强调管理者对企业经营合法性的需要。Abbott和Monsen提到:

> 股东一向关心企业经营的稳定性和合法性以及企业在州的控制之下的自主权。那么,认识到对公司所做出的评论,了解到年度报告中有关社会责任的进步观点,这可以增强那些懂得政策的股东对于管理层政策的信心。(p. 506)

对CSR活动公正而诚实的披露也许会使企业预先制止政府干预并保护公司管理者的自主权。

基于我们对伪装观点和信号传递观点的分析,我们可以形成以下两个可以检验的假设:

假设1 即使对CSR活动有所披露,但并不存在所谓的CSR活动业绩和CSR披露之间的统计相关性。

认同假设1会支持伪装的观点。相反地,否定假设1则支持了信号传递观点。根据伪装的观点,CSR活动被假定为不可能发生。因而,任何第三方对于CSR行为的评估都是极不可能的——评估并未把总裁致股东的信作为评级(CEP评级)的输入信息,而CEP评级与CSR披露是有联系的。另一方面,如果CSR活动是可以衡量的,管理者们则试图以一种中立的方式进行沟通,就像信号传递观点所认为的那样,那么这样就将反对假设1。

把以前的经验证据放到对这一问题的讨论之中。至少三项研究已经得出结论,在环境保护领域中,信息披露和业绩之间几乎没有或根本没有联系(Ingram and Frazier, 1980; Freedman and Jaggi, 1982; Wiseman, 1982)。从更广泛的角度来看待社会责任的文章(Abbott and Monsen, 1979; Bowman, 1984; Wolfe, 1991)已经证明披露和业绩之间有正向关联。

为 CSR 活动的正当理由进行辩护所使用的语言修辞

CSR 披露和 CSR 业绩之间不仅有正向关联,而且许多管理者在年度报告中用非策略性语言来为 CSR 活动进行辩护。换言之,实施了 CSR 活动的企业宣称这样做不仅为了通过利润最大化来为股东的经济利益服务,还为了符合其他利益相关者群体对于合法性、道德性和伦理的要求。这也许比前面所讲的信号传递观点更加极端,但实际上却没有人注意到这些公司在披露社会责任时使用的修辞。这很让人吃惊。在年度报告中非策略性正当理由的存在(或不存在),是我们理解 CSR 披露本质时所忽略掉的一个重要的部分。在关于社会责任披露的成熟理论出现之前,有必要准确描述报告环境的具体特征。这是一个很直接的问题,它在此前的著作中没有或很少受到注意。我们把这一观点描述如下:

假设 2 一些管理者使用非策略性词汇来为 CSR 活动进行辩护。

在这里,我们使用 Kenneth E. Goodpaster(1991)关于策略决策与非策略决策之间的区别。Goodpaster 认为:

> 打个比方,一个管理团队,可能会很小心地考虑对利益相关者所造成的积极的或消极的影响,尤其是消极的影响。这样做不为别的,只是因为他们知道利益相关者一旦受到冒犯,就会反抗或报复(比如他们可能会诉诸政治行为,或必要的监管清算)。但是导致这样的结果的动机往往并不是出于对道德问题的关注,利益相关者更关注的是那些可能阻碍他

> 们达到策略目标的潜在因素。因此，对那些相对弱势的利益相关者所造成的积极的或消极的影响可以忽略或打个折扣。(p. 57)

采用策略观点的管理层把除股东之外所有的集团(group)都看作"从实用角度而言潜在地、促进股东利益最大化这个最重要目标实现的因素"(p. 58)。Goodpaster 确信，可以被视为潜在的商誉或报复的来源的重要利益相关者，"在道德上是中性的"(p. 57)。在此观点上扩展，他认为：

> 要点仅仅是，使用策略推理时，如果当一种行为的后果没有很明显的对错时，那么，某一行为所展现出的关注点不应该被混淆成为大家所认为的出于道德关心。(p. 60)

在 CSR 领域中的一个经典的战略决策例子是沃尔玛超市国际公司决定，该公司在超市中不再销售手枪这一案例。这是由控制枪支拥护者所推行的运动造成的(沃尔玛将通过商品目录方式继续销售手枪)，正如《华尔街日报》(1993 年 10 月 23 日)所指出的那样，这个决策"与近来所强调的、国家长期以来有关枪支和暴力之间的争论相一致。相反的意见已经被一系列枪击事件和布雷迪(Brady)法案的通过所抵消，布雷迪法案要求购买枪支要有五天的等待期"。沃尔玛超市的发言人谨慎地、并且毫无疑问地是有意地以纯策略性词汇解释了这个决策。据发言人 Don Shinkle 说，"大量的客户告诉我们他们不愿意在销售枪支的零售商店里买东西"。该公司并未做出有关道德或者伦理的评论。至少是在本例中，沃尔玛更希望该决策仅仅被人从成本效益分析的角度来理解。沃尔玛明智地避免了在有关激烈争论的社会问题上表明自己的道德或者伦理立场。

与此相反，非策略性决策则明确地把具有最少权力的利益相关者的合法权利也包括在内。Goodpaster 指出，"管理层出于道德方面的考虑将避免可能造成伤害或者不公正影响的行为，只要它是错的，而不管潜在的报复攻击群体。"(p. 60)。

是否有证据表明上市公司在为公司行为提供辩护上使用了如

同假设2所预测的非策略性语言呢？尽管没有系统性的实证证据，一些轶闻般的证据还是存在的。例如，Goodpaster引用了一家主要上市公司的CEO致中层领导的备忘录中的内容来说明这个问题。该备忘录的目标是解释和纠正公司的决策，以把重要的资源配置到积极的行动方案中。该CEO的信件的一部分是：

> 我经常被问到为什么在我们的公司中CSR活动会如此重要。诚然，有一个明显的答案是，我们最大的利益是在社会的所有层次上寻找并且雇用优秀的人。而且这个强调自我利益的答案告诉我们，有越来越多的、我们必须吸引作为未来雇员的年轻人将根据公司的社会纪录和经营前景来选择公司。**但是我要在这里强调的一个最重要的原因是，因为从事CSR活动是正确的行动。**因为本公司总是和设定经营责任目标一样地设定我们的社会责任目标，因为那是我们公司一贯的存在形式。并且在你们的参与之下，我们将继续作为该类公司而存在。(p.65)

这个备忘录提供了非策略决策究竟意味着什么的一个非经常性的、鲜活的例子。它与上面提到的沃尔玛的例子形成尖锐的对比。该CEO阐述了这个公司确定的行动方案背后所存在的明确的正当理由。该CEO暗示即使没有财务利得，该公司也对社会负有广泛责任。该CEO直言经营责任和社会责任一样“重要”。

以上面的讨论为基础，本研究的一个主要目标是探索这个轶闻一样的证据是否构成CSR披露的一个重要的组成要素？显然，没有一个研究方法论能够评估非策略披露的可信性，仅仅记录这些披露种类的存在也是一项重要的工作。提供正当理由时所使用的修辞和语言是全面理解CSR披露的重要因素。

方法论：计量CSR业绩和披露

我们在方法论上最重要的问题是选择能够计量两个关键变

量——CSR业绩和CSR披露的实证方法。我们对于CSR业绩的估计是以CEP等指标(1991)的完成与否为分析基础的。为了建立CSR披露的计量方法,我们以广为人知的内容分析(content analysis)方法论为基础。这个方法论已经在CSR领域和其他领域中受到拥护。③

CSR业绩

我们有针对性地检验了33家公司的CSR披露,这33家公司已经被CEP确认为满足了社会责任标准(第一组),并且把这些公司在1989年的披露内容与同行业和同规模的控制样本(第二组)进行对比。第二组的公司是从同行业中选择的,并且以销售收入为选择基础。特别地,第二组的公司在销售收入(1989)上与第一组中的公司排位最近,并且与它们同处于一个行业中。附录A提供了这66家公司的名称。CEP最初的表中包括53家公司。由于数据要求,20家公司从我们的分析中排除。Ingram(1978),Trotman和Braley(1981),Cowen、Ferreri和Parker(1987)以及Roberts(1992)提出行业和规模与影响CSR披露的其他要素一样重要。

利用社会责任共同基金发起说明书中所列举的内容并以他们自己的分析为基础,CEP把第一组中的公司描述为“符合伦理的”样本组公司。在我们的研究中选择CEP公司的优点如下:

1. CEP被认为是有关CSR信息方面高度可信的来源之一。大量的已出版的研究使用了CEP以前的研究作为形成CSR计量的基础。④我们赞同Shane和Spicer(1983)的观点,他们认为,“在公司社会业绩方面最详细的、最为前后一致的和可以比较的数据是在CEP的出版物中。CEP可能是该领域中最积极的外部信息的生产者”。

2. CEP的排名不是惟一的。大量的外部组织根据CSR对第一组中所包括的公司进行评价时所得出的结果是,对这些公司的评价仍然是较高的。表1.1总结了第一组和第二组中公司的一些特征并且提供了对于CEP排名的其他支持。正如CEP所确定的第一组中的公司和多米尼(Domini)400社会指数中所包括的公司会有一些交叉之处。由CEP所确定的符合伦理标准的33家公司中有26家包括在多米尼指数中,而在第二组中只有7家公司包括在多米尼指数中。在第一组中有一半的公司(15家公司)存在于"100家最值得工作的公司"中,而第二组中没有一家公司列入此名单中。而且,第一组中有5家公司存在于"75家最适合劳动妇女(working mothers)工作的公司"中,同样,第二组中没有一家公司列入此名单中。表1.1也指出了第一组中有极少的公司名列"100家顶级国防部签约公司"或者"50家顶级披露有毒化学品的生产商"之中。

表1.1 第一组公司和第二组公司的特征

特　征	第一组的33家公司		第二组的33家公司	
多米尼400社会指数	26	79%	7	21%
100家最值得工作的公司	15	45%	0	0%
75家最适合劳动妇女工作的公司	5	23%	0	0%
50家拥有最佳办公场所的公司	8	24%	0	0%
最适合妇女的公司(50家)	6	18%	0	0%
超过20%的员工所有权	3	9%	0	0%
100家顶级国防部签约公司	2	6%	0	0%
直接在南非投资的公司	1	3%	3	9%
50家顶级披露有毒化学品的生产商	1	3%	1	3%
100家顶级核武器签约公司	0	0%	1	3%
烟草公司	0	0%	1	3%

3. 为了达到本研究的目的,我们需要一个对于CSR的一体化计量,而不是对于CSR的一个或者更多个因素的计量。以对于12个特定的CSR要素的评估为基础的CEP排名提供了一个方便且得到良好认可的第三方评价。并且,我们相信,与从《财富》杂志有关"公司商誉"的年度调查中所得到的最具有竞争力的公司中所获得的有关CSR计量相比,CEP排名提供了一个对于CSR更加准确的计量。

4. 第一组中的公司选自不同的行业,因此提高了该结果的普遍性。

5. 当 CEP 评估 CSR 行为时，公司最初确定的共同基金和年度报告中所使用的社会责任披露都不能作为评估的标准。以符合社会责任的形象把自己示人的共同基金公司越来越准确地利用这种行为。表 1.2 列示了评价最重要的和最有影响的 9 家社会责任共同基金所使用的积极和消极的过滤指标(screens)。诸如环境业绩、南非、生产武器和雇员关系等等是几乎所有受到检验的基金公司所共同使用的指标。

表 1.2　9 家共同基金所使用的社会责任过滤指标

过滤指标	使用该指标的共同基金公司数目
消极的过滤指标	
南非	8
武器	7
核武器大国	6
烟草、酒精、赌博	3
EPA 波动、污染源	1
积极的过滤指标	
环境问题	8
雇员关系	6
公司的文明	4
产品质量和安全性	4
可替代的能源	3

注：这张表列示了那些在基金说明书中明确指出使用上述社会责任过滤指标的共同基金数。它以下面的 9 家共同基金为基础：(1)Calvert-Ariel增值基金；(2)Calvert 社会投资基金；(3)Domini 社会指数信托基金；(4)Dreyfus 第三世纪基金；(5)新替代(New Alternative)基金；(6)Parnassus 基金；(7)和平(Pax)世界基金；(8)适时社会意识(Right-ime Social Awareness)基金；(9)Schield 进取环境基金。

资料来源：Social Investment Forum.

总结上面的讨论，在第一组 33 家公司中，有许多公司已经被一些不同的外部评价者评定为符合社会责任的公司。CEP 被认为是社会责任信息方面最受尊重的发布者。这 33 家公司代表了不同的样本公司。因此,该样本提供了一个重要的同时也是有意义的起点。

CSR 披露

内容分析是一种相对较新的方法论,在分析已经发表的文章时,这种方法已被证实是有用的。Bowman(1984)在强调这种方法论的有用性和重要性时指出,内容分析提供了一种"格式塔心理学式的、通过其他方法所无法合理得到的"分析(p. 62)。这种方法包括把文字形式的定性信息(原始数据)划分为有意义的种类,这些种类要根据所要检验的假设来尽可能准确地界定,并对这些种类进行编码。然后,分析的结果被转化为数量性的尺度,使得它们在不同的书面文档之间可以进行比较(Abbott and Monsen, 1979; Ingram and Frazier, 1980)。

在内容分析中所包括的最重要的方法论是下面的三步:(1)决定样本单位;(2)决定记录单位;(3)决定在代码中所使用的主题和种类(Wolfe, 1991)。

本研究中所选择的样本单位是总裁致股东的信[第(1)步]。⑤该信的每一段都被看作一个记录单位[第(2)步]。我们选择段落而没有选择句子或者单词作为记录单位是受到我们的研究目标和对于样本文章的检验代码(test code)的共同影响。使用所指定的样本文章中的段落将增强研究的可靠性。

在总裁的信中,段落被确定为归属于两类主要的主题中的一个:(1)公司总体目标;或者(2)特定的 CSR 活动[第(3)步]。

公司总体目标

在总裁的信中,所有段落都被确定为公司目标的一个总体框架。我们把这些段落分类列示如下。

首先,段落说明的公司最重要的那些目标是:

1. 最大化股东价值;
2. 提高股东价值;
3. 达到已确定的财务目标(例如,权益回报率,销售回报率,市

场份额,每股盈余或者市场回报率等等);

4. 为顾客生产最高质量的产品或者服务;

5. 满足重要的利益相关者的需求,利益相关者包括股东、客户,但是也必须至少包括下列中的一个:贷款者、雇员、供应商、政府、社团或者整个社会。

为了有助于区分,每一类举一个例子:

1. 最大化股东价值:

这些目标和战略是公司文化的一部分,使我们最大化股东价值——作为一个成功的、独立的、引领消费品牌的市场参与者——通过把具有竞争性的当前回报与获得未来盈余增长的投资进行平衡来达到这个目标。

2. 提高股东价值:

我们保证从现在起连续15年内每一年里持续增加公司的价值,并且提供可靠的、可支付红利的数量。

3. 达到已确定的财务目标:

整个组织的重点是达到获利目标。并且本年应该大大提高……我们继续把5%的销售回报率作为计量成功的主要指标。

4. 生产最高质量的产品或者服务:

我们相信这种增长的许多指标反映了我们对于客户100%的满意度的承诺。我们现在可以自信地说在过去的年份里我们取得的进步已经使我们的公司成为航空快运行业中为数不多的、有希望成功的企业之一。

5. 满足重要的利益相关者的需求:

在本年中以及以后的年份里,我们希望"提高盈亏底线",并且为了股东、客户、雇员和我们的社团的利益,寻找越来越多的经营创新业务的途径。

CSR 活动

除了确定公司目标,所有的段落都以作者明确指出的、公司所投入的一个或者更多的社会责任活动来进行区分,这些社会责任活动列示如下：

1. 为慈善事业捐款；

2. 积极地投入到满足环境的问题中去；

3. 拥有员工持股计划；

4. 把雇员的业绩与奖励(工资、福利、提升等等)联系起来；

5. 增加越来越多的雇员自主性和责任感；

6. 寻找妇女和/或少数民族，雇用并且/或者提升他们；

7. 除了环境问题之外，帮助解决国家的其他社会问题(犯罪、失业、教育、保健等等)；

8. 满足当地社区的需要(失业、教育、日常保健、博物馆等等)；

9. 避免使用核能；

10. 避免军事合约；

11. 其他的社会责任活动。

选择这些活动是以对于CSR文献的评价为基础的。我们选择了CSR活动的广义定义而不是选择对于CSR的更加狭义的定义，是为了确保把那些潜在的CSR活动也包括在内。

一旦一个段落被确定为与一种特定的CSR活动相联系，那么两个相互独立的评级机构将被要求去判断，对这CSR活动是否已经提供了正式的理由(评级机构不知道公司的身份，这是因为公司名称的参照目录被略去了)。

评级机构首先被要求仔细考虑报告的环境并且指出公司是否已经明确地为进行某一个活动(或者避免某一个活动)提供了正当的理由。其次，如果作者提供了正当的理由，评级机构被要求确定这些理由在本质上是策略性的还是非策略性的，或者兼具这两个本质。按照Goodpaster(正如前面所讨论的)的观点，一个策略性的正当理由与提高公司财务业绩的活动是明确地联系在一起的。策略性的正当理由是从实用角度来看待CSR活动的，即该活动是达到财务目标的一个方式。这样的例子包括：提高利润、扩大销售、提高毛利、提高运营效率或者扩大运营灵活性。一个非策略性的正当理由可能是一个解释已有活动的正式报告，该活动并不与财务业绩相联系。关键词或词组包括：社会责任、社团责任、义务、伦理、道德或者公平。这个方法论在91%的评级机构之间建立了可靠性。

策略性的和非策略性的正当理由的例子会再次有助于区分CSR活动的不同种类。我们样本中的一个公司是这样为其员工持股计划提供正当理由的：

> 我们预期，由于ESOP将把员工和公司股东更加紧密地联系在一起，并为公司在储蓄计划中提供与贡献相配比的成本效益机制，因此将提高股东价值。

该公司明确地把员工持股计划与财务业绩联系起来。该报告是清楚的和直接的。通过实施这个新的薪酬方案，该公司预期会提高股东价值。因此，该报告被认为是策略性的。

策略性的正当理由的其他例子包括：

提高雇员自主性：

> 在公司内部发展企业家精神将在未来几年里提供确保盈利增长的灵活性。

寻找妇女和少数民族：

> Hudson机构曾经预测从现在到2000年之间所有的初级水平的工作中的85%将由妇女、少数民族和外来移民来做。上述的这些公司将成为对这些人具有吸引力的工作场所，它们也将是20世纪90年代成功的公司。

从事满足环境要求的工作：

> 当我们在工业市场上看到零件清洁服务的巨大潜力时，我们也看到了帮助那些有其他危险废物处理问题的工厂的机会。成千上万的工厂使用溶剂、涂料稀释剂、润滑油、冷却剂和其他种类的液体。许多种类的液体是有害的并且它们要按照联邦和州的环境管制要求来进行处理。一些产生少量这种液体的公司发现满足环境管制要求和进行恰当的处理是非常不方便的，这是因为这些公司不具备满足所有环境管制要求的经验。

为这些活动提供正当理由所使用的措辞与下面的例子中所使用的非策略性语言形成了对比：

把公司资金捐赠给慈善事业：

> 去年，我们庆祝了设在波灵顿（Burlington）地区的天然气站开放10周年。在回顾第一个10年里我们已经完成的事情时，最使我们感到骄傲的是我们已经逐渐成为在美国进行经营的、最具有社会责任感的公司之一。经济重点问题理事会（Council on Ecomomic Priorities）近来授予我们公司“因公司捐赠而获得的公司道德奖（Coporate Conscience Award for Corporate Giving）”的荣誉称号。授予该奖是对公司把占税前收入7.5%的资金捐赠给社会服务机构和社团事业的公司政策的认可。

有助于解决国家的社会问题：

> 我们重新配置生产资源，并且从内部不断提高研究与开发能力的努力，想要为我们从事运营活动的每一个社区都做出持续的贡献……这也说明了本公司帮助国际贸易向更大均衡发展的意愿。

寻找妇女和/或少数民族：

> 当公司向前发展时，正如报告封面所述，我们不断更新在整个公司范围内的机会平等和多样化的承诺。这些承诺是自上而下的。我们相信这些承诺。

把雇员业绩与奖励联系起来：

> 本公司认识到许多雇员在他们各自的工作中投入了其生命的重要部分，并且对于公司的成长和成功做出了许多重要的贡献。为了给那些因为公司控制权发生变化而导致雇佣终止的雇员提供财务上的稳定性，本公司已经采取了一个“雇员安全计划”。我们相信它符合所有雇员的最大利益。

上述这些例子说明了策略调整和非策略调整之间的差别。在第一个例子中，该公司明确地使用了“社会责任”这个词。在第二个例子中，公司通过表明履行愿望以使国际贸易向更大的均衡发展，为不断增加的国际性活动提供了正当的理由。第三个例子是通过在工作场所指出"我们相信公司"这样的政策来保护公司的平等雇佣机会和多样化的立场。最后，请注意在最后的例子中，总裁致股东的信把最后一点作为不言自明的，这是因为雇员把自己生命中的重要部分投入到为公司工作中去了，公司有责任去做那些"符合所有雇员的最大利益"的事情。在每一种情况下，这些公司采取的特定的行动，都不是因为它将增加公司的利润，而是因为非策略性的原因。这些信件的作者假设读者可以理解并且接受在财务和法律问题之外的公司责任问题。

结果：具有社会责任的公司确实为自己的行为发出了信号吗？

致股东的年度报告，特别是总裁致股东的信，提供了管理层自愿的信号传递活动和为 CSR 活动提供正当理由的潜在的媒介。为了检验上述的假设 1 和假设 2，我们自问下面的每一个特殊的问题：

1. 那些被认为满足了 CSR 标准的公司是否比那些没有社会责任的公司更容易传递 CSR 活动的信息？特别地，哪一种活动是这两类公司都要披露的？

2. 那些被认为满足了 CSR 标准的公司是否以一种与不具有社会责任的公司所不同的方式来传递公司目标？

3. 公司是否使用那些将被描述为非策略性的语言来为 CSR 活动提供正当的理由？

我们的结果表明了那些被确认为满足了 CSR 标准（第一组）的公司要比控制样本公司（第二组）在披露与 CSR 相关的活动方面多出一倍。第一组报告了 56 种活动，而第二组报告了 25 种活动。通过使用恰当的 t 检验，表明这个差异在统计上是显著的。此外，我们检验了用来进行非参数信号检验（nonparametric sign test）的数据。再次表明两组样本之间的差异是显著的 0.01 水平。这些结果列示在表 1.3 中。

表 1.3 CSR 活动

CRS 活动	第一组 CSR 公司					第二组:控制公司				
	N. J.	S. J.	N-S. J.	Both	Totals	N. J.	S. J.	N-S. J.	Both	Totals
把公司资金捐赠给慈善事业	1	0	2	0	3	0	0	1	0	1
所进行的活动是否满足了环境要求	0	3	0	1	4**	0	0	0	0	0
有一个雇员持股计划	0	3	0	3	6	0	2	1	0	3
把雇员业绩和奖励联系起来(工资、福利、提升等等)	1	1	1	1	4	0	1	1	4	6
提高不断增加的雇员的自主性和责任感	4	9	0	2	14	1	7	0	0	8
寻找妇女和少数民族人士作为雇员并且提升他们	0	3	1	0	4	0	0	1	0	1
除了环境问题之外,是否有助于解决国家的社会问题(犯罪、失业、教育、保健等等)	2	3	5	4	14***	1	0	2	1	4
是否满足了当地的社团的需要(失业、教育、博物馆等等)	1	0	2	2	5*	0	1	0	0	1
避免使用核能	0	0	0	0	0	0	0	0	0	0
其他的社会责任活动	1	2	0	0	3	0	0	0	1	1
合计	10	24	11	13	57***	2	11	6	6	25

注:N. J. ——对于活动没有提供正当的理由;
S. J. ——对于活动提供了策略性的理由;
N-S. J. ——对于活动提供了非策略性的理由;
Both——对于活动提供了策略性的和非策略性的理由;
***第一组的结果比第二组的结果在 0.01 水平上显著;
**第一组的结果比第二组的结果在 0.05 水平上显著;
*第一组的结果比第二组的结果在 0.10 水平上显著。

在 CSR 披露(通过总裁致股东的信)和 CSR 业绩之间存在着正向关联的特征。得出这个结论既不是因为第一组中的一小部分公司报告了许多 CSR 活动,也不是因为第一组的公司只关注少量 CSR 活动。实际上,对于结果的仔细检验表明了与此相反的方面是正确的。比较 33 对公司,表明有 20 对,第一组中的公司要比第二组中的公司披露更多的内容。只有 6 对,第二组中的公司比第一组中的公司披露更多的内容。第一组和第二组有 7 对公司报告了相同数量的 CSR 活动。而且,在 11 个社会责任活动中,第二组公司比第一组公司披露更多内容的惟一的活动是"与奖励相联系的雇员的业绩"。就"单纯的"社会责任角度来说,它是相关程度最小的社会责任活动。

检查特定种类的披露表明了在两个对照组中最重要的差异存在于下面的领域中:"除了环境问题之外,它有助于解决国家的社会问题吗"(第一组:14 家公司披露了该内容,第二组:4 家公司披露了该内容,显著性水平为 0.01),"是否积极地投入到满足环境问题中去了"(第一组:4 家公司披露了该内容,第二组:没有公司披露该内容,显著性水平为 0.05),"是否满足了当地社团的需要"(第一组:5 家公司披露了该内容,第二组:1 家公司披露了该内容,显著性水平为 0.1)。

除了这些显著性结果之外,第一组更有可能报告有关慈善捐赠的信息(第一组:3 家公司披露了该内容,第二组:1 家公司披露了该内容),现有员工持股计划(第一组:6 家公司披露了该内容,第二组:3 家公司披露了该内容),提高不断增加的雇员的自主性(第一组:14 家公司披露了该内容,第二组:8 家公司披露了该内容),寻找、雇用并且提升妇女和少数民族人士(第一组:4 家公司披露了该内容,第二组:1 家公司披露了该内容)。因此,这些证据清楚地表明了那些 CSR 公司的管理者比控制组的更愿意报告 CSR 活动。因此可以拒绝前面所说的假设 1。这个结果支持了"信号传递"的观点。

表 1.4 使我们得出了一个支持"信号传递"观点的更强大的结

论。检验我们所描述的并以表格形式系统列出的公司目标，表明了在两组公司之间重要的、前后一致的差异。本研究的一个最重要发现是：第一组中超过半数的公司（33家公司中的17家）表述了公司的一个重要目标是“满足重要的利益相关者的需求”。利益相关者包括股东、客户，而且必须至少包括下列人士或团体中的一个：贷款者、雇员、供应商、政府、社团或者整个社会。相比来说，在第二组中只有5家公司明确表明了这个目标。这个差异的显著性水平是0.01。这个结果与上面表1.3中所报告的结果是一致的，并且，它也强烈地反对假设1。

表1.4　公司目标

被表述的公司总体目标	第一组总数	第二组总数
最大化股东价值	3	1
提高股东价值	26	23
达到已确定的财务目标（如权益回报率、销售回报率、市场份额、每股盈余或者市场回报率等等）	8*	3
为顾客生产最高质量的产品或者服务	17	14
满足重要的利益相关者的需求；利益相关者包括股东、客户，但是也必须至少包括下列中的一个：贷款者、雇员、供应商、政府、社团或者整个社会	17***	5

注：*** 第一组中的结果比第二组中的结果在0.01水平上显著；
* 第一组中的结果比第二组中的结果在0.1水平上显著。

除了上面所列的统计显著性结果之外，第一组中的公司也更愿意把“已确定的财务目标（如权益回报率、销售回报率、市场份额、每股盈余或者市场回报率等等）”作为一个重要的目标（第一组：8，第二组：3，显著性水平为0.1）。这个结果与上面的结果一致，表明了CSR公司比控制样本组公司有更加准确的目标。

有趣的是，在所有的66个样本中只有4家公司明确地提出把“最大化股东价值”作为一项公司目标，而49家公司明确地提出把“提高股东价值”作为一项公司目标。可见，不管一家公司是否被确认为满足了CSR标准，其管理者都不愿意使用最大化这样的语言。如果一个人以账面价值来考虑这些结果,这将与传统的管理行为的经济假设产生尖锐的矛盾。然而,尽管有人不断建议不需要在总裁致股东的信和年度管理活动之间建立任何联系,但是,研究中的发现却提出了一个有趣的悖论;如果管理者真的假设最大化利润,为什么他们不同样最大化股东利益?

因此,所讨论的这个结果使我们反对前文中提出的假设1。我们现在去讨论公司如何调整CSR活动。这个追加的证据支持假设2。我们采用了下面的四个观察:

1. 在所披露的81个CSR活动中(第一组和第二组之和),21%(81家公司中的17家)使用非策略性语言进行表述。并且,若扣除未提供正当理由表述的12个CSR活动,数据表明,25%(69家公司中的17家),或者四分之一的公司披露是使用单纯的非策略性理由来进行表述的。这些数据并没有指出25%的活动在最初就是以非策略性理由来进行考虑和实施的。许多活动经过仔细选择以提高财务回报,即,这是出于策略性原因。然而,这些数据告诉我们,在事实后面,总裁致股东的信使用了大量的非策略性语言来表述社会责任活动。

2. 管理者愿意使用非策略性语言来为公司活动提供理由。如果我们把那些同时使用策略性和非策略性语言来为同一个活动提供理由的信件中所包括的那些活动予以考虑的话,那么这个发现就得到了强化。整个CSR活动的21%(81个中的17个)使用两种原因来提供理由。因此,把使用非策略性表述与同时使用策略性和非策略性表述结合起来,我们发现所有CSR活动的42%是使用非策略性语言进行表述的。我们可以更进一步地去说明提供了正当理由的那69个活动,这69个活动中有差不多半数使用了至少一部分非策略性语言表述(与纯策略性语言表述相对应)。

3. 所披露的81个CSR活动中,使用单纯的非策略性语言或者非策略性和策略性语言相结合的方式来进行表述的活动往往是那些设计用来帮助解决国家社会问题的活动。单纯的非策略性表述中的41%(17个之中的7个)是与这种类别活动的表述联系在一起的。

4. 比较第一组和第二组中的结果表明,在使用非策略性语言来表述的活动的数量方面,第一组的公司是第二组公司的将近两倍(第一组:11 个非策略性表述,第二组:6 个非策略性表述)。相似地,同时使用策略性与非策略性语言表述的活动,第一组也是第二组的近两倍(第一组:11 个,第二组:6 个)。这些结果不应该被过分强调,因为这个结果可能仅仅是由于第一组公司更加愿意披露 CSR 活动(例如,如果我们从非策略性表述占全部 CSR 活动的百分比来看,实际上第二组的公司更加愿意使用非策略性语言)。

上面的支持 CSR 活动的非策略性表述的证据可以至少以两种截然不同的方式来解释。第一,它也许仅仅指出一个敏感性以及对于外部压力集团的反应。如果我们坚持,正如 Benston 所指出的,股东、管理者、客户都会反对 CSR 并且把它看作公司资源流失的渠道,那么,这些非策略性表述只是“服务自我的活动”(p.100),这里我们再一次地引用了 Benston 的话。这些非策略性语言是用来欺骗压力集团的。根据这个解释,非策略性表述就是毫无意义的点缀品,并且管理者和股东也会这样去理解它。这样,非策略性表述简直达到了另一个策略层次上。从策略角度来说,使用“非策略性”语言符合公司的利益。无疑,这种看法也许可以解释一些非策略性表述。下面的有关雇员活动的例子也许会支持这样的解释:

> 第四季度,我们在税后建立了一个 7 800 万美元的准备金,用于关闭芝加哥工厂和在美国的其他一些工厂中的运营部门,并将其合并入其他地区的生产点。这笔准备金将用于注销资产、再培训、重新确定新地点、离职补偿金和其他恰当的与个人相关的成本。我们的首要的问题是帮助雇员减轻和去掉包袱并且在过渡时期里支持他们。

然而,我们相信这不是一个完美的解释;“非策略性语言”的策略性使用看起来是一个较差的策略。为什么要期望压力集团会接受这个欺骗?不能做出这样的假设:管理者和股东是不可欺骗的,而压力集团是不是并不拥有与管理者和股东同等的智慧呢?至少随着时间的推移,该策略将是违背自我利益的。

另一方面,在总裁致股东的信中,非策略性表述的例子支持了上段的看法;真正的CSR活动是存在的并且管理者把这个信息“作为信号”发送给股东和其他的利益相关各方。这构成了对于结果的第二个解释。非策略性表述是存在的,这是因为管理者相信一些非策略性表述表达了公司对于CSR活动的一些合法的关注。很显然,作为对公司的传统看法的一个替代观念,这个解释避免了上面提到的主要限制因素。

以前文描述的四个观察为基础并且忽略人们如何解释数据,实证结果提供了一个接受假设2的强有力的证据。管理者至少使用了一些非策略性语言来表述某些CSR活动。而且,第一组中的公司比第二组中的公司更可能使用非策略性语言。

结　论

我们开始这个研究时带着一个疑问:那些对社会负责的公司是否通过年度报告对自己的身份“发出信号”?我们的证据表明,对于该问题的答案是肯定的。在CSR业绩(以CEP分析为基础)和CSR披露(以对总裁致股东的信的内容分析为基础)之间,确实存在着正向的关联。我们并没有发现令人奇怪的结果。至少一些主要公司的经理认为CSR活动是合法的奉献行为。因此,他们得出结论,仔细制作和编写总裁致股东的信,以有效地交流公司的社会责任和已实施的社会活动,这既符合他们自身的利益,也是他们为满足股东要求而应尽的职责。

附录 1.1

表 A.1　满足社会责任标准的样本组

第一组:满足社会责任标准的样本组	第二组:控制样本组
1 Baxter International Inc	Smithkline Beecham Plc-Ads
2 Ben & Jerry's Homemde-CLA	Dreyer's Grand Ice Cream Inc
3 Clorox Co-Del	NCH Corp

（续表）

第一组：社会	第二组：控制样本组
4 Cummins Engine	Brunswick Corp
5 Delta Air Lines Inc.	AMR Corp-Del
6 Federal Express Corp	Airborne Freight Corp
7 Fuller(H. B.) Co	Loctite Corp
8 Gannett Co	Times Mirror Co-Del, -Ser A
9 Hawaiian Electric Industries	Puget Sound Power & Light
10 Heinz(H. J.) Co	Cpc International Inc
11 Hershey Foods Corp	Savannah Foods & Industries
12 Houghton Mifflin Co	Western Publishing Group Inc
13 Huffy Corp	Harley-davidson Inc
14 Kellogg Co	American Maize-products, CLA
15 Knight-Ridder Inc	New York Times Co-CLA
16 Eastman Kodak Co	Canon Inc-ADR
17 Lifeline Systems Inc	Pico Products Inc
18 Maytag Corp	Whirlpool Corp
19 Merck & Co	American Home Products Corp
20 Miller(Herman) Inc	Kimball International-CLA
21 Penney(J. C.) Co	Ito Yokado Co Ltd-ADR
22 Pitney Bowes Inc	General Binding Corp
23 Polaroid Corp	Ricoh Co Ltd-ADR
24 Procter & Gamble Co	Colgate-Palmolive Co
25 Rouse Co	Vornado Inc
26 Rubbermaid Inc	Illinois Tool Works
27 Ryder System Inc	Rollins Truck Leasing
28 Quaker Oats Co	Borden Inc
29 Safety-Kleen Corp	Sotheby's Holdings-CLA
30 Stride Rite Corp	Wolverine World Wide
31 Tennant Co	Tokheim Corp
32 Tootsie Roll Industries	Mei Diversified Inc
33 Weyerhaeuser Co	Georgia-Pacific Corp

注　释

① 一个与 Benston 的观点相似的，并且也许是更加根本的看法，由 Baruch Lev. 提出。会计研究者们对于向公司管理者们提供正式的指南通常

持谨慎的态度。绝大多数会计研究自我认为是属于“实证”(positive)经济学的。因此,伯克利大学的教授 Baruch Lev.(1992)采用的那种方法是有巨大的预测性和优点的,他所采取的是公开的、正式的态度。

在这篇文章中,Lev. 提出,涉及财务报告活动的公司经理们需要使用成本效益分析来评估他们的信息披露决策。Lev. 认为他的观点属于“信息披露战略”。通过这种分析,Lev. 强调了评价披露决策与评价其他的、类似的公司活动一样重要。而且,他在自己论文的开始部分这样写道:

> 更加重要的是,披露活动在原则上与公司其他的诸如投资活动、生产和市场营销等等这样的活动没有什么差异。披露活动和上述的其他公司活动在提供利润和发生成本这个基本的特征方面是一样的,并且这也可以保证对于主要的公司活动进行仔细的关注和长期的筹划。因此,公司需要信息披露战略(p. 10)。

② Ingram 和 Frazier(1980)指出 CSR 披露不但是自愿的,而且通常是未经审计的。“几乎没有采取什么措施来监督公司社会活动或者证实对于这些活动的披露,所以对于管理层来说,也许存在着歪曲自愿披露的激励,在一定程度上,这些披露内容反映了管理层在某些方面相对的业绩。”(p. 614)

③ 在 CSR 领域之外,所使用的内容分析的例子,见 Ingram 和 Frazier(1983),Staw、Mckenzie 和 Puffer(1983),Bowman(1984)。

④ 第一组公司和第二组公司的所有权结构的分析表明没有什么显著的统计差异。特别地,我们还检验了两个小组的内部所有权比例。

⑤ 我们选择总裁的信作为样本单位的理论基础在引言中已经提出。

参考文献

Abbott, W.F., and R.J. Monsen. 1979. On the measurement of corporate social responsibility: Self-reported disclosures as a method of measuring corporate social involvement. *Academy of Management Journal*. 22(3): 501-515.

Anderson, J.C., and A.W. Frankle. 1980. Voluntarity social reporting: An iso-beta portfolio analysis. *The Accounting Review* (LV (3): 467-479.

Benston, G.J. 1982. Accounting and corporate accountability. *Accounting, Organizations and Society* 7(2): 87-105.

Bowman, E.H. 1984. Content analysis of annual report for corporate strategy and risk. *Interfaces* 14(1): 61-71.

Council on Economic Priorities, M. Alperson, A.T. Marlin, A. Tepper, J. Schorch, and R. Will. 1991. *The Better World Investment Guide*. New York: Prentice Hall.

Cowen, S.S., L.B. Ferreri, and L.D. Parker. 1987. The impact of corporate characteristics on social responsibility disclosure: A typology and frequency-based analysis. *Accounting, Organizations and Society* 12(2): 111-122.

Engel, D.L. 1979. An approach to corporate social responsibility. *Stanford Law Review* 32(1): 1-97.

Epstein, M.J., and M.L. Pava. 1993. *Studies in Managerial and Financial Accounting,* Vol. 2: *The Shareholder's Use of Corporate Annual Reports.* Greenwich, CT: JAI Press.

Financial Accounting Standards Board (FASB) 1980. *Statedment of Financial Accounting Concepts No. 2: Qualitative Characteristics of Accounting Information.* Stamford, CT: FASB.

Freedman, M., and B. Jagi, 1982. Pollution disclosures, pollution performance and economic performance. *The International Journal of Management Sciences* 10(2): 167-176.

Gibbins, M., A. Richardson, and J. Waterhouse. 1990a. The management of corporate financial disclosure: Opportunism, ritualism, policies, and processes. *Journal of Accounting Research* 28(1): 121-143.

Goodpaster, K.E. 1991. Business ethics and stakeholder analysis. *Quarterly Journal of Business Ethics* 1: 53-73.

Ingram, R.W. 1978. An investigation of the information content of (certain) social responsibility disclosures. *Journal of Accounting Research* 16(2): 270-285.

Ingram, R.W., and K.B. Frazier. 1980. Environmental performance and corporate disclosure. *Journal of Accounting Research* 18(2): 614-622.

Ingram, R.W., and K.B. Frazier. 1983. Narrative disclosures in annual reports. *Journal of Business Research* 11: 49-60.

Lev, B. 1992. Information disclosure strategy. *California Management Review* (Summer): 9-30.

Lindsay, A.D. 1962. *The Modern Democratic State.* New York: Oxford University Press.

Pava, M.L., and M.J. Epstein. 1993. How good is MD&A as an investment tool? *Journal of Accountancy* 175(3): 51-53.

Roberts, R.W. 1992. Determinants of corporate social responsibility disclosure: An application of stakeholder theory. *Accounting, Organizations and Society* 17(6): 595-612.

Shane, P., and B. Spicer. 1983. Market response to environmental information produced outside the firm. *The Accounting Review* 58(3): 521-538.

Staw, B.M., P.I. McKenzie, and S.M. Puffer. 1983. The justification of organizational performance. *Administrative Science Quarterly* 28: 583-598.

Stone, C.D. 1975. *Where the Law Ends.* New York: Harper & Row.

Trotman, K.T., and G.W. Bradley. 1986. Associations between social responsibility disclosure and characteristics of companies. *Accounting, Organizations and Society* 6(4): 355-362.

Ullmann, A.A. 1979. Corporate social reporting: Political interests and conflicts in Germany. *Accounting, Organizations and Society* 4(1/2): 123-133.

Wiseman, J. 1982. An evaluation of environmental disclosures made in corporate annual reports. *Accounting, organizations and Society* 7(1): 53-63.

Wolfe, R. 1991. The use of content analysis to assess corporate social responsibility. In *Research in Corporate Social Performance and Policy,* Vol. 12, ed. J.E. Post, 281-307. Greenwich, CT: JAI Press.

2

认识道德问题——道德敏感性和道德强度的联合影响

Gail B. Wright
Charles P. Cullinan
Dennis M. Bline

摘　要

道德思维模型包含四个方面：认识道德问题，作出道德判断，出现动机，产生行为。目前很多研究都集中在第二阶段（作出道德判断），而不研究其他阶段。但是，正如 Kohlberg（1969，1976）所说的，道德思维是道德判断的基础。在研究课题中，道德思维往往是通过 Rest 的界定问题测试（Defining Issues Test，DIT）（1986）来衡量的。认识到一个问题具有这些道德元素，对于运用基于道德的思维方式至关重要。如今的研究还把道德敏感性和道德强度引入到认识道德问题（即道德思维模型的第一个方面）的模型中，并研究了认识道德问题和作出道德判断之间的关系，从而扩充了 Shaub 等（1993）和

Jones(1991)所做的研究。以一次教育介入为基础,研究得出结论,认为认识道德问题是某研究对象的道德敏感性和某问题的道德强度的共同作用。教育介入是以利益相关者理论为基础的。教育的介入增加了研究对象认识道德问题的能力,但是没有改变他们的道德思维水平。在认识道德问题上的变化和 DIT 所衡量的道德思维发展水平的变化之间没有发现任何联系。

认识道德问题:道德敏感性和道德强度的联合影响

一般地,道德思维模型总会包含一些共同的元素,即认识道德问题、作出决策、出现动机和产生行为。很多公布的研究课题都以模型中的第二阶段(决策阶段)为中心,衡量在决策过程中所运用的道德发展水平。对道德思维的重视可能是由一个被大家广泛接受的衡量道德思维工具引起的,这个有效工具即界定问题测试(DIT)(Rest, 1986)。近来的研究集中在了解当一个道德中介人面对一个道德两难困境时,在模型的第一阶段会发生什么。

Shaub、Finn 和 Munter(1993)研究了认识道德问题的第一阶段,他们称之为道德敏感性。近来的研究将 Shaub 等人(1993)的研究进行延伸,把认识道德问题看作是两个部分组成的过程。其中,道德敏感性是认识的一个部分,而道德强度则是另一部分(Jones, 1991)。这项研究使用了一次教育的介入来调查:(1)问题的道德强度和研究对象提高知晓问题道德因素的过程是否改进他们认识道德问题的能力;(2)对道德问题认识的变化是否伴随道德思维的变化。

下一部分列举与这项研究相关的文献,随后将陈述一些方法,最后两部分提出全文的结论,进行总结。

文献回顾

道德行为模型的理论框架

道德研究的两个基本方法是道义论和目的论。道义论强调行为本身的善,从**个体**层面上来研究决策。目的论强调行为的结果,寻求善对恶的最佳平衡,从**社会**层面研究决策的结果。大多数商业道德决策模型(如 Trevino, 1986; Hunt and Vitell, 1986; Ferrell and Gresham, 1985)是积极的、描述性的,并且是根据道义论的思路来研究个体的行为决策。而 Hunt 和 Vitell(1986)也融合了目的论对于结果或社会影响的重视。

Rest(1986)提出了一个**个体**行为四因素模型,描述了当道德中介人遇到道德两难困境时所发生的心理历程。他指出,一个"人肯定会至少经历四个基本心理阶段"(p. 3)。他强调这里所说的是阶段,而不是特点或特征。这四个基本阶段分别为:认识一个道德问题的存在,作出道德的判断,产生一个道德的动机,由动机引发行为。虽然一些研究"显示在各个因素之间存在相互作用和复杂的联系",但 Rest 认为这四个阶段"是以一种合乎逻辑的顺序依次出现的,并且这种逻辑顺序为预测道德行为的发生提供了分析框架"(p. 5)。一些前期的研究模型和更多的目前的研究模型都符合这个四因素模型(Jones, 1991)。

虽然决策过程是个体进行的过程,但决策者们应当考虑其行为的结果或影响,特别是在进行商业决策时更应考虑。利益相关者理论为个体的决策过程与其行为的结果或社会影响两者之间建起了一架桥梁。利益相关者理论通过使用目的论的方法,把商业实体与它所能影响的群体(宏观层面)联系在一起,这些群体包括员工、股东、客户、供应商和公众利益相关者。Clarkson(1995, p. 92)主张这里应该强调的是利益相关者群体而不是整个社会,因为他认为"公司管理的是公司与利益相关者群体之间的关系,而不是管理与整个社会的关系"。

利益相关者理论的核心在于一系列道德准则，这些准则用以指导组织及其领导者作出影响各种群体的决策。Donaldson 和 Preston(1995)认为 Freeman(1984)为利益相关者理论描述的准确性、工具的效力和规范的有效性提供了基础，使此理论在管理理论中显现重要地位。Jones(1995)指出，当管理层以积极的态度考虑其利益相关者的需要和愿望时，他们管理的实体的竞争优势就能大大增加。

衡量道德发展

Rest 模型的第二阶段(作出道德判断)是决策者道德发展水平以及 Kohlberg(1969,1976)理论著作的重心。Kohlberg(1969)道德认知发展理论是对道德行为经验研究的里程碑。其理论框架把正义视为达到最高道德发展水平的普遍原则。他还认为道德思维有三个发展水平，其中每个发展水平又包含两个阶段。前常规层次(preconventional level)(第一阶段和第二阶段)关心的是个人的结果，首先是以处罚和服从为本位(punishment and obedience orientation)，然后在决策是相对概念而不是绝对概念时，引入功利相对导向(instrumental relativist orientation)。而在常规期层次(conventional level)，第三阶段个体思维的主导思想是人际和谐或好男巧女(good boy-nice girl orientation)，第四阶段的主导思想是注重法律与秩序(law and order orientation)。在第四阶段开始明显地由自我倾向转为倾向于思考更广意义上的善行。在后常规层次(postconventional level)，思维是抽象的，因此道德原则的定义是超乎社会之外或同伴压力的。第五阶段显示出社会契约法律倾向(social contract orientation)，而第六阶段则是一个普遍道德原则(universal ethical principle orientation)的阶段。

从前一阶段到后一阶段的发展进程如同一个不变的序列。受教育背景、生活经历、年龄等因素的影响，个体会发展到更高的道德阶段或水平，但不会跳跃式地发展；道德的发展会在任何一个阶段终止(Weber, 1990)。尽管个体不会从已达到的道德水平退回较低道德水平，但是他们在不同的场合下、面对不同的问题，会运用高出或低于其主导道德思维水平的道德思维方式(Elm and Weber, 1994)。这些发展阶段较好地代表了面临道德困境时的思维方式,而不是对于道德问题的态度。

Kohlberg(1969)在Piaget(1932)的理论著作和一项对75名男生所做的长达15年的研究的基础上提出了自己的理论。Kohlberg和他的同伴通过后来的研究,开发和改进了他们的研究工具、道德判断面谈(MJI)及其评分系统(Colby et al., 1983; Kohlberg, 1976)。这个研究工具包含有研究对象面谈,即研究对象需要回答针对道德困境所设计的一些问题。由于MJI面谈过程十分复杂,因此在商业道德研究中很少使用(如Weber, 1990)。

Rest(1986)开发出界定问题测试(DIT),用以研究道德判断和道德思维变化,即模型中的第二阶段。Rest(1986)使用了Kohlberg的道德认知发展理论,来评估道德中介人道德判断(四因素模型中的第二因素)的发展阶段。DIT使用了六个道德困境来衡量道德发展阶段,其中包括Kohlberg提出的Heinz困境。

关于在商业领域如何正确使用像DIT和MJI等工具来衡量道德思维的疑问逐渐产生。在一项针对管理者在Kohlberg的MJI工具中所反映的道德思维水平的研究中,Weber(1990)把两种商业道德困境与Heinz困境(Kohlberg, 1976)结合起来。他的研究对象面对Heinz困境所反映出的道德思维水平比面临商业环境下的道德困境所反映出的要高一些。Weber强调问题的回答者的角色对于唤起道德思维起着重要作用,他把回答者所反映出的道德思维水平的不同归结为他们所遇到的问题和这些问题的结果不同。这些研究结果能够支持这样一种论点,即DIT能反映出道德思维的主导阶段,而在某些特定的情况下,如在与商业经营有关的环境中,也会用到其他或高或低的道德思维阶段。

衡量认识道德问题:道德强度和道德敏感性

上述所有模型的一个共同点就是对问题所具有的道德因素的认识(Ferrell et al., 1989; Hunt and Vitell, 1986; Rest, 1986; Trevino, 1986; Ferrell and Gresham, 1985)。Ferrell等(1989, p. 59)

认为:“个体在应用此模型前,首先必须把这种情形看作是一个存在**道德**内涵的问题”。Jones(1991, p. 380)明确地认识到了决策模型中此因素对于道德研究的含义和重要地位:“一个未能认识到道德问题的人,将根据其他模式如经济合理性而不是运用道德决策模式进行决策。”图 2.1 显示了一个认识道德问题的模型,这是对四因素模型第一阶段的详细描述。

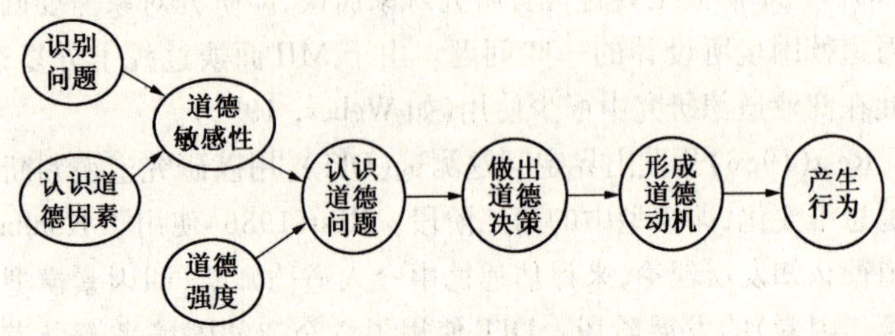

图 2.1　认识道德问题模型

虽然认识到问题的道德因素这个阶段经常被忽视,但这个阶段对于所有道德决策模型而言都是个首要因素,它包括两个独立的组成部分:道德中介人认识道德因素的能力(Shaub et al., 1993);问题本身所具有的道德强度(Jones, 1991)。道德敏感性是道德中介人认识到问题的存在以及认识到问题中存在道德内容的能力。加上问题的道德强度,这两个部分组成了道德问题的认识。图 2.1 描绘了认识道德问题的两个因素:个体的道德敏感性和问题的道德强度。

在以前的研究中,对“道德敏感性”这一概念的定义都是不一致的。Shaub 等人(1993)做了一项对公众会计师的研究,研究道德敏感性、道德倾向和审计师对组织和职业的承诺三者之间的关系。他们强调所涉及的问题本身的特性,并把道德敏感性定义为“从职业角度认识一种情况所具有的道德特性”的能力(p. 146)。Hebert 等(1990, p. 141)认为“道德敏感性的一个方面是认识道德问题的能力”。可见,Shaub 等人 (1993)和 Hebert 等人(1990)对于道德敏感性的定义都与 Rest 的四因素模型中的第一个因素相关。Cohen 等(1992, p. 1)则重视行为的实施(即四因素模型中的第四个阶段),他把道德敏感性描述为"是关于某个具体行为是否道德的一种评估或信念"。

对于道德敏感性的衡量也是多种多样的。Hebert 等人(1990, 1992)和 Shaub 等人(1993)衡量了不同群体识别道德问题的能力。这些研究使用包含道德问题的案例来评估研究对象的道德敏感性。Hebert 等人(1990, 1992)在对医科学生所做的研究中,让学生们"列举出与他们所拿到的案例相关的所有道德问题"(1990, p. 141),这样就能确保研究对象的注意力只集中在道德问题上。而 Shaub 等人(1993)则不让研究对象注意到这项研究对于道德的重视,他们给出的指令是让研究对象识别出作者设计的案例中那些比较重要的问题。如图 2.1 中所描绘的那样,我们把道德敏感性看作是由两个不同部分组成的:识别一个需要解决的问题(在图 2.1 中标为"识别问题"),知道这个问题有一个道德因素(在图 2.1 中为"认识道德因素")。

认识道德问题的第二个组成部分是问题本身的特征。Jones (1991)构建了一个适应不同问题的道德决策模型,给 Rest 的四因素模型加入道德强度概念。Jones(1991, p. 373)指出,"道德问题本身的特征,统称作道德强度,它对于道德决策和道德行为具有决定性作用"。道德强度的六个因素是指问题所产生的结果、社会舆论、可能的影响、短期急迫性、亲和性和影响的集中性。道德强度的概念表明行为的结果与人类的反应或对于问题的道德因素的认识有关。

Jones(1991, p. 373)认为道德强度是一个具有普遍性的组成部分,它"派生自道德哲学家的规范性观点,这些哲学家将道德责任按一定比例划分为几个不同水平"。这意味着在认识到一个道德问题后,道德强度和道德中介人有责任考虑对社会其他人影响之间存在着直接联系。道德强度是问题特征的总括,这些特征使它的道德因素鲜明而生动,就会对观察者透明。Jones 将鲜明一词定义为一个问题从其背景中凸显出来的程度。而生动是一种激起感情上的兴趣、具体的想象和感官上、时间上或空间上亲和性的能力(Nisbett and Ross, 1980)。因此,Jones 的模型强调的是**问题**的意义及其得到认识的能力。

问题的道德强度在图 2.1 中显示为影响认识道德问题的一个因素。在既定的道德敏感性水平下,人们更有可能认识到道德强度比较强的问题。因此,个体认识到一个问题需要使用道德框架(认识道德问题)的可能性,不仅依赖于**个体**道德敏感性的作用,而且还依赖于**问题**本身的道德强度的作用。

Newstrom 和 Ruch(1975, 1976)开发设计了一个量表,用以衡量管理者对于 17 个在工作环境中发生的独立且不重复的行为的道德强度的看法。Akaah 和 Lund(1994)随后验证了这个量表的有效性,并且把这个量表简化为 6 个道德行为分量表。Newstrom 和 Ruch(1975)发现他们的研究对象认为所有行为都是基本上缺乏职业道德的。他们在平均值排序中列举了一些管理者们对这 17 个问题的严肃性(道德强度)的看法。

道德和教育

自 20 世纪 80 年代中期开始,实践者们就呼吁增加道德指导,尤其是对会计学的学生。Cohen 和 Pant(1989)指出,虽然还没有达到实践者的期望,但是针对会计师所做的道德指导已经增加了很多。许多组织建议把道德教育加入到会计课程中,如美国会计学会的会计教育未来结构、内容和范围委员会(American Accounting Association's Committee on the Future Structure, Content and Scope of Accounting Education)(Bedford Committee, 1986)、国家虚假财务报告委员会(National Commission on Fraudulent Financial Reporting, Treadway Commission, 1987),以及美国商业学院联合会(American Assembly of Collegiate Schools of Business, 1988)。Loeb(1988, p. 321)认为进行会计的道德教育目的在于激励学生"b)**认识**会计中具有道德内涵的**问题**,并且 c)产生一种道德责任感"。

Langenderfer 和 Rockness(1989)声称,把道德引入会计课程从而教育那些会计专业学生如何在以后的职业生涯中面对道德困境,可能会使学生更加了解和知晓自己以后要做的决策中包含有重要的道德因素。他们建议在教道德的案例时要包含以下七个讨论步骤,即:(1)了解和认清事实;(2)认识道德问题;(3)识别与案例相关的规范、准则和价值;(4)找到备选行动方案;(5)选择与规范、准则和价值最相符的行动方案;(6)思考每个可能的行动方案会产生的结果;(7)做出决策。因为在识别道德问题和考虑每种行动方案的结果时,利益相关者的利益是内在的,所以 Langenderfer 和 Rockness 推荐的这七个步骤是利益相关者理论框架在会计和审计领域的应用。

至于 Rest(1986)的四因素模型,很多关于把道德引进教育的研究都将重点放在模型的第二个因素上,即道德判断(如 Armstrong, 1993; Ponemon, 1992; Ponemon and Gavhart, 1990; Ponemon and Glazer, 1990; St. Pierre Nelson and Gabbin, 1990; Armstrong, 1987),并把 Rest 的 DIT 作为判断道德思维水平和/或变化的衡量工具。只有最近的一些研究开始重视研究对象的道德因素识别问题,以确保其使用恰当的评估工具的能力(如 Shaub et al., 1993; Hebert et al.,1992, 1990)。

道德介入一般利用案例使学生对道德问题敏感(Claypool, Fetyko and Pearson, 1990)。思维模型一般使用利益相关者理论框架(Langenderfer and Rockness, 1989)或道德思维方法(Armstrong, 1993)。但所做的研究结果还不足以论证会计师或会计专业的学生显示出的道德发展水平是否受到了道德介入的影响。一些研究发现其影响是正面的,即提高了道德思维水平或道德思维高于参照群体(Armstrong, 1993; Hiltebeitel and Jones, 1991)。而另一些研究则发现道德思维水平没有提高或者低于自由的文科生(Ponemon, 1993; St. Pierre Nelson and Gabbin, 1990)。这些研究者隐含的假设是,关于决策过程的教导使人们对含有道德因素的问题足够敏感,以便能使用正确的方法和工具。

假　设

这项研究针对 Rest(1986)四因素模型的第一个阶段展开,研究了认识道德问题及其因素、道德敏感性和道德强度。这项研究还考察了认识道德问题与道德的判断之间的关系。

这个四因素模型说明了认识道德问题的必要性。因为认识道德问题是运用道德框架的一个必要步骤，提高对道德问题的认识的道德介入能够增加中介人在面对道德问题时运用道德框架的可能性。那么，我们得到第一个假设：

假设 1 建立在利益相关者理论基础上的道德介入能够增强研究对象对含有道德因素的问题的认识能力。

道德敏感性是认识到一个问题及其包含的道德因素（如果有的话）的能力。Langenderfer 和 Rockness（1989）所推荐的利益相关者理论框架，首先是识别事实，然后是识别道德问题。在我们的过程中融合了研究对象对那些已被识别出的问题是否道德的判断。即使道德的介入不能增加识别出更多道德问题的能力，它却能够帮助研究对象提高更好地认识到道德问题中存在着道德因素的能力。这就有了第二个假设：

假设 2 在利益相关者理论基础上的道德介入能增强研究对象的道德敏感性。

道德问题对利益相关者的影响程度不同，并且/或者影响的利益相关者数量也不同。Jones（1991）总结出，问题的道德强度决定了该问题能否从问题所具有的道德因素角度得到认识，道德强度包括问题的鲜明性和生动性两方面。以利益相关者理论为基础的道德介入重视道德决策对利益相关者影响的强度和影响的相关者数量，那么可以预期，若由道德问题引发的行为对最多的利益相关者产生最负面的影响，研究对象就更能认识到这个道德问题及其包含的道德内容。因此，第三个假设为：

假设 3 在利益相关者理论基础上的道德介入能够增强研究对象对于道德问题的认识，它考虑到了问题的道德强度和研究对象的道德敏感性。

Rest（1986，p. 5）指出他的模型中的四个因素“有各自不同的作用”，并且四个因素之间相互影响。前面已经提到，随着年龄、经历和教育的变化，道德发展会有变化，并且因为在某些情况下，道德思维水平会高于或低于主导阶段(Elm and Weber, 1994)，这种变化也不容易被觉察到。这里所说的介入仅限于与商业有关的道德问题的介入，特指审计事务，因此不能期望它能够影响研究对象更宽泛意义上的道德发展水平。这样，第四种假设为：

假设 4 由 DIT 所衡量出的道德思维水平不会因为在利益相关者理论基础上引入道德教育而改变。

Rest 的四因素模型首先就是识别出一个要接受道德判断的问题。然而，此模型是连续的，而不是呈因果关系的(Rest, 1986)，因此，对问题包含的道德因素的认识能力的变化与道德思维水平的变化之间没有显示出联系，不像 Rest 所观察到的那样，模型的四个基本程序必须全部得到实施。近来的研究发现，当决策环境受到限制时，道德问题认识上的变化虽然增加了使用道德框架的可能性，但不一定与道德思维的变化有关。因此，认为在道德问题认识上的变化独立于 DIT 所衡量的研究对象思维水平的变化。下面的假设对其有所表述：

假设 5 商业两难困境中对道德问题认识的变化与 DIT 所衡量的道德发展水平的变化之间没有相关性。

研究方法

研究的设计

目前的研究将收集到的数据分成测试前和测试后，用来调查认识道德问题和道德发展水平的变化。关于教育介入的研究对象是美国东北部的一个私立学院里两个班的主修审计的高年级会计学学生。由一位研究者分发和收集调查问卷；学生自愿参与该项调查研究。

两个“六大”会计师事务所的合伙人审阅了该调查研究项目设计的案例，这样可以确保案例中所包含的问题是审计师们在实际审计工作中确实会遇到的问题(参见附录 2.1)。同样，为把对调查表中各项问题的误解降到最低，事先已经在另外一个审计班上实验过调查评分表，并要求班里的学生对此调查工具和问题及其指导是否清楚明了进行叙述性的反馈。根据这些来自实践者和学生的反馈，对调查工具进行了少许调整和修改。

测试前的数据在学期初收集，随后对实验群体引入道德教育。这种引入包括讨论三个审计案例，案例中包含了道德内容的和技术内容的审计及会计问题，讨论持续七周。实验群体既讨论案例的技术方面又讨论道德方面；而参照群体只讨论技术问题。实验使用利益相关者理论的七步骤框架（Langenderfer and Rockness, 1989）来增加实验群体考虑审计师行为对社会的影响的道德敏感性。测试后的数据是在接近学期末时收集的，即在道德介入结束一周之后。有 52 名学生接受和完成了相匹配的测试前和测试后的衡量。

研究者在两个简述（测试前和测试后）中给出了七个道德问题和一些会计及审计技术问题。其中，有六个道德问题是从 Newstrom 和 Ruch（1975）识别出的 17 个独立的、不重复的问题列表中选出的，第七个问题是与 AICPA 的职业行为规范（code of professional conduct）有关的。道德问题的道德强度权数是依据 Newstrom 和 Ruch（1975）提供的排序而定的。在简述中包含的道德问题分为以下几类：有一点不道德的行为；不道德的行为和非常不道德的行为（参见表 2.1）。

表 2.1　道德问题的道德强度

行为种类* (Newstrom and Ruch, 1975; Akaah and Lund, 1994)	简述	道德问题	道德强度权数**
A. 私人使用 在工作时间做私事	测试前	在工作时间更新驾驶证	1
B. 转嫁指责 把对错误的指责转嫁到无辜的同事身上	测试后	自己犯错，责怪同事	3
C. 受贿 接受礼物或特殊待遇	测试后	接受礼物，帮其推荐产品	2

（续表）

行为种类* （Newstrom and Ruch, 1975； Akaah and Lund, 1994）	简述	道德问题	道德强度 权数**
D. 弄虚作假 歪曲信息	测试后	把实验性的处理方法当作传统的做法	3
F. 欺骗 泄露机密信息 不记录超出预算的工作***	 测试前 测试前	 向专家泄露信息 不列出全部工作时间（“消磨时间”）	3
G. 其他 具体的会计事项	测试后	不付去年的审计费	1

注：* 种类 E 即填充费用，没有包含在这些简述中。
** (1) 有一点不道德的行为；
(2) 不道德的行为；
(3) 非常不道德的行为。
*** 类似于 Newstrom 和 Ruch(1975)所提到的“比完成工作所需要的时间长”。

学生要完成一个类似于 Shaub 等人(1993, p. 159)的识别问题积分表，他们在读完简述后需要识别出问题，并回答对每个问题的提问。道德敏感性权数的基础是学生们认为 Sarah(Monica)将“根据她的会计及审计知识还是根据自己的道德价值观来解决问题”，这个判断通过 Likert 七分值计量表来衡量。学生们对此问题重要性的评价也能够通过一个 Likert 七分值计量表来衡量，该计量表用七个分值分别代表从“非常重要”到“非常不重要”的不同程度。这个工具还设计了与所识别出的问题相关的其他提问，用来减小学生可能对研究目标产生的敏感(参见附录 2.2)。

完成这个道德问题认识工具之后，学生填写 Rest(1986)三场景版本的 DIT，用以衡量道德发展。同样的三个案例被用做测试前和测试后衡量工具，这样可以防止由于案例不同而运用不同的道德思维方式。在测试后收集人口统计信息，提供统计分析时所需要的参照变量。

数据分析

在道德问题认识模型中,对每个阶段的数据都进行分析。第一阶段是认识问题,第二阶段根据研究对象认为某问题在多大程度上是道德的来权衡道德问题,产生一个道德敏感性的值。在第三阶段,问题的道德强度连同道德敏感性,产生了道德问题认识的值。表 2.2 显示了单个道德问题的得分,以及测试前和测试后实验群体和对照群体道德敏感性的平均值和道德问题认识的平均值。

运用一般线性模型和 SAS 软件的相关分析法对数据进行分析。分别依据假设 1 到假设 4,一般线性模型的因变量是学生们测试前数据和测试后数据之间的区别:(1)认识问题,(2)道德敏感性,(3)道德问题识别,(4)道德的发展。而一般线性模型的相关自变量是学生属于对照群体还是属于实验群体。模型的其他变量是大学所有课程成绩平均分,以及一个表明该学生是否参加了道德课程的是非变量。

表 2.2　描述性的数据

	问　　题	实验	对照
测试前	在工作时间更新驾驶证	0.69	0.65
	向专家泄露信息	0.86	1.00
	不列出全部工作时间	0.59	0.43
	识别出的道德问题的平均值	2.14	2.08
	道德敏感性的平均值（问题的平均值×道德权数）	10.69	11.61
	道德问题认识的平均值（平均敏感性×道德强度权数）	18.90	22.04
测试后	客户不付去年的审计费	0.79	0.87
	把实验性的处理方法当作传统的做法	0.76	0.65
	接受礼物	0.83	0.78
	自己犯错,责怪同事	0.86	0.61
	识别出的道德问题的平均值	3.24	2.91
	道德敏感性的平均值（问题的平均值×道德权数）	15.90	13.91
	道德问题认识的平均值（平均敏感性×道德强度权数）	37.00	30.78

检验结果

假设1的检验调查了道德介入是否能改变学生对含有道德因素的问题的识别能力。如表2.3所示,这个检验的结果显示,实验群体和对照群体所识别出的问题的数量变化并没有明显区别,模型中没有一个自变量(对照组与实验组,平均分,道德课程)是显著的。对照变量与实验变量有一个递增的F值为0.86($p=0.36$)。以上这些发现表明,假设1不被接受。

表2.3 对识别出的道德问题数量的变化的分析

变异来源	自由度	离均差平方和	均方和	F值	$Pr>F$
模型	3	2.398	0.800	0.60	0.6179
标准误差	47	62.582	1.331		
总变异	50	64.980			
R^2	0.037				
变异来源	自由度	类型ⅠSS	F值	$Pr>F$	
实验/修正	1	1.018	0.76	0.3864	
平均分	1	1.286	0.97	0.3307	
道德课程	1	0.094	0.07	0.7912	
变异来源	自由度	类型ⅢSS	F值	$Pr>F$	
实验/修正	1	1.151	0.86	0.3573	
平均分	1	1.207	0.91	0.3460	
道德课程	1	0.094	0.07	0.7912	

表2.4显示了检验假设2的一些结果。假设2考虑了道德介入对学生将所识别出的道德问题进行分类的能力的影响。单独看来,道德敏感性的变化(根据包含的道德内容对识别出的问题进行加权)在对照组和实验组($p=0.30$)之间也没有区别。与假设1一样,对照变量与实验变量也不显著($p=0.19$),因此假设2也不被接受。

表 2.4　道德敏感性变化的分析

变异来源	自由度	离均差平方和	均方和	F 值	Pr > F
模型	3	189.931	63.310	1.27	0.295 9
标准误差	47	2 345.049	49.895		
总变异	50	2 534.980			
R^2	0.075				
变异来源	自由度	类型 Ⅰ SS	F 值	Pr > F	
实验/修正	1	101.131	2.03	0.161 1	
成绩平均分	1	73.711	1.48	0.230 3	
道德课程	1	15.089	0.30	0.585 0	
变异来源	自由度	类型 Ⅲ SS	F 值	Pr > F	
实验/修正	1	88.061	1.076	0.190 4	
平均分	1	79.660	1.60	0.212 6	
道德课程	1	15.089	0.30	0.585 0	

假设 3 是检验道德问题的识别，即把道德敏感性与所识别出的问题的道德强度结合起来。根据 Newstrom 和 Ruch（1975）的等级排序建议，道德敏感性根据道德问题的道德强度进行加权。① 这种强调利益相关者群体之间的相互影响的介入，大大提高了道德问题的识别（$p = 0.05$）。通过分析可见，对照变量与实验变量成为一个很显著的变量，约 0.05，因此我们可以接受假设 3。

表 2.5　道德认识变化的分析

变异来源	自由度	离均差平方和	均方和	F 值	Pr > F
模型	3	1 817.892	605.964	0.049 4	
标准误差	47	10 125.441	215.435		
总变异	50	11 943.333			
R^2	0.015 2				
变异来源	自由度	类型 Ⅰ SS	F 值	Pr > F	
实验/修正	1	955.553	4.44	0.040 6	
成绩平均分	1	757.267	3.52	0.067 0	
道德课程	1	105.072	0.49	0.488 4	
变异来源	自由度	类型 Ⅲ SS	F 值	Pr > F	
实验/修正	1	851.129	3.95	0.052 7	
平均分	1	806.075	3.74	0.059 1	
道德课程	1	105.072	0.49	0.488 4	

表 2.6 显示的是对假设 4 检验的结果。此假设研究的是道德介入与 DIT 衡量出的道德思维变化之间的关系。道德发展变化的区别不是很显著（$p = 0.33$），检验结果还显示道德的介入没有对对照组与实验组的道德思维水平产生显著影响（$p = 0.10$）。如同所预期的那样，局限于商业领域和会计领域中的道德介入不能影响更广意义上的道德发展，这就支持和证实了假设 4。

表 2.6　道德思维变化的分析

变异来源	自由度	离均差平方和	均方和	F 值	$Pr > F$
模型	3	908.234	302.745	1.17	0.333 1
标准误差	42	10 882.346	259.103		
总变异	45	11 790.580			
R^2	0.077				
变异来源	自由度	类型 I SS	F 值	$Pr > F$	
实验/修正	1	730.452	2.82	0.100 6	
成绩平均分	1	134.324	0.52	0.475 5	
道德课程	1	43.458	0.17	0.684 2	
变异来源	自由度	类型Ⅲ SS	F 值	$Pr > F$	
实验/修正	1	752.793	2.91	0.095 7	
平均分	1	125.434	0.48	0.490 4	
道德课程	1	43.458	0.17	0.684 2	

运用相关分析法检验假设 5，即探讨在道德问题认识的变化与道德发展水平的变化之间的关系。相关系数并不显著（$r = 0.11$; $p = 0.47$）。根据检验的结果，我们找不到证据说明在道德问题认识上的变化与由 DIT 衡量的道德发展水平的变化之间存在联系。

结　论

道德问题认识，是那些描述道德思维过程的模型的第一个因素，早期的著作认为它包含两个方面，即道德敏感性（Shaub et al., 1993）和道德强度（Jones, 1991）。当今的研究对早期的研究进行补充,分析了道德敏感性和道德强度是如何与认识过程联系在一起的,以及是否可以使研究对象更加敏感地认识到某个含有道德因素的问题。另外,还探讨了道德问题认识与道德思维之间的关系。

研究的结果表明,对某问题所包含的道德因素的认识来源于个体的道德敏感性与该问题的道德强度的结合,从问题对社会重要影响的层面来看,可以使研究对象对于认识一个包含道德内容的问题更加敏感。在利益相关者理论框架基础上引入道德教育,能够有效地使实验组的研究对象认识到道德问题。这些研究成果对于改善实务中的行为非常有意义。根据 Jones(1991)的观点,一个问题的道德强度越大,面对两难困境的个体所负有的道德责任也就越大;识别道德问题的能力越强,个体应用道德框架评估问题的可能性就越大。

当今的研究显示增加道德问题识别不能产生道德发展水平的变化,然而也指出一个问题的道德因素必须得到识别,这样才能运用道德判断或在评估一个问题时采用道德框架。这些研究成果与其他研究是一致的(Ponemon, 1993; St. Pierre et al. ,1990),并建议研究对象正确应用不同的道德思维水平(Elm and Weber, 1994; Weber, 1990)。因此,就 Rest 四因素模型的程序而言,提高道德问题的识别能够产生积极作用,因为它可确保道德因素成为导致行为的思维分析过程中的一部分。

利益相关者理论的介入使参与者的注意力集中在问题的不同道德强度水平上,这包括行为对社会的后果、达成社会共识和评估影响的可能性。研究结果是,了解那些能增加道德问题识别的社会关心,使实验组成员比对照组更可能识别出对利益相关者产生较大的影响的一些道德问题。结果发现,受到利益相关者理论影响的个体会更倾向于识别出道德问题并在决策过程中运用道德框架。识别道德问题的能力在对照组和实验组之间并没有区别。当把道德强度和道德敏感性加到道德问题识别中来(假设 3)并且研究对象学会考虑审计师行为的后果时,利益相关者理论框架对研究对象识别道德问题的能力就起了至关重要的作用。

Elm 和 Weber(1994)指出,在不同情况下,个体会采用高于或低于其主导阶段的思维水平。研究对象可能用不同的道德思维水平来解决问题,这依赖于其遇到的问题的道德强度,研究对象也可能不会将两难困境的道德强度视为与社会敏感问题(如 DIT 所发现的那些问题)同样的道德强度。在此研究中,道德介入和测试前及测试后的简述局限于那些可能发生在会计和审计实务领域的个体身上的问题。像 Elm 和 Weber(1994)所提到的,关于识别这种问题的指导可能与 Heinz 困境之类情形所需要的道德思维水平不相关。因此,引入道德教育会达到提高道德问题认识的目标,而不会引起 DIT 所衡量到的道德思维水平的变化。

目前研究的结果必须根据研究的限制条件来解释。研究样本是东北部一所私立大学的学生群体,规模较小 ($n=52$)。在一个学期的课程中,加入一定量的审计课程,但没有对课程的持续影响进行调查研究。另外,这种类型的行为研究效果依赖于那些认真完成调查的参加者。

还有很多与道德问题认识和道德发展相关的其他因素。如果解决商业相关的道德问题时所运用的道德思维水平不同于由 DIT 衡量得到的道德思维水平,那么就应该开发出一种衡量工具,来衡量解决商业相关问题所运用的道德思维水平,在以后的研究中也可以用来确定道德教育的介入对这些情形下的道德判断所能起的作用。

Poneman(1993)试图回答这个问题:“在会计领域,道德是能教育的吗?”他的回答是:“不能。至少在道德发展方面和自由驾驭行为上不能。”他还提到:“教育者可能需要寻找到一种特别设计的教育方法,来培养会计学学生的道德发展。”(p. 207)目前的研究进一步调查了道德教育对 Rest 模型的第一阶段即道德问题识别的作用。我们的研究结果发现,道德问题认识的衡量需要考虑到该问题的道德强度和个体的道德敏感性。我们还发现使用利益相关者框架来考察案例时,会使学生对道德问题更敏感,因为他们眼中的道德问题的强度变得更大了。更广泛地使用含道德问题的案例和使用利益相关者理论,也会增强认识低道德强度问题的能力。

附录 2.1

测试前的案例

下面的场景是你作为审计师会遇到的问题。你要尽可能地把自己想象成 Sarah。

如果现实工作中遇到的话,该场景的不同方面对你会有不同的意义。看完该场景之后,你要识别出每个段落中的道德问题,并回答相关问题。

Sarah Hughes 是 Nobil、Tobias 和 Thread 会计师事务所的一名会计职员。她在为 Greenway 花草种子公司的收入项目做审计时,发现记录有一笔重大的销售交易,但是直到 1994 年 12 月 31 日公司财务年度结束时却仍没有货物运出的记录。她与公司的管理员 Tracy Morse 就此事进行了讨论,Tracy 解释说买方 Leo's 园林公司是他们的老客户,他们答应在两年内的每个季度都购买固定数量的种子。他进一步解释道,因为购买种子的人是公司熟悉的客户,所以可以在货送出前就确认收入。当 Sarah 问及有没有任何关于此承诺的文书时,Tracy 说这种承诺的基础是友谊,一个握手就可以意味着承诺。

午饭后,Sarah 与 Nobil、Tobias 和 Thread 事务所的负责 Greenway 公司审计的高级官员 Donna Monette 讨论起这个交易事项。Donna 说自己太忙没时间讨论这个问题,因为整个下午她都要和审计伙伴 Tracy 和 Frank Sweeney 开会。Sarah 不知道下一步如何继续自己的工作,所以她回到事务所的办公室,处理 Greenway 公司其他方面的审计工作。在回办公室的路上,她花了几个钟头在机动车办事处更新了自己的驾照。

在当天晚上的 MBA 课上,Sarah 提到自己在给 Greenway 公司做审计,Greenway 公司在货物还没运出之前就记录了一笔收入。

教授说这个问题会在 MBA 课接下来的一门课程中讲述,现在还没有充分的时间来讨论该问题。这样,Sarah 还是没能得到一个关于如何正确地做这笔交易的会计记录的权威答复。

第二天,Sarah 仍不能判断这笔交易的记录是否与通用会计准则相符,因为她不知道适用的准则是什么。她再次找 Donna 谈,Donna 告诉她说,如果 Sarah 愿意,就可以去进一步调查这笔交易。为了保证在时间预算之内,Sarah 决定自己调查该交易所花的时间不向事务所收费。

测试后的案例

下面的场景是你作为审计师会遇到的问题。你要尽可能地把自己当作 Monica。

如果现实工作中遇到的话,该场景的不同方面对你会有不同的意义。看完该场景之后,你要识别出每个段落中存在的道德问题,并回答一些相关问题。

Monica 是 Moseky、Moseky 和 Cloot 会计师事务所的高级会计师。她目前正在为 Apple-a-Day 医务所做审计。医务所里有很多医生正在从事一项医疗研究,这项研究吸引了来自全国各地的病人。不管医务所盈利能力如何,Apple-a-Day 总是拖延支付审计费。医务所仍然欠着事务所去年的审计费。

健康保险公司经常不为实验疗程付保险。这导致了医务所偶尔的现金流困难。Monica 开始注意这种状况,并建议医务所在与保险公司结算时,很多项目都可以作为传统的医疗。把实验疗程作为传统医疗,可以允许医务所向保险公司索取费用,否则医务所就得不到赔偿。医务所也承认这样做将会大大改善现金流状况,并考虑在保险报告程序里做一些改动。

为了帮助实施新的报告程序,Monica 建议医务所购买一套名叫“保证付款(InsurePay)”的软件。客户就从 Monica 大学时的朋友 Bill Houseman 那里买了一套这种软件。为了鼓励 Monica 继续推荐“保证付款”软件,Bill 给 Monica 一张赠券,足够让

Monica 在她喜欢的餐厅里享受两次晚餐。Monica 知道很快就要实施新系统了，所以她告诉项目中的会计员不要浪费时间审查坏账准备。

当合伙人审核这些审计报告文件时，他注意到没查坏账准备，并提醒 Monica 应该去查账。他让 Monica 回到客户那里查账。在审查了可疑账户的准备金之后，Monica 发现资产负债表过于保守了。会计员因没审查准备金账户而被 Monica 打了很低的分数。

附录 2.2

测试前和测试后问题识别表

请在横线上写出你社会保障号码(social security number)的最后四位________。

请识别出 Sarah 在该场景中所遇到的任何问题。下面给出的各段中可能是没有问题、有一个问题或者有多个问题。不需要填写所有列出的问题栏。在下面几页中，有一系列关于你识别出的问题的问题需要你回答。

问题#

第一段

1 问题________________________________

____

2 问题________________________________

____

3 问题________________________________

____

第二段

4 问题________________________________

____

5 问题______________________________

____

6 问题______________________________

____

第三段

7 问题______________________________

____

8 问题______________________________

____

9 问题______________________________

____

第四段

10 问题______________________________

____

11 问题______________________________

____

12 问题______________________________

____

A. 问题数量:__________

B. 就本案例所提供的事实而言,上面所识别的问题的重要程度如何?

不重要　　　　　　一般重要　　　　　　非常重要

①　②　③　④　⑤　⑥　⑦

C. 上面所识别出的问题是不是会对财务报告有非常重要的

影响？

非常可能			一般可能			极不可能
①	②	③	④	⑤	⑥	⑦

D. Sarah会根据她的会计及审计知识或她的道德价值观来解决这个问题吗？

完全道德价值观			一半道德价值观、一半会计及审计知识			完全会计及审计知识
①	②	③	④	⑤	⑥	⑦

E. 评估该问题对审计观念的影响：

没有影响			一些影响			极大影响
①	②	③	④	⑤	⑥	⑦

F. 该问题对Sarah未来工作或职业生涯的影响会怎样？

没有影响			一些影响			极大影响
①	②	③	④	⑤	⑥	⑦

注　释

① 学生对问题重要性的评估支持Newstrom和Ruch的排序所赋予的权重。两种衡量手段之间的相关性明显，系数 $p < 0.0001$。

参考文献

Akaah, I.P., and D. Lund. 1994. The influence of personal and organizational values on marketing professionals' ethical behavior. *Journal of Business Ethics* 13: 417-430.

American Accounting Association Committee on the Future Structure, Content, and Scope of Accounting Education (AAA). 1986. Future accounting education: Preparing for the expanding profession. *Issues in Accounting Education* 1(Spring): 168-195.

American Assembly of Collegiate Schools of Business (AACSB). 1988. *Accreditation Council Policies, Procedures and Standards.* St. Louis, MO: AACSB.

Armstrong, M.B. 1987. Moral development and accounting education. *Journal of Accounting Education* 5(Spring): 27-43.

Armstrong, M.B. 1993. Ethics and professionalism in accounting education: A sample course. *Journal of Accounting Education* 11(Spring): 77-92.

Clarkson, M.B.E. 1995. A stakeholder framework for analyzing and evaluating corporate social performance. *Academy of Management Review* 20: 92-117.

Claypool, G.A., D.F. Fetyko, and M.A. Pearson. 1990. Reactions to ethical dilemmas: A study pertaining to certified public accountants. *Journal of Business Ethics* 9: 699-706.

Cohen, J. 1988. *Statistical Power Analysis for the Behavioral Sciences,* 2nd edition. Hillsdale, NJ: Lawrence Earlbaum.

Cohen, J.R., L.W. Pant, and D. Sharp. 1992. Methodological issues in cross-cultural ethics research. Working paper.

Cohen, J.R., and L.W. Pant. 1989. Accounting educators perceptions of ethics in the curriculum. *Issues in Accounting Education* 4(Spring): 70-81.

Colby, A., L. Kohlberg, J. Gibbs, and M. Lieberman. 1983. A longitudinal study of moral development. *Monographs of the Society for Research in Child Development*, Series 200, 48(1&2): 1-107.

Donaldson, T., and L.E. Preston. 1995. The stakeholder theory of the corporation: Concepts, evidence, and implications. *Academy of Management Review* 20: 65-91.

Elm, D.R., and J. Weber. 1994. Measuring moral judgment: The moral judgment interview or the defining issues test? *Journal of Business Ethics* 13: 341-355.

Ferrell, O.C., and L.G. Gresham. 1985. A contingency framework for understanding ethical decision making in marketing. *Journal of Marketing* 49(Summer): 87-96.

Ferrell, O.C., L.G. Gresham, and J. Fraedrich. 1989. A synthesis of ethical decision models for marketing. *Journal of Macromarketing* (Fall): 55-64.

Freeman, R.E. 1984. *Strategic Management: A Stakeholder Approach.* Boston: Pitman Press.

Hebert, P., E.M. Meslin, E.V. Dunn, N. Byrne, and S.R. Reid. 1990. Evaluating ethical sensitivity in medical students: Using vignettes as an instrument. *Journal of Medical Ethics* 16: 141-145.

Hebert, P., E.M. Meslin, and E. V. Dunn. 1992. Measuring the ethical sensitivity of medical students: A study at the University of Toronto. *Journal of Medical Ethics* 18: 142-147.

Hiltebeitel, K.M., and S.K. Jones. 1991. Initial evidence on the impact of integrating ethics into accounting education. *Issues in Accounting Education* 6(Fall): 262-275.

Hunt, S.D., and S. Vitell. 1986. A general theory of marketing ethics. *Journal of Macromarketing* (Spring): 5-16.

Jones, T.M. 1991. Ethical decision making by individuals in organizations: An issue-contingent model. *Academy of Management Review* 16(April): 366-395.

Jones, T.M. 1995. Instrumental stakeholder theory: A synthesis of ethics and economics. *Academy of Management Review* 20: 404-437.

Kohlberg, L. 1969. Stage and sequence: The cognitive-developmental approach to socialization. In *Handbook of Socialization Theory and Research*, ed. D.A. Goslin, 347-480. Chicago, IL: Rand McNally.

Kohlberg, L. 1976. Moral stages and moralization: The cognitive development approach. In *Moral Development and Behavior: Theory Research and Social Issues*, ed. T. Lickona, 29-53. New York: Holt, Rinehart, & Winston.

Langenderfer, H.Q., and J.W. Rockness. 1989. Integrating ethics into the accounting curriculum: Issues, problems, and solutions. *Issues in Accounting Education* 4(Spring): 58-69.

Loeb, S.E. 1988. Teaching Students Accounting Ethics: Some Crucial Issues." *Issues in Accounting Education* 3(Fall): 316-329.

National Commission on Fraudulent Financial Reporting (The Treadway Commission). 1987. *Report of the National Commission on Fraudulent Financial Reporting*.

Newstrom, J.W., and W.A. Ruch. 1975. The ethics of management and the management of ethics. *MSU Business Topics* (Winter): 29-37.

Newstrom, J.W., and W.A. Ruch. 1976. Managerial values underlying intraorganizational ethics. *Atlanta Economic Reivew* 26(May/June): 12-15.

Nisbett, R., and L. Ross 1980. *Human Inference: Strategies and Shortcomings of Social Judgment.* Englewood Cliffs, NJ: Prentice-Hall.

Piaget, J. 1932. *The Moral Judgment of the Child.* New York: Free Press.

Ponemon, L. 1992. Ethical reasoning and selection-socialization in accounting. *Accounting Organizations and Society* 17(April/May): 239-258.

Ponemon, L. 1993. Can ethics be taught in accounting? *Journal of Accounting Education* (Fall): 185-209.

Ponemon, L., and D. Gabhart. 1990. Auditor independence judgments: A cognitive developmental model and experimental evidence. *Contemporary Accounting Research* 7: 227-251.

Ponemon, L., and A. Glazer. 1990. Accounting education and ethical development: The influence of liberal learning on students and alumni in accounting practice. *Issues in Accounting Education* 5(Fall): 195-208.

Rest, J. 1986. *Moral Development: Advances in Research and Theory.* New York: Praeger.

St. Pierre, K.E., E.S. Nelson, and A.L. Gabbin. (1990). A study of the ethical development of accounting majors in relation to other business and nonbusiness disciplines. *The Accounting Educators' Journal* 3(Summer): 23-35.

Shaub, M.K. 1994. An analysis of the association of traditional demographic variables with the moral reasoning of auditing students and auditors. *Journal of Accounting Education* 12(Winter): 1-26.

Shaub, M.K., D.W. Finn, and P. Munter. 1993. The effects of auditors' ethical orientation on commitment and ethical sensitivity. *Behavioral Research in Accounting* 5: 145-169.

Trevino, L.K. 1986. Ethical decision making in organizations: A person-situation interactionist model. *Academy of Management Review* 11(October): 601-617.

Weber, J. 1990. Managers' moral reasoning: Assessing their responses to three moral dilemmas. *Human Relations* 43: 687-702.

3

组织道德发展——道德理论框架的启示

Kristi Yuthas

摘　要

本章用 Kohlberg 和 Gilligan 提出的个体道德发展模型，来诠释组织道德的发展。本章将讨论两个模型，并探讨如何将对人类道德的分析应用于对组织道德的分析上，在此基础上，将构建出一个组织道德发展(OMD)模型。正如个体采用的推理模式证明了个体道德发展一样，本章显示，组织道德的发展是由管理控制机制和奖励体系所证实的。本章还发现会计体系在 OMD 三个阶段显示出不同的特征。这个 OMD 模型为考察组织中的道德如何发展以及探究管理控制或会计系统和组织道德之间的联系提供了框架。

引　言

很多人都相信,跟认知水平的发展一样,人们的道德水平也会发展进步。Piaget 就是这种论点的早期支持者之一,即他认为随着人类从孩童到成人的成长发展,他们在认知上和道德上都会经历各个不同的发展阶段。在这个成长进程中的每个阶段都包含了前面的几个阶段,一个阶段到另一个阶段是前后按顺序相继连接的。一旦个体经过了一个成长阶段,他们或者继续发展或者停滞不前,但一般而言,他们不会倒退。关于个体道德如何发展的模型已经提出了很多,最被广泛接受的主要有两个。

最近几年里,我们逐渐认识到,组织如同个体一样,也会学习。对于个体而言,学习伴随着道德的发展。本章认为,随着组织的学习和成熟,他们也会经历道德发展的不同阶段。处于较低发展层次的个体是以自我为中心的,关心他们自己的需要。当他们变得成熟时,他们开始均衡考虑自己和他人的需要和权利。这个道理也适用于组织。道德发展比较落后的组织关注自身的生存和发展,而不管会受他们的行为所影响的其他机构的需要和权利。道德上发展成熟的组织在选择和实施战略时会尽量考虑所有利益相关者的共同利益。

本章的目的在于把个体道德发展的概念应用于探讨组织的道德发展问题。本章根据两个人类道德发展的理论模型和一些公司社会效益模型,构建出一个组织的道德发展模型。这个模型勾勒出组织道德发展的几个阶段,并描述组织在不同阶段反映出的道德的形态和特征。

本章用三节讨论组织的道德发展问题。第 1 节回顾组织道德方面的著作,并探讨个体道德和组织道德的相互作用,以及企业的社会效益模型和道德模型。第 2 节将阐述由 Kohlberg 和 Gilligan 分别提出的两个个体道德发展模型。这两个道德发展模型都是从个体角度进行讨论的,通过将人类特征诠释为组织特征从而使模型适用于组织。第3节则分析组织道德发展三阶段模型,讨论组织在各个阶段的管理控制战略和会计系统的特征。

组织道德

这里提出的组织道德模型把个体道德分析应用在对组织的分析上。这种应用以企业的社会责任模型为基础。为了证实这种应用是恰当的,接下来将探讨组织道德和组织中个体的道德之间的关系,讨论公司社会道德方面的研究著作所提出的大量模型,这些模型根据组织的社会效益或社会道德将组织分成几类。

个体道德和组织道德之间的关系

组织和个体的观念、价值取向和信仰三者之间存在联系,这种联系在很久之前就已经得到了认识。Williamson(1985)曾指出管理者会采取机会主义行为,而不管他们受托人角色的责任和压力。还有很多人认为管理行为很大程度上受组织文化和组织规范的影响。这些环境力量影响管理者在组织中的观念和行为方式(Victor and Cullen, 1988)。Frederick和Weber(1987)认为,当代理人以组织身份处理事务时,组织价值会取代个体价值。Levitt和March(1988)推理出,如果一个组织制定了用于指导行为的规章制度,组织中的个体就会遵从这些行为规范。Morgan(1991)认为,组织中的个体来来去去,而这些规章制度会持续存在。Sridhar和Camburn(1993)提出,“组织如同个体一样,经过一段时间之后,会产生集体共同的认识和基本原则”(p. 727)。通过这样一个过程,相关的个体将形成共同的价值判断。

但是这些组织价值是从哪里来的?它们又是如何发展起来呢?Quinn和Jones(1995)调查了在组织机构中与共同的道德观念不一致的现象。结果发现,组织的道德在很大程度上受组织中个体成员的道德影响,而组织的和个体的道德都是由社会力量塑造而成的。他们认为,管理者有多重责任,并且他们对股东所负的受托责任不可能优先于其他责任。Quinn和Jones还认为个体的道德特征(如信任),必然会隐藏在市场交易的背后发挥着作用。组织学习,包括学习共有的价值观和道德规范,是受组织成员影响的。比如,领导层的变动会带来新的行为规范或新的组织制度(Argyris, 1990)。同样地,组织文化与高级管理层有密切联系。一旦管理层有变动,行为规范和价值观很可能随之而变。

不仅是组织的管理层,非管理层也能影响一个组织的道德特征。当组织进行决策或制定战略的时候,其实是由个体或一群人进行选择的。个体们扮演着组织成员这样的角色,遵循与他们在自己的生活中同样的道德推理模式,体现同样的道德发展特征。他们选择和追求行动战略的指标和参数受个体、组织和社会因素的共同影响。因此,作为既是自然人又是社会人的个体而言,他们会选择同时满足自己的个体价值和符合周围其他人的价值的行为。

这些论述说明,一个组织的道德是其代理人道德的反映,反之亦然。组织不能实施不被它们的代理人或社会所接受的行为;个体也不能选择被组织禁止的行为。正是出于以上原因,个体道德的发展模式就成为分析组织道德发展的基础,组织的道德是由个体创造和定义的。

公司的社会效益

在过去的二十多年里,许多学者研究了公司的社会效益与经济效益的关系。由于组织扮演了重要的社会角色,这些论文就假设社会效益对经济效益会有正面影响。虽然有些研究证明了这种正面影响,但是也有一些研究发现两者的关系是负面的、弱的或没有关系(Cochran and Wood, 1984)。总的来说,这些论文显示对社会负责任的行为不一定必然带来利润的增加。然而,对公司行为带来的社会影响的关注越来越多。自从Freeman(1984)对这个题目进行研究以来,出现了大量的利益相关者模型。这些模型不仅考虑了利益相关者的经济福利,还考虑了一个公司给其他利益相关者(如员工、顾客、管理者和当地社区成员)带来的社会利益。对于企业社会效益的研究更关注由公司所创造的社会效益,而不是经济效益。社会效益可以通过增加社会利益来提高,如就业、员工士气、慈善捐赠或减少社会成本,即减少污染、改善不安全的工作环境和使用不可再生资源。利益相关者和社会责任模型显示,大多数公司同时关注经济的和社会的成本及收益。

对公司的社会责任或组织道德进行分类的商业著作和社会学著作提出了大量模型。这些模型一般都是规范性的,而不是描述性的。作者们试图区分那些非常负责或有道德的企业与不负责、没有道德的企业。Freeman(1984)以及 Freeman 和 Gilbert(1988)提出了对企业的战略进行分类的框架。这些分类包含的范围从关注股东利益或少数利益相关者利益最大化,到关注所有利益相关者利益最大化或创造社会和谐。一些早期的模型同样也在公司社会绩效的基础上对企业进行分类。Carroll(1979)使用了反应型、防御型、随和型和主动型这样的分类。

Meznar、Chrisman 和 Carroll(1991)试图超出这些早期模型,提出了一个既考虑了企业所关注的利益相关者的类型,又考虑了给这些利益相关者带来的价值和利益的方案。他们开发出一个模型,把企业分为防御型、进取型和随和型三类。防御型企业努力为利益相关者减少社会成本,试图在危机前防患于未然,避免其发生。这样的企业会采取一些行为,如当它们被政府调查时,会推迟使用有潜在毒害的化学物品,虽然这时并没有有关禁止或允许使用这些化学物品的法律。进取型企业关心社会产品的增加。这样的企业会积极参与社会事业或慈善事业,致力于提高公众福利。随和型企业非常关心利益相关者的利益,努力增加各种利益相关者群体的价值。只要对积累利益相关者价值而言是必需的,那么这种企业就会去寻求社会成本的降低和社会利益的增加。

在 Wartick 和 Cochran(1985)研究著作的基础上,Wood(1991)

提出了大概是最有名的公司社会绩效分类法。Wartick 和 Cochran 开发出了一个社会责任模型，阐述激励企业行为的原则、社会责任的发展进程和用于处理社会问题的政策。Wartick 和Cochran使用的分析方法与 Carroll(1979)的一样，都是使用了反应型、防御型、随和型和主动型这样的分类。Wood(1991)补充了 Wartick 和 Cochran 提出的模型。Wood 的模型定义了能承担社会责任的几种方法:环境评估、利益相关者管理和问题管理。选择环境评估战略的企业重视通过理解和适应不断变化的环境状况谋求生存。选择利益相关者管理战略的企业则重视企业职责和外部利益相关者之间的联系，并努力管理好与这些利益相关者的关系以期企业得以成功运作。选择问题管理战略的企业会制定出直接关系社会问题的政策。这样的企业为了有效解决这些问题而设计和管理内部与外部的工作流程。

虽然这些利益相关者模型提到了价值和社会责任活动，他们并没有对社会道德问题进行本质的讨论。Victor 和 Cullen 较早地把 Kohlberg 的几个发展阶段和组织所关注的问题联系起来。他们认为，组织道德发展的不同阶段建立在不同的从微观到宏观的社会观念基础上，他们还试图衡量组织的工作氛围中所包含的道德因素。最近的另一篇文章更直接地阐述了社会道德问题(Sridhar and Camburn, 1993)。文章指出，组织逐渐成为一些具有共同的动机和价值观的个体组成的集合。Sridhar 和 Camburn 进一步进行了讨论，认为可以通过调查组织并解释其行为时所使用的推理来判断其道德发展状态。这项研究在界定问题测试(defining issues test, DIT)(Rest, 1986)——由 Kohlberg 的个体道德发展模型演变而来——的基础上开发了一个工具。Sridhar 和 Camburn 通过分析企业的发言人在各种道德危机时期为企业行为进行辩解的发言，把不同企业分别归到 Kohlberg 的道德发展模型中的不同阶段中。Redenbach 和 Robin(1991)同样指出，组织的道德发展阶段可以通过公司行为得到识别。他们描述了组织在 Kohlberg 的道德发展模型中各个阶段的典型情景。

文章里提出的这个模型在很多方面都超过了以往的研究。首先,它提出的组织模型不是对 Kohlberg 的道德发展模型的线性转化,而是把 Kohlberg 的模型与 Gilligan 的模型有机融合起来,再重新阐释,并应用到对组织的分析上。其次,它运用了对公司社会责任和道德哲学的研究来建立这个模型。最后,它提供了组织道德的衡量机制,把组织道德与管理控制与会计系统联系在一起。

个体的道德发展

正如对于组织学习的一些看法参照了个体学习的原则一样,组织道德发展模型也是在个体道德发展理论基础上建立起来的。有两个研究道德发展的理论为组织道德理论提供了基础:Kohlberg 正义为本的理论和 Gilligan 责任为本的理论。这两个理论都是基于实证的,都把道德哲学与认知心理学结合在一起。他们指出个体的学习(认知的发展)是道德思维的一个必要前提(Selman, 1971; Kuhn, Langer and Kohlberg, 1971)。

Kohlberg 理论(1969, 1976, 1981)的核心是认为道德发展的最高点是公平及公正地应用抽象的通用准则。这个理论认为,人类拥有各种权利,如果个体的选择维护了这些权利,那么这个选择就是道德的。Gilligan 的理论(1977, 1979, 1982)指出不同个体有不同的道德发展路径。一些人会沿着 Kohlberg 的正义路径发展,而另一些沿着一条更加注重特定社会环境中个体责任的路径发展。Gilligan 理论中,道德发展的最高境界是作出负责任的选择,这些选择建立在同情心和公正性的基础上,应当兼顾自己和他人。

这两个理论曾被视为是水火不相容的,它们各自的价值也受到过广泛讨论(Blum, 1988; Larrabee, 1993; Meyers and Kittay, 1987; Walker, 1984)。①后来,一些文献开始试图综合这些观点(Brabeck, 1983; Nunner-Winkler, 1984)。这种综合工作显示,这两个理论并不是不相容的,甚至可以从它们身上找到一些共同点。

这里所提出的组织模型就是以这两种理论观点的综合为基础的。

本节接下来就简要讨论这两个理论所提出的个体道德发展的几个阶段。然后从组织角度来分析这几个阶段,举例说明如果利益主体不是个体而是组织时应如何解释每一阶段。个体的道德观和组织代理人的价值观必然会反映在组织代理人代表组织所采取的行动上(Quinn and Jones, 1995)。因此,这里对组织进行同样的研究,并把道德的特征加到分析中。把组织道德发展比作个体道德发展,使我们可以探讨组织道德发展的可能性,并对组织道德发展进行描述。表3.1列示了Kohlberg和Gilligan的阶段模型,以及他们对于组织道德的解释。

表3.1 道德发展理论

权利基础的道德 Kohlberg		责任基础的道德 Gilligan	
个体	组织	个体	组织
	前常规		
惩罚和遵守	顺从	个体生存	偿付能力
个体利益	符合个体利益的契约	从自私到负责任	关注利益相关者
	常规期		
人与人之间一致	遵守行业规范	自我牺牲、社会一致	行业规范
社会体系和保持良心	个体利益得到启蒙	从善良到真实	平衡记分卡
	后常规		
优先权和社会契约	尊重组织成员的权利	非暴力的道德	战略联盟
普遍的道德准则	权利胜过利润	责任的道德	社会使命

Kohlberg的权利基础的道德发展理论

正义成为Kohlberg研究的哲学基础。有关正义的观点是在社会自由主义的传统理论上提出的。在一个社会契约模型中,它被应用于个体自由。这个社会契约模型指出,存在能被社会理性成员一致赞同的行为准则。在这个模型中,认为个体可以一起建立一套通行的准则,提升大家的利益。Kohlberg 的模型与 Mill 的功利主义概念的共同观点是道德行为促进所有人的幸福最大化。个体自由的观点认识到不同人对于“好日子”有不同的看法,因此应该允许大家自主地追求各自不同的目标。认识到这一点,那么通过消除对人类行为的不必要的约束,就可以提升人权,如 Locke 的生活、自由和财富。

Kohlberg 的模型(表 3.1)里有六个道德发展阶段,个体为了达到完美的道德水平必须经历这六个阶段。前两个阶段是道德发展的前常规阶段,行为规范被视为个体之外的。在第一阶段,行为的善恶是由它的结果决定的。以自我为中心的个体遵从权力,并避免惩罚。在第二阶段,个体寻求能够满足需要的行为。个体可能也会努力满足那些最终将受益于该行为的他人的需要。

对于组织来说,在前常规阶段中,正确的行为也是外因决定的。传统的市场模型认为,企业寻求能使它的股东利益最大化的行为。在这个阶段,企业会重视遵守法律和合同约束,努力避免造成商业损失和法律行为这类负面结果。

第三和第四阶段是常规期阶段,规范逐渐内化。在第三阶段,行为的善恶由外部力量决定,个体投他人所好,获得他人的支持。在第四阶段,个体开始使用外部规章和社会规范来决定正确行为。

对组织而言,一个延伸了的企业概念出现在常规期阶段。在这个阶段,组织开始认识到自己与外部要素群体的关系和责任。在第三阶段,企业会满足各种个体和外部利益相关者的利益。组织行为方式符合行业规范,而不论监管这种行为的正规的规章制度是否已经到位。

后常规阶段包含道德发展的最后两个阶段。在这两个阶段,个体只有在群体的规范与个体的价值和原则相符时才遵守这些群体的规范。第五阶段体现了在决定去遵守那些规则时对社会福利的考虑,并把个体的价值作为评价规则或法律的工具。在最后一个阶段,个体在通用的道德准则基础上衡量和评价行为。正确的行为是指能被理性的个体共同接受的行为。

把后常规的道德发展用于对组织的分析，组织在这个阶段会选择符合组织的价值或使命的行为，即使当这些行为超越了行业采纳的行为标准。在第五阶段的组织只有在行业标准与组织中的道德原则一致时才遵循行业标准。第六阶段中的组织重视展示符合其道德原则的行为。其道德原则是通过预测组织的行为准则而形成，这些组织行为能被组织的理性代表和组织的相关群体代表所接受。

Gilligan 的道德发展理论

Gilligan 的理论是建立在个体之间相互负责的信念基础上的。Gilligan 的模型认为道德的决策是在一个特定的背景框架下作出的。当个体作决策时，他们能够并且应该考虑与他人的关系和所负的责任。正确的行为是由能够严肃对待自己和他人利益的态度决定的。

Gilligan 的理论根源要追溯到 Aristotle 和 Hume（Meyers and Kittay, 1987；Baier, 1987）。这些哲学家强调在道德思考中美德的重要性胜于正义的重要性。Aristotle 把人作为社会人看待，认为道德的决策是谨慎的个性培养的结果，而不仅仅是应用抽象原则的结果。类似地，Hume 认为仅靠推理是不能形成道德的决策的，但是道德的情感可以引导道德的行为。从责任的角度来看，环境因素限制道德原则的实施。因此，道德的个体通过同化个体和他人的责任扩大了自我的信念。在 Gilligan 的模型的前常规阶段，个体关注的是生存，首先是通过个体的手段，然后是通过与他人进行功利性的相互交换来达到目的。在第一阶段，道德是一个能增强自我生存的自愿接受的事情。个体只关心自我。在第二阶段，个体开始认识到自我与他人的相互影响关系。在这个阶段，个体开始看到自私的行为和对他人担负的责任两者之间的冲突。

对于组织而言，Gilligan 的第一阶段代表了对组织持续存在的关注。在这个阶段,道德的行为是那些能够促进或维持偿付能力的行为。在第二阶段,组织开始考虑它们的行为对相关群体而不只是对股东和管理层的影响。处于这个阶段的企业开始衡量利润与其他利益相关者眼里的好的商业行为孰轻孰重。

第三阶段和第四阶段显示了一种转变,即从关注个体的自私需要转向关注那些要与其形成契约关系的他人的需要。在第三阶段,个体开始非常关心别人。这个阶段中,善良等同于为他人牺牲自己的利益。在第四阶段中,个体开始认识到对自己的责任。这一阶段中的个体开始权衡自己和别人的利益关系。

对于组织来说,常规期阶段的特点是从关心组织及其利益相关者转向关心行业和社会规范及共识。在第三阶段,企业把自己的努力重点转向外部,试图仿效那些已经被其他企业接受了的商业实践活动。通过这样做,企业的注意力从组织的生存转为满足各种不同的相关群体的需要,并与行业规范相符。在第四阶段,它们开始制定一些战略,通过衡量组织的利益和相关群体的利益,找到一种更加平衡的用于指导行为的方式方法。

在 Gilligan 的后常规阶段,自我和他人之间的冲突通过责任这一观念得以解决。个体承担责任,避免伤害自己或他人的行为。在第五阶段,个体通过融合自我和他人特定的利益来培养和修正与他人的关系。这种融合缓解了在常规期阶段中产生的冲突。在第六阶段,个体采纳对于侵犯和伤害他人的谴责的通用原则。在此阶段中的个体了解和把握了人际关系的特性,并尝试在不忽略他人需求的情况下保持正直。

在这个组织模型中,后常规阶段的特点是遵守道德的商业实践行为,独立于行业或社会规范。在第五阶段,重塑组织的使命和目标,纳入利益相关者的利益,从而缓解那些为平衡各种类型的利益相关者群体之间不同需要而引发的冲突。在第六阶段,组织培养健全自己的道德观念。这种道德观念考虑了与传统意义上的利益相关者相联系的更广泛的社会福利因素。

道德发展的不同观念

Kohlberg和Gilligan的理论在某些重要方面还是存在区别的。在提出一个统一的组织道德发展模型之前，我们先来简单地分别分析并比较一下这两种不同的道德发展理论。首先，Kohlberg的工作是以道德的“公正”观点为特征的(Blum，1988)，认为所有个体的权利都是同等重要的。Gilligan则认为道德不可与自我和他人的特定利益和价值分离，同样不能与道德两难困境产生时所处的特定环境状况相分离(Brabeck，1983)。Kohlberg重视独立的个体，而Gilligan把个体看作是与他人相联系的。Kohlberg重视由理性的个体所提出的通用原则的发展，Gilligan则重视由感性的、有人性的个体所决定的特定环境下的行为的发展。

Lyons(1993)用单独的或客观的个体以及相互联系的个体总结了这两种观点。单独的或客观的个体关心互惠，他们用希望别人对待自己的方式来对待别人。人际关系以因责任和承诺而产生的角色为基础，由维护公正的规则来协调。相互联系的个体关心责任问题，用自己认为别人希望如何被对待的方式来对待别人。人际关系以因认识到人类的相互联系而产生的相互依赖为基础，由人性的关系来协调。

如果把这两种观念套用到组织上，就会出现两种截然不同的“道德”组织。单独的或客观的组织倾向于应用公平或公正的道德观念。这样的组织在义务和职责基础上发展与利益相关者的关系。组织作出承诺并将信守它。不同利益相关者群体之间相冲突的要求由公正的规则或原则加以协调。例如，这个公司有一套决定选择供应商的规则，其中包括低价位、高品质和最少的环境污染。预先设定的规则将得到公正的实施，分数最高的供应商入选。这个公司或者也同样有一些提升和补偿政策，政策的基础可能是一系列生产力指标。发挥了高生产力的员工就会得到奖励。在这两种情况下，公司都会按照公正、一致和公平地对待利益相关者的方式进行决策。

相互联系的组织倾向于应用关心或责任的道德观念。这样的组织在理解和提升利益相关者群体独特需要的基础上发展与利益相关者的关系。组织将与利益相关者发展合作并维持这种关系。组织解决冲突问题时会分析产生冲突的特定环境。公司会按照增加利益相关者福利和维持利益相关者关系的方式进行决策。比如,当选择供应商时,这样的组织就会考虑到某些特定环境。在大供应商采取掠夺式价格策略之类的市场因素的驱动下,它会选择一家有过交易的小供应商。在这些例子中,公司决策时都试图提高个体的福利。

组织道德发展模型

单独来看这两个模型,会强烈感受到 Kohlberg 的模型和 Gilligan的模型之间,以及符合这些理想模型的企业之间,具有显著区别。然而,如果仔细审视,两者其实没有实质不同。责任和人际关系经常与通用原则的实施产生冲突,很难想象真实生活中仅仅使用其中一种方法就足以解决困境。当组织重视在组织中拥有利益的各种不同群体中的个体的权利时,他们也认可和承担了重视这些群体的权利和利益的责任。组织和利益相关者之间不必涉及人际关系,也不必遵从人类天生的权利(生存、自由和财富)。他们的道德决策,是考虑了责任、权利以及组织、利益相关者和社会的利益的。

表 3.2 描述了组织道德发展(OMD)模型。模型提出,组织会经历三个道德发展阶段:(1)重视组织自己的利益;(2)重视相关群体的利益,作为发展自身的工具性手段;(3)扩展战略使命,涵盖社区内所有成员的利益。这个模型不是描述性的,也不能得到测试。它为从组织角度思考道德问题提供了一个框架。Kohlberg 和 Gilligan 的模型由于没有精确的描述和规范的内容而受到批评。但是,他们毕竟对于研究人类的道德问题作出了贡献。同样,OMD 模型的意义在于提供一种机制,用来说明和评价组织道德这一概念。

表 3.2 组织道德发展阶段模型

道德发展阶段	道德特征	会计系统特征
阶段一:前常规层次		
个体的组织	关注组织的生存,使股东财富最大化,避免惩罚和管制	传统的财务和基于工作绩效的经营指标,如投资回报率(ROI)、股票价格、每股盈余(EPS)、效率指标、遵守规章的证明
阶段二:常规期层次		
利益相关者管理的组织	通过利益相关者管理的工具性方法关注生存,遵守行业规范,为获得长期收益实施进取的政策	传统的衡量手段,以及利益相关者利益的直接衡量指标,如质量、供应商关系、顾客满意、公司形象、员工奖励和补偿、员工股和生产的安全性
阶段三:后常规层次		
社区中的组织	关注利益相关者利益的内在价值,将自己的角色定位于社区成员,把利益相关者利益和社区利益融合到公司使命中	传统的衡量指标,利益相关者衡量指标,加上组织在本行业和社区中的影响指标,如环境影响、失业率、工作环境质量、社会投资和贡献、公共健康和安全

根据个体的道德模型,OMD 模型也包括三个基本阶段即前常规、常规期和后常规三个层次的道德发展形式。与个体的模型不同的是,OMD 模型不认为一个阶段到下一个阶段存在着自然连续发展的过程,即不认为一旦组织达到了一个特定阶段就不会后退到以前的阶段。有事实证明,作为一个群体,美国的组织可以从一个较低水平的阶段向较高的阶段跳跃发展。"商业的道德化"证实了一个事实,即许多组织最近开始向第二阶段或更高的阶段发展。另外,OMD 模型认为这三个阶段依次代表了道德发展由低到高的阶段,后常规阶段可被看作是典型的道德行为。

在讨论这三个阶段时,还描述了每一个道德发展阶段组织的典型代表及其行为。这并不是为了代表真实的组织,而是为了通过举例,描绘出模型中每一阶段的轮廓。为了尽可能提高每阶段道德行为的代表性,这里对所讨论的组织有意识地进行了艺术加工。

阶段一：前常规道德

道德发展的第一个阶段代表了标准的新传统经济学的道德方法。道德的组织是以自我为中心的，实施能确保自己生存和发展的行为和活动。组织积极地把握那些能使股东财富最大化的机会，所有有利于实现这个目标的行为都被看作是道德的。这种看法是亚当·斯密（Adam Smith）和弗里德曼（Milton Friedman）(1970)提到的最低层次道德的特点。按照通常的解释，这种观点认为决定社会最大利益的是市场而不是个体的组织。

随着对提高商业道德的大力推动，这种观点不再流行，在第二阶段就被道德实践的战略化所代替。在第一阶段，关心别人还纯粹是工具性的。组织忙于发展能增加自己利益的各种关系，任何有益于其他团体的行为都是派生的和偶然的。处在这一阶段的组织普遍把道德的行为定义为能够增加它们自己的长期财富的行为。它们相信这种方式是达到社会目标的最优路线。

第一阶段的组织通常遵守法律法规，以避免那些将阻碍实现利润目标的财务惩罚和其他消极的后果。同样，当预期可能的产出价值为正的时候，它们就不会那么重视法律了。在其他情况下，它们会超越法律的规定，满足道德对企业行为的规范。例如，如果它们认为自己的形象、获得未来收入的机会受到负面影响时，就会放弃制定掠夺式价格的机会。甚至在一些情况下，这些公司遵循有益社会的政策。如果它们感觉到将有一些关于行为的新规定或其他限制出台的可能，那么它们会预先采取措施避免这样的管制。需要再次强调，它们寻求增加组织利益并避免惩罚。

这些组织中的管理控制结构和奖励机制是利润导向的，重视传统的财务和经营的绩效的定义。组织中的会计系统收集并报告有关衡量指标，这些指标在内部得到关注。工作业绩的指标，如投资回报率、每股收益和股票升值，比较容易成为重要的衡量数据。其他运营方面的数据，如效率或有利于实现未来利润的生产能力也会得到报告。同报告系统一样，组织的奖励机制因对长期利润的影响而会受到重视。

阶段二：常规期道德

组织道德发展第二个阶段的特征为利益相关者的传统管理方法。公司认为利益相关者对利害关系的关心作为“开明的自利”，是合理合法的。第二阶段的道德基于这样的观念，即道德的实践能够确保利润。认为道德的动机能够导致和产生追求长期利润之类的实践行为。第二阶段介于第一阶段和第三阶段中间，具有第一阶段和第三阶段的某些特征。

如同第一阶段中的组织那样，第二阶段的企业也追求自己的利益；然而，在第二阶段，它们开始认识到它们自己和利益相关者之间是相互依赖的。本着这种认识，它们开始积极地付诸行动，以期迎合多种利益相关者群体的需要（不是像在第三阶段那样是为了利益相关者的利益，而是因为公司自身的利益也会得到增加）。

目前有证据显示，一般地，组织都是能够严肃地看待道德问题的，并已经到了道德发展的常规期阶段。按照 Stark(1993)的观点，“调查显示，美国超过四分之三的大公司在积极努力地把道德融入组织中。”然而，在常规期阶段，这些行动源于组织自身的长期利益。

Clarkson 和 Deck(1993)对 70 家大公司进行了研究，发现它们积极地管理与利益相关者的关系，而不是与社会的关系。这些公司往往会运用所谓的“工具性”或“战略性”道德，把道德作为追求其他目标的方式(Quinn and Jones, 1995)。一项关于公司道德准则的研究显示，这些道德准则经常被用做控制员工行为的机制，或用来保护组织及其资产不被员工侵犯(Clarkson and Deck, 1993)。

像在第一阶段中那样，处于常规期道德水平的公司也会为了避免法律上的麻烦而采用道德行为。Donaldson 和 Preston(1995)讨论了美国法学会(American Law Institute)的一个文件，认为即使没有对公司实施道德行为的法律约束，组织依然像个体那样对信守道德标准负有责任。因此，在第二阶段的企业会在追求对外部因素有利的政策中扮演积极角色，以减少未来行为被限制的可能性。例如，公司会慷慨地为员工提供一套综合福利，以减少他们联合发起运动的可能。

阶段三:后常规道德

第三阶段的组织认识到利益相关者的利益在本质上是有价值的,认为它们的行为会产生更大的社会利益。虽然,对于"商业道德"这个说法仍有人表示怀疑,但是有证据表明,至少有一些公司为了自己的利益是在追求道德的。随着定位于公司环境或社会责任的互惠基金的迅速发展,个体需要为社会收益放弃一些个体的货币收入。企业的政策同样也要考虑更大的社会利益。

第三阶段的组织认识到道德的政策不一定能增加自己的利益,道德的决策在很多情况下还会损害财务业绩(Hoffman,1989)。然而,它们不认为盲目追求利润可以很好地增加人类的福利。向第三阶段发展并不意味着不再允许组织追求自己的利益,或者应该牺牲自己的目标来谋求某些社会利益,实施公益行为。反之,OMD模型持有的观点是,组织延伸自己的使命,纳入利益相关者和社会的利益。第三阶段的组织并不去努力平衡组织和外部因素之间的利益矛盾,而是把组织和它的外部因素看作是在一个社区里相互负责的成员体。

要区别第二阶段和第三阶段中的组织可能会比较难。例如,第二阶段中的组织会追求品质,并不是因为质量本身,而是因为顾客愿意为品质多付钱;它们会授权给员工,并不是为了提高员工权力,而是为了激励员工更好地工作。这些组织的外部表现可能跟第三阶段组织的相同,但是它们诉诸道德政策的动机是不同的。处于第二阶段的组织的道德状况是不稳定的;它们会由有计划的废止制度转向泰勒主义,只要他们觉得那能最好地实现公司目标。

很多观点都对组织实现后常规道德的可能性进行了探讨。虽然这些探讨所使用的术语不同,但是它们都认为组织能够从第二阶段发展到第三阶段。Donaldson 和 Preston(1995)提到了把利益相关者管理与经济业绩联系起来的工具性的利益相关者理论,以及认可利益相关者利益的内在价值的规范的利益相关者理论。他们指出,所有的利益相关者模型都有一个标准化的组成部分,即都提出采用这些模型的组织会必然向第三阶段发展。Quinn 和 Jones(1995)在谈及第二和第三两个阶段时,使用了"工具道德"和"非工具道德"的说法。他们认为,非工具的方法被用于提出受道德约束的政策建议。更进一步地,他们的推理显示,即使在市场的逻辑下,很多道德准则都有必要优先于公司利润。

关于企业的社会责任,很早就有文献提出观点认为组织能够并也应该考虑其行为的社会影响。Preston 和 Post(1975)指出,经营者对其造成的社会问题负有责任,并有责任帮助解决与自己行为有关的问题。Wood(1991)指出,根据公共责任的原则,组织有责任采取积极的行为增加社会福利。

考虑到了利益相关者和社会的利益,从而扩大了自我利益这一概念的组织,会把一些衡量社会影响的指标融合到它们的财务会计系统中,拓展自己的使命。后常规的组织会报告第二阶段中的利益相关者衡量指标,以及第一阶段中的财务和运营指标。如同前面所讨论的,这些组织中的管理者使用利益相关者衡量指标,不仅因为这些指标可以作为追求利润的工具,而且还是因为为利益相关者的利益而提供的优质产品、员工态度和顾客满意对组织自身而言也是有价值的。另外,处于此水平的组织眼光更广,从组织直接的利益相关者延伸到组织所处的社区和社会环境。财务会计系统会报告社会导向的内部衡量指标,如职工股、工作生活质量、健康和安全,以及产品安全。虽然并不是每种衡量指标都适用于第三阶段的组织,但这样一来组织对道德决策所处的情境和环境非常敏感,从而在行动中会表现出对利益相关者和社会的责任。

总结和启示

本章讨论了两个相互竞争的著名的道德发展理论:Kohlberg 的理论和 Gilligan 的理论。本章对这两个理论进行了总结,研究了它们为组织领域提供的经验,并根据这些理论,构建出一个三阶段的组织道德理论。这个理论模型认为组织道德行为表现为:(1)追求组织自身利益;(2)平衡组织自身和利益相关者的利益;(3)考虑社会利益的组织行为。这些不同形式的道德通过管理控制和奖励体制得到客观的体现,最终形成具有不同特征的财务会计系统。

与 Kohlberg 和 Gilligan 研究中所调查的个体对象相似,组织也表现出多阶段特征。有很多人提出怀疑,认为既然无法对人类进行分类,对组织模型而言,也存在同样的质疑。如果把问题进一步复杂化,那么很难根据经验确定这些阶段是否存在以及一个既定的组织是否会处于某一特定的道德发展阶段。能最清晰地定义各个道德发展阶段的就是那些组织追寻其所选路径的原因。因此,虽然会计系统的特征是比较好地、合理地显示组织动机的指标,但这些特征只是表面现象。评价什么是组织"真正的道德"(如果它真的存在的话),需要对高层管理者和组织中其他个体进行广泛的面谈和考察,努力找出制定决策和战略的真正原因。

本章所做的研究为研究者、管理者和会计人员提供了大量的启示。本章所提出的组织道德发展模型基于这样的认识,即个体和组织的道德是紧密联系在一起的。组织文化和个体道德发展之间的关系在很早之前就得到了认识。公司员工,尤其是高层管理者,影响和驾驭着公司文化。他们的价值观、信仰和目标塑造了组织的价值观、信仰和目标。同样,组织的信仰和行为规范在组织内广泛传播,影响了与组织密切联系的个体的行为和信仰。OMD 模型运用著名的个体道德发展模型,为理解公司的社会绩效提供了道德基础,从而把组织道德和个体道德联系在一起。它表明随着时间的推移,像个体一样,组织在专业能力方面和道德能力方面都在学习提高。

本章还把管理控制和会计系统同组织道德联系起来。大家早就认识到管理和会计报告应该清晰地披露组织的利益、目标和任务。本章认为这些报告还要提供组织道德的利害关系和道德发展的信息。例如,重视环境影响的组织在建立自己的资金预算系统、成本系统和奖励系统时会把环境因素考虑进去。所有的这些行为最终都会反映为会计衡量指标和报告,这与一个并不太关心环境影响的类似企业的指标和报告是不同的。因为报告能反映出组织的利害关系,所以也能驱动这些关系。对于组织成员而言,财务会计报告中包含的信息可能是比高层的战略和政策更能具体地表露公司目标的硬指标。财务会计报告因此可以被看作管理或改变个体道德态度和行为的渠道。

此模型对那些追求达到后常规道德阶段的组织可能还有补充说明价值。当个体的道德水平与组织的道德水平差别很大时,这种关系就很难再长期维持下去。然而,也不可能期望所有组织成员都能分享组织的观念,或者所有成员全都在同一个体道德发展水平上。OMD模型指出,个体所表现出的道德水平能被组织的道德水平提升,就跟组织的道德发展水平可以作为一个整体提高一样。通过一些社会化的项目和员工通讯等工具,组织的文化和行为规范就可以传达到各个员工的头脑中。通过奖励体系,与组织政策相符的行为以比较明显的方式得到鼓励。除了衡量员工进步程度的方式以外,财务会计报告能够把公司政策和奖励体系之类的信息提供给员工。通过这一系列管理控制体系,组织能从多方面影响员工行为。因此,即使某些员工处于个体道德发展的前常规水平并且行为原则是增加个体利益,管理控制也能够鼓励他们以组织可以接受的道德水平指导自己的行为。员工不需要为了做样子才分享组织的价值观,他们在自己个体生活中的表现可能会与在组织中表现的大相径庭。当然,反之亦然。当出现自己的道德信仰与组织不相符合的行为时,个体会感觉到制度的压力。这样,对于寻求更高道德水平的组织而言,本章建议管理控制体系,包括财务会计报告系统,能提供一种机制,通过这种机制组织的价值观可以得到沟通并被制度化。

最后,此模型为将来的研究工作打下了基础。OMD模型基于个体的组织道德模型和公司社会效益,它为研究工作提供了规范的理论基础。例如,在会计领域,研究者会发现OMD模型有助于找到会计实务同组织道德或公司的社会绩效之间的实证联系。对于有兴趣研究会计实务或报告政策的变化对组织道德的影响的人们而言,本章也同样是有帮助的。如本章所述,塑造组织的道德特征的过程中,会计可能会起着举足轻重的作用,然而在会计著作或商业及社会学著作中却忽视了这种可能性。通过为企业的社会绩效模型提供一个道德基础,本章努力将会计与组织道德联系了起来,迈出了有价值的一步。

注 释

① Kohlberg 的模型遭到一些批评和争议,是因为这个模型似乎更是男性发展而不是女性发展的代表。然而,有证据显示,不论男性还是女性都运用正义导向和责任或关心导向的思维方式(Brabeck, 1983; Larrabee, 1993),随后的对道德发展研究的分析没有发现能够支持在道德思维中存在性别差异的证据(Walker, 1984)。Gilligan 的模型却似乎符合了我们对于女性行为研究的一些陈词滥调,如果这不是事实经验,那么就可以被看作为一个假设的事实。这种假设为理解和比较两种道德发展观念提供了思路。

参考文献

Argyris, C. 1990. *Overcoming Organizational Defenses*. Boston, MA: Allyn and Bacon.

Baier, A.C. 1987. Hume, the women's moral theorist? In *Women and Moral Issues*, eds. D.T. Meyers and E.F. Kittay, 37-55. New Jersey: Rowman and Littlefield.

Blum, L. A. 1988. Gilligan and Kohlberg: Implications for moral theory. *Ethics* 98: 472-491.

Brabeck, M. 1983. Moral judgment: Theory and research on differences between males and females. *Development Review* 3: 274-291.

Carroll, A.B. 1979. A three-dimensional conceptual model of corporate social performance. *Academy of Management Review* 4: 497-505.

Clarkson, M.B.E., and M.C. Deck. 1993. Applying stakeholder management to the analysis and evaluation of corporate codes. In *Business and Society in a Changing World Order*, ed. D.C. Ludwig, 55-76. New York: Mellen Press.

Cochran, P.L., and R.A. Wood. 1984. Corporate social responsibility and financial performance. *Academy of Management Journal* 27: 42-56.

Donaldson, T., and L.E. Preston. 1995. The stakeholder theory of the corporation: Concepts, evidence, and implications. *Academy of Management Review* 20: 65-91.

Frederick, W.C., and J. Weber. 1987. The values of corporate managers and their critics: An empirical description and normative implications. In *Research in Corporate Social Performance and Policy: Empirical Studies of Business Ethics and Values*, eds. W.C. Frederick and L.E. Preston, 131-152. Greenwich, CT: JAI Press.

Freeman, R.E. 1984. *Strategic Management: A Stakeholder Approach*. Boston, MA: Pitman.

Freeman, R.E., and D. Gilbert. 1988. *Corporate Strategy and the Search for Ethics*. Englewood Cliffs NJ: Prentice Hall.

Friedman, M. 1970. The social responsibility of business is to increase its profits. *New York Times Magazine* (September 13): 32-33, 122, 126.

Gilligan, C. 1977. Concepts of the self and of morality. *Harvard Educational Review* 47: 481-517.

Gilligan, C. 1979. Women's place in man's life cycle. *Harvard Educational Review* 49: 431-446.

Gilligan, C. 1982. *In a different voice: Psychological theory and women's development*. Cambridge, MA: Harvard University Press.

Hoffman, W.M. 1989. The cost of a corporate conscience. *Business and Society Review* (Spring): 46-47.

Kohlberg, L. 1969. Stage and sequence. In *Handbook of Socialization Theory and Research*, ed. D. Goslin, 347-480. Chicago, IL: Rand McNally.

Kohlberg, L. 1979. Moral stages and moralization. In *Moral Development and Behavior*, ed. T. Likona, 31-53. Chicago, IL: Rand McNally.

Kohlberg, L. 1982. *Essays on Moral Development*, Vol. 1: *The Philosophy of Moral Development*. San Francisco, CA: Harper and Row.

Larrabee, M.J. 1993. Gender and moral development: A challenge for feminist theory. In *An Ethic of Care*, ed. M.J. Larrabee, 3-16. London, UK: Routledge Chapman and Hall.

Levitt, B., and J. March. 1988. Organizational learning. *Annual Review of Sociology* 14: 319-340.

Lyons, N.P. 1983. Two perspectives: On self, relationships, and morality. *Harvard Educational Review* 53: 125-145.

Meyers, D.T., and E.F. Kittay. 1987. Introduction. In *Women and Moral Issues*, eds. D.T. Meyers and E.F. Kittay, 3-16. New Jersey: Rowman and Littlefield.

Meznar, M.B., J.J. Chrisman, and A.B. Carroll. 1991. Social responsibility and strategic management: Toward an enterprise strategy classification. *Business and Professional Ethics Journal* 10: 49-66.

Newton, L. 1992. Virtue and role: Reflections on the social nature of morality. *Business Ethics Quarterly* (July): 357-365.

Nunner-Winkler, G. 1984. Two moralities? A critical discussion of an ethic of care and responsibility versus an ethic of rights and justice. In *Morality, Moral Behavior and Moral Development*, eds. W. Kurtines and J. Gerwitz, 348-361. New York: John Wiley and Sons.

Preston, L.E., and J.E. Post. 1975. *Private Management and Public Policy*. Englewood Cliffs: Prentice-Hall.

Quinn, D.P., and T.M. Jones. 1995. An agent moral view of business policy. *Academy of Management Review* 20: 22-42.

Redenback, R.E., and D.P. Robin. 1991. A conceptual model of corporate moral development. *Journal of Business Ethics* 10: 273-284.

Rest, J.R. 1986. Moral research methodology. In *Lawrence Kohlberg: Consensus and Controversy*, eds. S. Modgil and C. Modgil, 455-470. London: Falmer Press.

Selman. R. 1971. The importance of reciprocal role-taking for the development of conventional moral thought. In *Recent Research in Moral Development*, eds. L. Kohlberg and E. Turiel. New York: Holt.

Sethi, S.P. 1979. A conceptual framework for environmental analysis of social issues and evaluation of business response patterns. *Academy of Management Review* 4: 63-74.

Sridhar, B.S., and A. Camburn. 1993. Stages of moral development of corporations. *Journal of Business Ethics* 12: 727-739.

Stark, A.S. 1993. What's the matter with business ethics? *Harvard Business Review* (May-June): 38-48.

Victor, B., and J.B. Cullen. 1988. The organizational bases of ethical work climates. *Administrative Science Quarterly* 33: 101-125.

Wartick, S.L., and P.L. Cochran. 1985. The evolution of the corporate social performance model. *Academy of Management Review* 13: 16-22.

Williamson, O.E. 1985. *The Economic Institutions of Capitalism*. New York: Free Press.

Wood, D.J. 1991. Corporate social performance revisited. *Academy of Management Review* 16: 691-718.

4

税务教育对道德的重视

Lawrence P. Grasso
Steven E. Kaplan

摘　要

税务会计师们经常会陷入道德的两难困境，因为他们既要向客户负责，又要向公众负责，具有双重身份。一项针对在会计课程中的道德教育问题以及用于会计基础课程的教材而展开的研究总结出，在税务课程里几乎没有去尝试着谈论道德问题。虽然要求在会计教学体系中开展道德教育的呼声很高，并且也有经验证据证明道德和伦理教育能产生有益的影响，但是税务学术界仍然没有增加道德方面的教育。本章考察了以前存在的解释税务课程中缺乏道德教育的权威观点，并发现这种观点缺乏可信度。我们认为目前的学院教育体系中存在一些经济动机，其鼓励维持现状，阻碍了在税务课程中增加道德教育。本章将对其进行详细讨论。

导 言

税务代理人在做依从客户的决定和推荐方案时面临了道德冲突。出现这种道德冲突是因为税务代理人对纳税人和公众都负有双重的职业责任。在美国,美国注册会计师协会(AICPA)在《职业行为准则》(AICPA, 1991a)中明确认同了这个职业的双重责任。《职业行为准则》几乎囊括了会计师提供的所有服务,包括税务服务。

绝大部分 AICPA 成员认为,税务工作属于存在最难解决的道德或伦理问题的工作(Finn et al., 1988)。这并不奇怪,因为应用于具体实践和工作状况的税法常常是模糊不清的。作为特别针对从事税务工作的会计师的一套"咨询意见"和建议,AICPA 的《关于税务工作中责任的声明》(SRTP)佐证了对注册会计师面临道德两难困境的认同,尤其是对从事税务工作的会计师。

在本章中,我们将讨论以下两个观点:因为在税务问题处理过程中存在内在道德冲突,税务学术界有相当大的责任把道德问题融入税务课程中;但学术界一直在逃避这个责任,尤其是在税务基础课程这个层面。一项对会计课程中道德内容的研究评论论证了后一论点。这项评论显示学术界并没有尝试在有关税务的课程中探讨道德问题。学术界也给出了一些为什么税务课程缺乏对道德问题重视的解释。我们在本章中将严肃地分析和评论这些解释。我们通过分析可以看出这些权威解释里有很多障人耳目的东西。我们认为学术界不愿意在税务课程中重视道德问题研究,大概是因为要"服务于"专业税务人员的短期经济利益,并可能是以牺牲公众的利益为代价的。

本章讨论的问题还包括以下内容:接下来的两节分别从纳税人和税务代理人的角度讨论有关税务道德的问题。这几节提供了一些相关背景,用于讨论税务学术界把道德问题融合到他们的课程中的责任。第四节阐述在会计课程中道德内容的现有地位，以及列举一些关于论证在介绍税务的课程中需要更多的道德研究的讨论。本章的第六节阐述对缺乏道德研究的另一种解释。最后一节对全文进行总结。

作为道德问题的纳税遵从

美国的联邦税务体系以自愿遵守为基础，鼓励纳税人遵循自己的意愿。在本节中，我们将把纳税人自愿的纳税遵从作为一种道德决策来分析。我们首先介绍四个概念，前三个来自 Jones (1991)。第一个概念是道德问题，当一个人自由实施的行为伤害或有益于他人时，道德问题就出现了。如 Jones(1991, p. 367)所说的："行为或决策必然会对他人产生影响，也必定包含了行为人或决策人一方的选择或意愿。"第二个概念——道德中介人，是指那些作出道德决策的人，而不管他或她是否意识到自己涉及了道德问题。第三个概念是道德决策和不道德决策，道德决策是指对于更大的社区而言无论是法律上还是道德上都是可以接受的决策，不道德决策则是对于更大的社区而言是违法的或道德上不可接受的。

相反，Etzioni(1988, p. 41—43)认为道德的行为反映了对道德中介人的约束。道德中介人必然凭着职责或义务感实施行为。没有意识到自己涉及道德问题但作出了正确的决策，或者在预期到好的或外来收益的情况下作出正确的决策，都应被认为是无关道德的。

把 Etzioni(1988)和 Jones(1991)略有不同的观点结合起来，能够得到一个关于道德行为缘何产生的较为苛刻的观点以及与税务教育里的道德问题相关的一些观察。Etzioni 和 Jones 的共同之处在于，他们都认为作出的决策和采取的行为是与道德立场相关的，而不是行为的结果。Jones 对于几个概念的定义说明，任何忽略都没有理由。如果道德中介人没有考虑到对他人的影响而实际上其决策对他人产生了消极影响，那么这个决策就是不道德的。另一方面，Etzioni认为，对他人产生了好的影响而道德中介人在决定采取这个行为时却没有料到会如此的时候，这个行为不一定就是道德的行为。除非决定采取这个行为时就有了好的出发点，否则这个行为就不是道德的行为。

脑子里有了这些概念，那么就来看看美国纳税人交纳联邦所得税的决定。在这种情况下，纳税人是道德中介人，纳税数额（甚至是纳不纳税）就代表了一种道德问题。显然，纳税人纳税的决定会对他人有好处，而不纳税的决定会伤害他人。例如，联邦所得税可以用来资助教育、道路和桥梁建设、有关健康的研究、扶贫和国防。而不纳税就会加重别人的负担。在美国，美国国内收入局（IRS）（1990）预计在1992年，因个体纳税人不遵守联邦所得税法而造成的纳税缺口将达到990亿到1 140亿美元。这一缺口意味着服务水平严重下降，或随着有关的财富转移而实质上加重了国家债务的负担。

根据Jones(1991)的观点，因为纳税不遵从是非法的，所以它代表了一种不道德的决策，而不管纳税人在决策时是否考虑到了对其他纳税人或对政府项目的受益人的潜在伤害。根据Etzioni(1988)的观点，有可能根据行为发生的特定情况把纳税不遵从判断为道德的行为。比如，纳税人纳税不遵从可能是为了抗议某条税法规定不道德，或抗议政府政策法规不道德。然而，作为道德的行为，纳税不遵从的行为必须向税务部门披露。按照Etzioni的观点，当将这种抗议向税务部门隐瞒而从纳税不遵从行为中获得货币收益时，就很难将其认定为道德的行为了。

税务研究者们探讨了这两种关于纳税不遵从的道德性和伦理性的观点，以及这些观点对于纳税遵从的影响。根据关于纳税不遵从的道德性的观点，Westat, Inc(1980)所做的研究以及Song和Yarbrough(1978)的研究发现，大量的纳税人不把在某些情况下的逃漏税看作是不道德的行为。另外，研究还发现道德（或道德信念）总是伴随着纳税遵从行为的因素之一（Roth et al.，1989）。

Jackson 和 Milliron(1986)的报告指出,他们所考察的十六项研究中有十五项显示出在道德和纳税遵从行为之间存在正相关关系,一项研究的结果不明确。最近,Kaplan 等人(1988)和 Porcano (1988)也发现在道德和纳税遵从行为之间存在正相关关系。另外,研究发现道德和纳税遵从行为之间的关系与研究方法(如问卷调查和实验)无关。这些研究结果非常有意义,因为它们说明首先很多纳税人没有认识到纳税不遵从行为中存在的道德内容,其次,道德税务信念在纳税人遵从行为的决定中起了重要作用。

税务实践中的道德困境

作为税务代理人的注册会计师们也会面对道德和伦理问题。在遵守与客户有关的决定时,注册会计师们就是道德中介人。税务代理人影响他们客户的决定,甚至代替客户作决定。这些决定都会有利或有害于他人。为了强调这一点,Fisher 在 1993 年提到:"纳税遵从的选择不应该被视为简单的赌博,而应该被看作是一个包含个人财务利益和社会合作之间相矛盾的社会两难困境。"在这种环境中,注册会计师们可能遇到或他们认为他们遇到了来自客户纳税不遵从的压力,尤其当他们认为一些或所有客户不把逃税看作是不道德的时候。例如,一次为 IRS 设计的问卷调查结果表明,大部分收入是由那些有经验的从业者做出来的,他们曾有一个以上的客户在税务季节给他们带来过麻烦。①

Finn 等人(1988)的研究发现例证了税务工作中产生的道德问题的范围在不断扩大。研究者们做了一项研究,调查美国高级注册会计师遇到的道德问题的种类。研究者们在调查研究中提出了一个开放式问题:"各行各业的管理者都会遇到一些造成道德或伦理问题的情况。请你简单描述对你个人而言,哪些是给你造成了最难解决的道德或伦理问题的工作情形。"通过对回答的分析发现,回答该问题的 47%的美国高级注册会计师涉及了一个最普遍的问题，即客户提议税务更改和税务欺诈。[②]此问题的实质在于税务代理人对客户和外部社会的双重责任。其中一位回答者的回答很清楚地表述了这一点：

> 在税务收入扣除的基础上，所得税收入的申报并不是百分之百站得住脚的（换句话说，存在“灰色地带”）。在这种情况下，税务代理人从客户那里得到补偿，然而IRS却能够给税务代理人定罪，除非税务代理人能证明自己依靠了“真正”的权威。好像制订这些规章制度就是为了迫使税务代理人作出有利于IRS的税务决策。这经常成为道德困境。

IRS 1987年的调查证明，普遍存在于税务代理人群体中的问题行为有以下几种具体类型：

- 不查明第二收入来源；
- 当怀疑有意低估收入时，对违法行为没有保持警惕；
- 当有很大嫌疑低估收入时，仍签署收入；
- 收入抵扣额度大，并且没有证明文件时，仍签署收入；
- 以被抽查审计的可能性最小的方式列示扣除。

那些探讨注册会计师作为税务代理人的行为的研究结果提高了人们对以下问题的关注：注册会计师对于相关利益团体而非客户所承担的责任打了多大程度折扣。Klepper和Nagin(1989)的报告指出，税务代理人作为税务法则的使用者，处境不明确。他们的研究基于对审计过的退税的线状检验。两项研究(Jackson, Milliron and Toy, 1988; Ayres, Jackson and Hite, 1989)调查了税务代理人更加倾向于纳税人导向。Jackson等人(1988)深入分析了IRS 1987年的问卷调查数据。研究者们指出，税务从业者越老练，就越倾向于纳税人导向(比如，他们更加可能采取前面列举出的问题行为)。Ayres等人(1989)的研究调查税务代理人的职业状态(如CPA与非CPA)是否与税务报告处理的模糊程度有关系。作者们发现，注册会计师比没有证的税务代理人胆大得多。[③]应该注意到，上述这些研究并不是用来调查税务代理人的判断是否表现为偏离职业责任。

然而,McGill(1988)、Kaplan等人(1988)和Helleloid(1989)的研究却给出了更加直接的证据,表明税务会计师可能没有尽到自己的职业责任。上段的两项研究调查了审计风险在税务代理人建议中的角色。用指导注册会计师的专业标准(SRTP§112.08)来看,建议利用IRS的审计选择程序退税显然是不恰当的。McGill(1988)的研究则发现,当审计风险小时,注册会计师比客户更大胆。Kaplan等通过描述地区专员是否优先考虑税务问题,来控制审计风险。根据SRTP,注册会计师给客户的建议不应该受这种特殊的信息影响。然而,结果显示研究对象的反应确实是受这种信息影响的,还显示出税务代理人在玩"税务彩票"。这些发现还说明税务会计师要么没有充分了解自己的职业道德责任,要么根本不在乎。

Helleloid(1989)调查了专业税务人员作判断时是否对客户文件的质量敏感。在调查中一个被广泛选择的问题,是商业交通费用,因为这里对于抵税有严格的文件要求,并且税务代理人也应该知道对文件的具体要求。通过两项实验,Helleloid发现很多专业税务人员知道税务方面的文件要求,但是却不认为自己的角色包含推进这些文件标准的应用。

税务课程中对道德的讨论

在过去的10年里,许多协会都曾经呼吁过在会计教育中重视道德教育。例如,美国大学商学院协会(AACSB, 1988)、美国会计学会(the American Accounting Association,即Bedford Committee, 1986)、会计联盟学院(the Federated Schools of Accountancy, Kiger et al., 1988)、美国会计教育改革委员会(AECC, 1990)就曾正式地建议增加道德教育。这些呼吁表明会计教育者的一个共识,即道德应该成为会计教育不可分割的一部分。

在这样一个越来越重视道德的环境下,而且纳税遵从和其他税务工作在实质上都是属于道德范畴的问题,那么可以期望税务课程中能更多地关注执业标准的讨论和涉及税务问题的道德困境的解决。但事实并非如此。无一例外地,税务基础教材都没有一章用来讨论职业道德和职业责任问题,甚至连索引中都没有出现过这样的一个主题。税务基础教材对道德和职业责任问题的忽视,是一个能够说明税务学术界的兴趣和关心水平的重要指标。因为,教材的作者是根据课程教师的需要来编写的。很显然,税务学术界在税务基础课程中并没有对道德方面教材的需求。

很难相信,税务学术界可以声称不知道道德和伦理对纳税遵从决定起重要作用。也正是这个学术界群体,在研究了道德确实起重要作用后决定对其进行研究。税务学术界积极地从事研究,探索分析纳税遵从决策的重要影响因素(相关总结见 Roth, 1989)。例如,Jackson 和 Milliron(1986)指出,十六项研究中有十五项发现在道德和纳税遵从之间存在正相关。

很多研究调查了在会计课程中讲授道德的程度(Armstrong and Mintz, 1989; Cohen and Pant, 1989; Ingram and Petersen, 1989; Karnes and Sterner, 1988; Thompson et al., 1992)。虽然这些调查总体上发现对道德的关注在增加,但同时也指出会计课程中对于道德谈得太少的情况仍是非常普遍的。Armstrong 和 Mintz(1989)调查出每个学期的税务课中只占用了一堂课谈道德问题。Thompson 等人(1992)对系主任的调查结果同样也提高了大家对税务教育者重视道德问题程度的关注。问卷中 4%的回复显示在审计课程中没有谈到道德问题,令人担忧的是,42%的回复显示个人税务课程中没有包含道德问题的教育。作者们还指出,公司税务课程中没谈道德问题的比例几乎一样(40%)。

系主任们认为他们的税务教师们很少在他们的个人和公司税务课上讨论道德问题。研究者们声称,系主任们一般都认为道德问题应该在个人和公司税务课上讨论。用一个五点量表对道德问题应该在个人和公司税务课上讨论这一观点进行衡量,1 代表"非常赞同",而 5 代表"非常不赞同",度量结果平均数分别是 1.86 和 1.89。最后,这项调查还显示,49%的回答认为会计课程中能对学生以后的道德行为产生重要影响,只有 16%认为会计课程对学生以后的道德行为不会产生重要影响。

Cohen 和 Pand(1989)也对系主任进行了问卷调查,使用七点量表调查他们认为会计课程应该对道德问题进行讨论的程度,1 代表一点都不讨论,7 是大量讨论。对税务课程而言,平均分是 3.3。而审计课程则高达 5.3。

总的来说,我们认为这些针对会计课程中对道德讨论程度的调查,加上我们先前的讨论,都支持了我们的论点,即在税务课程中没有充分讨论道德问题。虽然也可能有人认为整个会计课程中对道德的讨论与理想情形相差会很大,但是把税务课程与审计课程中对道德的讨论程度作比较可以看出,就探讨道德问题的努力而言,税务教育者要远远落后于他们的审计教师同行。我们认为审计是税务的一个恰当的基准点,因为审计师和税务师虽然都是由客户支付费用,但都对客户和外部团体负有双重责任,并且审计师或税务代理人的行为给外部团体或社会带来的影响都会是非常大的。

关于税务课中缺乏道德讨论的“权威”解释

为什么税务教育界没有把道德教育和职业责任教育放在税务课程中讨论?我们找到了三种解释,这在文献中都可以找到。第一种是,会计课程尤其是税务课程必须讨论的技术性问题特别多,这是造成较少谈论道德问题的一个因素(Armstrong and Mintz, 1989; Langenderfer and Rockness, 1989; Loeb, 1988)。传统的税务基础课程主要讲授《联邦税法》(*Internal Revenue Code*)的规定。税务教育者声称该税法最详细和最富有技术含量,他们大概盲目地相信了这种教育方式。

当考虑到税法的性质时,其实《联邦税法》是否比美国财务会计准则委员会(FASB)的规定或政府会计准则委员会(GASB)的规定更加具有技术性是无关紧要的。税法体系，与其他法规一样，是社会通过包含了立法机构、执法机构和外部利益群体（如院外人士）在内的特定政治程序建立起来的。虽然其他会计准则制订机构也能产生由社会建立的成果，但我们强烈地感觉到税法是最动态的，最易变的。我们认为不需要放弃使用其他的内容而去讲授那些经常改动的税法。坚持讲授技术性的税务内容，与税务从业者、教育者和标准制订者的共识背道而驰，即他们都认为会计教育者排除其他内容而只讲技术性的内容是很不恰当的。作为商界的专业人士和社会的一员，那些没有讲授的内容对他们的长期成功将起着更重要的作用。因为准则是不断变化的，所以让学生们去学习一套特定的技术准则势必会落伍于时代。而税务方面的规则变化尤其快。因此，我们认为所谓对技术性税务内容的讲授"需要"其实是个幌子。

第二种解释是，对道德问题讨论太少，一部分原因是教育者缺乏道德培训和道德教学资料(Cohen and Pant, 1989)。这种解释非常苍白无力，因为它不能解释为什么审计学者们在课上能够介绍道德和职业责任问题，并且还开发出了大量的教学材料。讲授审计的学者在讲授道德方面并没有明显的比较优势。然而，他们都认为讲授道德和职业责任问题是很重要的。因而，审计教育者作为一个群体，都致力于道德和职业责任教育工作，并开发了教材。打个比方，如果税务学术界重视道德和职业责任教育，他们就会对他们的基础教材和补充教材产生需求。显然，这种需求并不存在。

最后，另一种对缺乏道德教育的解释是，人们越来越关心在会计和税务课程中讨论道德问题的效果如何(Armstrong and Mintz, 1989; Lampe, 1994; Langenderfer and Rockness, 1989; Ponemon, 1993)。我们承认没有多少证据验证道德教育的成果，而我们同样也认为怀疑道德教育的效果只不过是个幌子。评估课程的有效性是持续改善课程内容和教学过程的一个重要步骤。然而，我们认为目前任何对道德教育效果的评价都是不成熟的。我们或许在这个问题上有点保守了，但是我们确实认为在把道德教育引入税务课程之前就去评价道德教育的效果是不可能的。那些对道德教育效果的质疑显然是希望在把道德教育引入税务课程的尝试前得到成功的保证。如果教学技巧和包括技术性税务教材在内的所有的课程内容都以这样的标准衡量的话,那么税务课程是不是会存在都值得怀疑。

另外,在会计课程中介绍道德问题的效果的有限的证据至少表明是有希望的。Hiltebeitel 和 Jones(1991)让学生们按重要程度依次列出解决六个道德困境时考虑的六个因素。他们发现,在会计课程中加入道德教学模块,改变了学生处理假设的职业道德困境时所使用的道德思维的水平(可以由他们对六个考虑因素的排列次序证明)。但是学生在处理假设的个人困境时使用的道德推理水平并没有什么变化。在另外一次研究中,Hiltebeitel 和 Jones(1992)让学生评价可能指导道德选择的一套总共有 14 条的道德行为准则。批评家或许会提出质疑,认为这种道德思维的衡量方式不恰当,或者说所衡量出的结果持续时间不长,不足以影响学生以后从事实务工作时的道德决策。但是,实验的结果仍然是有希望的,至少它们显示对学生进行务实的道德培训是有好处的。

Fulmer 和 Cargile(1987)的研究结果同样也有说明作用。研究者们调查接受《职业行为准则》教育的高年级会计专业学生是否比非会计专业的管理专业学生更能从道德角度看待商业活动。他们给学生一个描述道德困境的案例,要求学生指出如果他们自己真的碰到这种困境会如何处理,又会怎么想,并判断案例中人物的行为是否是道德的。Fulmer 和 Cargile 发现会计专业学生的判断比非会计专业学生的判断更加道德。

关于税务课程缺少道德教育的另一个解释

鉴于税务学术界给出的关于为何忽视道德教育的权威解释显得不很充分,我们给出另外一个解释。税务学术界不愿意多关注道德教育或许说明,他们努力满足职业税务人员的短期经济利益,并有可能是以牺牲公众利益为代价的。或者说,税务学术界通过忽视或不重视道德问题,似乎就能服务于专业税务人员的经济利益。为了分析这个解释,我们简短地描述一下税务服务市场的特征,并与审计服务市场的特征做个比较。

税务服务市场与审计服务市场相似之处是,客户负担服务费用。另外,不论提供哪种服务,注册会计师都要遵守职业准则。然而,税务会计师与其他提供税务服务的机构进行竞争,而提供审计服务的注册会计师却具有垄断性。另外,纳税人完全自主决定是否聘用付费税务代理人,而审计对于希望进入资本市场或利用私人资本资源的商业活动而言却是必需的。

税务代理人与其客户以及与第三方的关系和审计师的这些关系也有点不同。税务代理人和审计师都必须是客观的,但税务代理人还必须是客户的支持者,而审计师则必须是独立的。更进一步说,税务代理人和审计师因未能履行职责给第三方带来的后果从量上衡量是截然不同的。审计人员对第三方的清偿结果能达到上亿美元。而对于税务代理人来说,虽然总体数额也大,但是在个案中惩罚和清偿相对地就少很多。

这些特征显示,税务服务的市场相对竞争激烈。注册会计师们认为他们能否从提供税务服务中得到报酬依赖于,纳税人相信雇用一个注册会计师能比没有这样一个付费的税务代理人少交些税。因此,税务代理人承受很大的压力,他们要根据客户要求去处理某些问题事务。如果纳税人不认为逃税不道德的话,那么这种压力就更大了。

在这样一个税务服务市场上,Ayers 等人(1989)指出会计师事务所的比较优势在于,能以大胆的、进取的姿态为客户做代理。这种观点基于经济监管理论。这个理论认为,相对于那些没有注册的付费税务代理人,规章制度允许注册会计师和其他注册中介"以符合纳税人利益的方式来解释法律,进一步提高为客户提供的专业服务的价值从而增加整个行业利润"(Ayres et al., 1989,

p. 301)。如同前面指出的那样,实证研究的结果是支持他们这一论述的。这个理论和论据显示,会计师事务所里有放宽对维护客户限制的氛围,远甚于非注册会计师事务所。即使职业准则要求既要保持客观性又要维护客户,这个经济监管的理论却显示会计师事务所的氛围将会造成对客观性要求的忽视。

在这里,我们来看看 Johnson(1993)最近的研究结果。Johnson 发现注册会计师维护客户的角色影响了他们客观评估纳税信息的能力。Johnson 没有观察这种偏好的来源或结果,但是可以说,这种偏好的存在助长了会计师事务所的税务部门为保证拿到税务服务的薪酬而大胆地减少客户纳税责任的能力。这样的偏好显示出一种不重视公众利益的组织文化。

现在考虑一下税务工作者对开展道德教育的需求。前面的分析显示他们并不要求把道德教育纳入税务课程中,实际上,他们大概还认为这种融合是不实用的。如果员工接受过强调税务遵守中客户利益和公众利益并存的广泛意义的道德教育,那么这些从事税务工作的新员工必将很难融入到那种鼓励为适应客户需求大胆操作的文化氛围里。除了用于逃避 IRS 的惩罚,履行职业道德大概被简单地看成一项不能使收入最大化的投资,因此是毫无价值的。

最后来看看税务学术界和税务工作者之间的关系。税务学术界的成员也可能会是税务代理人。许多税务学术界的成员还经常为税务代理人做后续教育培训以贴补他们学者的薪金。我们认为这些关系鼓励了学术界很多人的信念与专业税务人员一致,或迎合了他们的偏好。

税务学术界承担了教育那些税务专业和立志成为专业税务人员的学生的重任。因为这些学生中很少有人以后会被政府机关录用,所以税务学术界还倾向于通过迎合学生们未来的雇主——提供税务服务的公司的偏好来向学生们提供教学服务。这样一来,作为一个集体,税务学术界决定限制对道德的教育,而让各个公司自己来决定所要提供的职业道德和责任的程度及种类。

总　结

在本章中，我们调查了税务会计师面临的道德冲突，以及税务学术界在多大程度上满足了让学生准备好毕业后处理这些冲突的需要。通过这些调查，我们得出以下结论。

首先，鉴于税务工作所处的外部经济环境、专业税务人员的双重责任、专业税务人员与其客户和公众的关系的特点以及所牵扯的经济后果的大小，税务服务比其他专业会计服务要面对更大的道德冲突。第二，注册会计师作为个人和作为一个职业群体，知道税务工作具有独特性，了解伴随着税务工作的道德冲突。第三，增加会计课程中的道德教育已得到普遍呼吁。第四，有限的经验证据证明在会计教育中讨论道德问题有效果，虽然这很难下定论，但仍有希望可以说明道德教育最终会有收益。第五，到目前为止几乎没有税务课程谈论道德问题，尤其在那些基础课程里。第六，在一些文献中提出的缺乏道德教育的权威解释显得站不住脚。

最后，我们认为，那些权威的解释掩盖了关于为什么没有努力把道德问题纳入税务课程的真实原因。这个真实原因是，在税务实务领域和学术领域存在的经济动机阻碍了把道德问题纳入税务课程。这些结论对会计教育和税务教育，以及最终对税务实务都有所启示。

关于税务教育，我们的分析显示，在税务课程中增加对道德问题的讨论的障碍有制度原因，这是比缺乏对道德教育的培训和缺乏教学材料更根本的原因。税务学术界的行为好像很少或根本没有对（增加）道德教育的需求，因此就毫无理由把人们的资金投入到基于道德的教育和相关教学资料的开发建设中。经济动机这个障碍就是目前这样一系列认为没有理由重视税务课程里的道德教育的动因。

我们的分析显示，必须改变这样一个激励机制，税务学术界才会更加重视道德教育。税务从业者不可能出于自已的意志而改变他们对税务学术界的行为。因此，任何激励机制的改变都必须来自税务学术界所处的更广阔的教育环境。税务学术界已经感觉到自己能够迎合税务从业者，因为那并不需要成本。税务学术界有责任给那些不把道德融入自己课程的学术界成员设置一个成本。

当学生毕业进入税务实务领域，他们总会碰到道德两难困境。考虑到目前税务课程中的道德教育涵盖程度，可以肯定这些学生将不知如何处理这些困境。然而，这样的职业似乎更喜欢没有做好准备的雇员，这样他们就更可能在处理这些道德困境问题时投客户所好。

我们相信，税务实务中的道德两难困境必然反映了这个职业和社会中存在的一些重要问题。对于税务课程展开道德教育将带来很多好处的预期也足以确保立即对各种教材和教学方法进行“试用测试”(field trials)。悬而未决的问题是，税务学术界是否有集体的意愿，一起来克服那些维持现状的经济动机造成的压力。

注　释

① Hite 和 McGill 在 1992 年的研究显示这种压力可能是幻想出的。在一项取样于美国纳税人的实验中，他们发现被观察者没有显示偏好大胆的税务建议。这意味着，税务代理人可能误把自己大胆的税务选择倾向加在所有客户身上，或把少数客户的这种大胆倾向误认为是所有客户的倾向。

② 排在被选次数第二位的是，利益和独立的冲突，其被选比例是 16%，这更显示出这个问题的绝对统治地位。

③ 在 Ayres 等人(1989)的样本中，没有执照的税务代理人同样也是没有注册的中介代理机构。注册的中介可以代表客户处理所有有关 IRS 的事务。

参考文献

Accounting Education Change Commission (AECC). 1990. Objectives of education for accountants: Position statement number one. *Issues in Accounting Education* 5(Fall): 307-312.

American Institute of Certified Public Accountants (AICPA). 1991a. *Code of Professional Conduct.* New York: AICPA.

American Institute of Certified Public Accountants. 1991b. *Statement on Responsibilities in Tax Practice*. New York: AICPA Federal Tax Division.

American Assembly of Collegiate Schools of Business (AACSB). 1988. *1987-88 Accreditation Council Policies Procedures and Standards.* St. Louis, MO: AACSB.

Armstrong, M.B., and S.M. Mintz. 1989. Ethics education in accounting: Present status and policy implications. *Government Accountants Journal* 38(2, Summer): 70-76.

Ayres, F.L., B.R. Jackson, and P.A. Hite. 1989. The economic benefits of regulation: Evidence from professional tax preparers. *The Accounting Review* 64(2, April): 300-312.

Cohen, J.R., and L.W. Pant. 1989. Accounting educators' perceptions of ethics in the curriculum. *Issues in Accounting Education* 4(1, Spring): 70-81.

Committee on the Future Structure, Content, and Scope of Accounting Education (The Bedford Committee). 1986. Future accounting education: Preparing for the expanding profession. *Issues in Accounting Education* 1(Spring): 168-195.

Etzioni, A. 1988. *The Moral Dimension: Toward a New Economics.* New York: The Free Press.

Finn, D.W., L.B. Chonko, and S.D. Hunt. 1988. Ethical problems in public accounting: The view from the top. *Journal of Business Ethics* 7(August): 605-615.

Fisher, D.G. 1994. The use of the four-component model of moral reasoning as a framework for tax compliance research. Paper presented at the Accounting, Behavior, and Organizations Research Conference, San Antonio, TX, March.

Fulmer, W., and B. Cargile. 1987. Ethical perceptions of accounting students: Does exposure to a code of professional ethics help? *Issues in Accounting Education* 2(2, Fall): 207-219.

Helleloid, R.T. 1989. Ambiguity and the evaluation of client documentation by tax professionals. *Journal of the American Taxation Association* 11(1, Fall): 22-36.

Hiltebeitel, K.M., and S.K. Jones. 1991. Initial evidence on the impact of integrating ethics into accounting education. *Issues in Accounting Education* 6(1, Fall): 262-275.

Hiltebeitel, K.M., and S.K. Jones. 1992. An assessment of ethics instruction in accounting education. *Journal of Business Ethics* 11(1): 37-46.

Hite, P.A., and G.A. McGill. 1992. An examination of taxpayer preference for aggressive tax advice. *National Tax Journal* 45(4, December): 389-403.

Ingram, R.W., and R.J. Petersen. 1989. Ethics education in accounting: Rhetoric or reality? Paper presented at the Ohio Regional Meeting of the American Accounting Association, May.

Internal Revenue Service (IRS). 1987. *Survey of Tax Practitioners and Advisors: Summary of Results by Occupation.* Washington, DC: Office of the Assistant Commissioner, Research Division, IRS, June.

Internal Revenue Service (IRS). 1990. *Income Tax Compliance Research: Net Tax Gap and Remittance Gap Estimates*. Publication 1415, Supplement to Publication 7285. Washington, DC: Internal Revenue Service, April.

Jackson, B.R., and V.C. Milliron. 1986. Tax compliance research: Findings, problems, and prospects. *Journal of Accounting Literature* 5: 125-166.

Jackson, B.R., V.C. Milliron, and D. Toy. 1988. Tax practitioners and the government. *Tax Notes* (October 17): 333-341.

Johnson, L.M. 1993. An empirical investigation of the effects of advocacy on preparers' evaluations of judicial evidence. *Journal of the American Taxation Association* 15(1, Spring): 1-22.

Jones, T.M. 1991. Ethical decision making by individuals in organizations: An issue-contingent model. *Academy of Management Review* 16(2, April): 366-395.

Kaplan, S.E., P.M.J. Reckers, S.G. West, and J.C. Boyd. 1988. An examination of tax reporting recommendations of professional tax preparers. *Journal of Economic Psychology* 9(4): 423-443.

Karnes, A., and J. Sterner. 1988. The role of ethics in accounting education. *The Accounting Educators' Journal* 1(2, Fall): 21-29.

Kiger, J., R. Sterling, R. Hermanson, and A. Mitchell. 1988. Report of the General Education Guidelines Committee. In *Proceedings of the Eleventh Annual Meeting of the Federation of Schools of Accountancy,* 37-40. Urbana-Champaign, IL: Federation of Schools of Accountancy.

Klepper, S., and D.S. Nagin. 1989. The role of tax preparers in tax compliance. *Policy Sciences* 22: 167-194

Lampe, J.C. 1994. The impact of ethics education in accounting curricula. In *Proceedings of the Ernst & Young Research on Accounting Ethics Symposium,* 220-236. Binghamton, NY: SUNY—Binghamton.

Langenderfer, H.Q., and J.W. Rockness. 1989. Integrating ethics into the accounting curriculum: Issues, problems, and solutions. *Issues in Accounting Education* 4(Spring): 58-69.

Loeb, S.E. 1988. Teaching students accounting ethics: Some crucial issues. *Issues in Accounting Education* 3(Fall): 316-329.

McGill, G.A. 1988. The CPA's role in income tax compliance: An empirical study of variability in recommending aggressive tax positions. Ph.D. dissertation, Texas Tech University.

National Commission on Fraudulent Financial Reporting (The Treadway Commission). 1987. *Report of the National Commission on Fraudulent Financial Reporting.* New York: AICPA.

Ponemon, L.A. 1993. Can ethics be taught in accounting? *Journal of Accounting Education* 11: 185-209.

Porcano, T.M. 1988. Correlates of tax evasion. *Journal of Economic Psychology* 9: 47-67.

Roth, J.A., J.T. Scholz, and A.D. Witte, eds. 1989. *Taxpayer Compliance: An Agenda for Research,* Vol. 1. (Philadelphia, PA: University of Pennsylvania Press.

Song, Y., and T.E. Yarbrough. 1988. Tax ethics and taxpayer attitudes: A survey. *Public Administration Review* (September-October): 442-452.

Thompson, J.H., T.L. McCoy, and D.A. Wallestad. 1992. The incorporation of ethics into the accounting curriculum. In *Advances in Accounting*, Vol. 10, ed. B.N. Schwartz, 91-103. Greenwich, CT: JAI Press:

Westat, Inc. 1980. *Industrial income Tax Compliance Factors Study: Qualitative Research Results.* Prepared for the Internal Revenue Service, February 4, 1980, by Westat, Inc., Rockville, MD.

5 对于在会计学课程中讲授伦理学效果的跟踪研究*

Patricia Casey Douglas
Bill N. Schwartz

摘　要

本章研究了在会计学课程中教授伦理学知识所产生的效果。本研究用两年时间调查了这项教学内容如何对学生个人道德发展产生影响，扩展了教授伦理学的研究理论。会计学文献早就提议过使用这种纵向研究(longitudinal study)。通过Rest的界定问题测试(defining issues test)，作者分析了团体和个人在测试期间以及在所有发展阶段上的变化，不仅分析那些最高级阶段，还分析“原则”(principled)推理阶段。尽管试验组和控制组之间没有什么差异，但是正如道德发展理论所说的那样，研究结果表明，各小组学生们的原则推理正在增加。

* 作者要感谢Mary Beth Armstrong和Lawrence A. Ponemon对本章前几稿的评论。

这些发现对于会计学教育和实务来说有重要的意义。明智的教育者应该开发更多的教学方法,明确自己的目标,并寻求其他的评估技术。认为会计职业道德教育的目标比“道德发展”本身的目标更广一些,是因为要考虑不同行业的道德问题;而如果认为它的目标比“道德发展”本身又容易一些,那是因为会计职业道德教育是处理会计行业所特有的道德问题。

引　言

会计伦理道德教育已经走到了十字路口。实务界人士和学术团体都呼吁要更加重视课堂中的伦理问题,但是以前的研究不能令人信服地说明伦理学教育的有效性。Lampe(1994)指出,因为不断增多的规则、预算的限制和150学时的课程要求对会计学课程所产生的压力导致了切实存在的减少或者取消“看起来缺乏有效性的伦理教育”的可能性。行为方面的课程并不能满足会计专业所显现出的需要和要求,即会计职业要求会计人员准备面对“越来越复杂的,出现频率越来越高的伦理困境”,并要求通过岗前教育来实现和完成这些准备工作。

很多受敬重的个人和团体都曾呼吁对伦理多一些重视。有人写了许多文章来讨论伦理教学的需要;还有人作了许多研究,检验在课程中设置伦理学的效果。然而,至今没有人对在会计学课程中进行伦理学教育为学生群体带来的影响进行跟踪和评估。①目前的研究正在进行这个尝试。

我们的研究将按下面的顺序进行讨论。第一,评价相关的文献。从组织、学者和实务界人士那里征集伦理方面已发表的文献。伦理教育的当前地位和以前的实证研究得以描述。第二,讨论研究方法论,包括方法论的理论基础、研究工具、处理方法在会计中的应用。这部分还将对研究设计进行描述。第三,报告结果。最后,探讨得出研究结论以及对教育和实务的意义,并且提出未来的研究主题。

背　景

在会计学中开展更多的伦理教育的呼吁来自社会各界。大量的组织和学者以及实务界的人士已经对课堂中不断增多的伦理教育进行了讨论。这些组织和个人也许对于“伦理”的定义有所不同,也许对于教授什么、怎么教授和何时教授伦理有不同的看法,但是很显然,他们越来越关心伦理了。

诸如美国会计学会(The Bedford Committee) (1986)、全国虚假财务报告委员会(The Treadway Commission) (1987)和美国大学商学院联盟(1993)这样的组织都越来越强调伦理。美国注册会计师协会(AICPA)在讨论进入会计学专业的教育要求时,强调了“在会计学学生中发展伦理价值并且在课程中把伦理问题和技术知识整合在一起的重要性”(AICPA, 1988, p. 23)。在有关会计教育方面,过去的八大会计师事务所的管理合伙人在他们的白皮书中也强调了伦理教育。他们说:“实务界人士必须能够确定伦理问题并且对于伦理问题要采用以价值为基础的推理体系”(AICPA, 1989, p. 6)。

许多学术界人士也呼吁增加伦理教育。早在 1964 年,Grimstad 在 *Journal of Accountancy* 中曾经评论道:

除非一个职业保持高标准的伦理举止,否则它不可能持续保持有效性。这反过来要求加入该职业的年轻人充满着职业责任感和伦理至上的感觉。

Kunitake 和 White 促进了在审计课程中讲授伦理学,以便于向年轻的会计人员灌输职业伦理观念。Pamental(1989)表述了对会计学生和非会计学生在初级会计学中进行伦理学教育的必要性。Huss 和 Patterson(1993)对于在会计伦理中使用价值教育提供了建议,而 Beets(1993)提出了角色扮演技术(role-playing technique)。Lantry(1993)描述了一个更加实际的方法,表述了在当前实务中,在“职业伦理和法律责任”课程中所存在的实际问题。其他人(例如,Cooke, 1987—1988; Hosmer, 1988; Lehman, 1988; Loeb, 1988; Mintz, 1990; Murray, 1987; Smith, 1993a, b)也鼓励进行更多的伦理学教育。Ahadiat 和 Mackie(1993)发现学生的伦理行为是会计师事务所作出录用决策时所要考虑的一个非常重要的因素。他们由此得出结论:“我们的结果强烈地表明需要进一步强调对于大学生的伦理学教育。”

那些具有较强实务背景的个人与学术界的意见是一致的。John Burton——前 SEC 首席会计师,和 Robert Sack——前 SEC 执法局首席会计师和八大会计师事务所前合伙人,他们都强烈地支持伦理学教育(Burton and Sack, 1989)。另一位前八大会计师事务所合伙人,Robert Fess(1987)说了下面的话,以表明自己的看法:

> 讲授伦理学最灵活的方法是在现有的课程中包括更多的伦理学内容,以便于以最便捷的方式接近所有的学生们。应该把伦理学融入到所有的会计学课程中去和把伦理学作为单独的课程都是理想的解决方案。

当前伦理学教育的地位

在会计学课程中伦理学教育不是无处不在的。George(1987)对美国管理学院联合会(AACSB)认定的学院的系主任进行的调查表明,21%的被调查者认为学校需要对所有的商学院学生教授伦理学。Pamental(1989)指出在初级会计学教科书中仅包括非常少的伦理学课程。Karnes 和 Sterner(1989)从一项对于会计系主任的调查中了解到只有 8.5%的大学提供了单独的会计伦理学课程。绝大多数学校在审计或者其他的会计学课程中提供了一个伦理学模块。与此相似,Cohen 和 Pant(1989)以及 Armstrong 和 Mintz (1989)发现绝大多数伦理学教育是包括在审计课程中的。

以前的实证研究

一些研究已经考虑到了会计实务人员的伦理(例如,Armstrong, 1987; Flory et al., 1992; Shaub et al., 1993; Ward et al., 1993)和学术人员的伦理(例如,Engle and Smith, 1992;McNair and Milam, 1993; Carver et al., 1993)。许多研究已经考虑到了在会计学课程中的伦理学和伦理学教育的效果。对他们的发现的相关评论如下。

Arlow和Ulrich(1985)进行了一项包括73个商学(包括会计学)本科生的跟踪研究,这些学生都参加过高级商学和社会学课程。这些课程中包括商业伦理学,它既作为一个特定的主题也整合在商业—社会关系的讨论中。在课程开始和结束时,要对学生们进行调查,并且在4年后使用"设计用来评价个人的伦理标准而不是商业行为"这样的调查表来对学生进行再次调查。结果表明在三个期间内在伦理评分上没有显著差异,这表明所进行的商业伦理学教育事实上没有什么作用。

Fulmer和Cargile(1987)测试了那些已经学习了AICPA的职业道德准则的会计学学生是否比非会计学专业的高年级商学院学生更加能够以符合伦理的方式看待商业实务。从同一所大学的、学习相同的商业策略课程的五个班级中,选出68个会计学学生和132个非会计学专业的学生,让他们读一个案例然后回答一个简短的调查表,研究表明会计学学生显示了对于伦理更多的考虑,但是并没有更多的伦理方面的行动。

Davis和Welton(1991)测试了一所大学的391个商学学生和会计学学生(包括131个低年级学生,184个高年级学生和76个研究生)的伦理水平。一些学生学过伦理学,一些学生没有学过伦理学。根据所表述的伦理行为,17份报告代表了包括"灰色"区域在内的不同状况。研究目标是评价相似的和有差异的伦理反应。低年级的学生与高年级的学生有差异,而后者与研究生没有差异。前期的伦理学教育看来并非毫无作用。

Hiltebeitel和Jones(1991)测试了在会计学课程中讲授的一个伦理模块是否对学生解决伦理难题的方式有所影响。对于实验小组和控制小组使用一个事前测试/事后测试的设计。作者设计了研究中使用的六个伦理难题。来自于一所大学的两个初级会计学班级和来自于另一所大学的两个成本会计学班级的一共171名学生参加了测试。结果表明伦理模块并没有改变学生解决伦理难题的能力。

Hiltebeitel和Jones(1992)使用更大的样本做了一个与此不同的研究。一共有354名学生(来自于一所大学的四个成本会计学班级;来自于另一所大学的五个审计班、两个高级会计班和四个初级会计班)参加了测试。不同的教师设计了他们自己的伦理学教学模块。实验采用了事前测试/事后测试的设计。以Lewis(1989)的伦理行为原理为基础,他们设计了一个调查表。在这种情况下,学生们在作出伦理决策时依据的原理是受到所教授的伦理模块的影响的。

Giacomino(1992)使用与Fulmer和Cargile(1987)相同的案例。Giacomino研究了来自于同一所大学的363名大一学生和80名高年级学生(132名会计学学生和311名非会计学的商学学生)的反应。会计学学生的伦理意识与非会计学的商学学生没有什么差异,仅有的差异存在于大一学生和高年级学生的伦理标准之间。

Borkowski和Ugras测试了130名学生(51名大一学生,39名大三学生和40名研究生)的伦理状况。他们要回答两个伦理难题并且这些人随后就完成了调查表。研究表明,本科生相对来说更加公平一些,而研究生相对来说更加功利一些。

使用Rest(1979b)的界定问题测试(defining issues test,简称DIT),许多研究已经测试了学生的道德推理水平和在课堂上进行伦理学教育的效果。Ponemon和Glazer(1990)测试了来自于两所大学的学生的伦理发展情况。在这些学生中,44名学生来自于私立文科学院,通过学院的商学管理系,学院向这些学生提供过会计学教育;56名学生曾通过美国管理学院联合会认可的会计学课程学习会计学。56名学生是大一新生,54名学生是四年级学生。结果显示,每一个学校的高年级学生都比大一新生有更高的道德推理水平,文科学院的学生比接受会计学课程教育的学生评分更高。

St. Pierre 等人(1990)使用一个 DIT 应用软件测试了来自于同一所大学的 7 个商学专业、1 个会计学专业和 3 个非商学专业的 479 名高年级学生的伦理发展。3 个非商学专业的学生比 7 个商学专业和 1 个会计学专业的学生表现出了更高水平的道德推理。

Jeffery(1993)对比了同一所大学不同专业不同年级学生之间的道德发展水平。她把 503 名学生分成六组:76 名高年级会计专业的学生、135 名高年级非会计学商学专业学生、41 名高年级文科专业的学生、57 名低年级会计学专业的学生、165 名低年级非会计学商学专业的学生和 29 名低年级文科专业的学生。与其他的研究发现(例如,Ponemon and Glazer, 1990; St. Pierre et al., 1990)不同,低年级的会计学学生比其他两个低年级团体的学生有更高的道德推理评分。高年级的会计学学生比其他两个高年级团体的学生有更高的评分,而且差异的大小在不同的组之间是一致的。

Ponemon(1993)评估了把伦理学整合进本科生和研究生的一个学期的审计课程中去的影响。65 个学生参加了这个实验。Ponemon 使用下列方法测试了课程的有效性:(1)使用事前测试/事后测试设计;(2)以囚徒困境为基础的经济选择实验。结果表明伦理学课程并没有提高伦理推理的水平并且也没有减少学生的搭便车行为。

Armstrong(1993)测试了独立的、给高年级会计学学生在选修课程的基础上开设的"伦理和职业作风"(Ethics and Professionalism)课程的效果。在该课程的第一天和最后一天,对于开设"伦理和职业作风"课程的学生使用 Rest 的 DIT。中级会计学的学生被选择出来作为控制组,并对他们进行了相似的测试。来自于 21 个"伦理和职业作风"课程的学生和 33 个控制小组的学生的数据表明:与控制组的那些学生相比,参加"伦理和职业作风"课程的学生在伦理发展水平上有了显著的提高。

Shaub(1994)评估了在其他人群中传统上与更高水平的道德推理联系在一起的人口统计变量是否与审计学学生有联系。Shaub 使用 DIT 对一所大学的 91 名高年级审计学学生进行了测试。结果表明审计学学生的道德推理与学术成功、性别(女性评分高于男性)和伦理学教育是联系在一起的。

Lampe(1994)在四年期间(1990—1994 年)里调查了同一所大学的 328 名审计学学生并且用两年时间(1991—1993 年)调查了该大学的 144 名会计信息系统的学生。在测试期间里,学生们学习了会计学课程中现有的伦理决策案例。Lampe 报告了两组学生在反应上有大量的相同之处,但是不能对比不同学生所作出的反应,这是因为学生的调查表是匿名的。结果表明学生们的道德发展(使用 Rest 的 DIT 进行计量)、对于伦理难题的反应和对待伦理行为的态度方面没有什么大的改变并且它们都是“强烈地以道德标准的条款作为指导”。

简言之,上面的研究并没有令人信服地说明在会计学课程中增加伦理学所产生的效果。一些研究已经说明了会计学学生的道德发展水平与非会计学学生的道德发展水平是不同的(Ponemon and Glazer, 1990; St. Pierre et al., 1990; Jeffrey, 1993; Lampe, 1994),一些人报告了教授伦理学课程有积极的效果(例如,Shaub, 1994),而其他人的报告显示伦理课程没什么效果(例如,Davis and Welton, 1991)。

通过在会计学课程中增加伦理学来影响学生这一特定努力行为的结果看起来是模糊的:Hiltebeitel 和 Jones(1992), Armstrong (1993)报告了积极的结果;Fulmer 和 Cargile(1987), Hiltebeitel 和 Jones(1991), Ponemon(1993), Lampe(1994)报告了这样做并没有成功。四个研究评估了在会计学课程中加入伦理学课程的效果:一个是明显成功的(Hiltebeitel and Jones, 1992),其他三个都没什么效果(Fulmer and Cargile, 1987; Hiltebeitel and Jones, 1991; Ponemon, 1993)。Armstrong(1993)报告了加入伦理学课程所带来的积极的结果;Lampe(1994)则报告在会计学课程中添加伦理学没什么效果。

从方法论的角度来看,上述研究使用一系列研究设计和处理方法在一个学校或者两个学校开展研究。一些人(例如,Davis and

Welton, 1991; Giacomino, 1992)仅仅使用单一时间(one-time)基础之上的研究工具。其他人(例如,Fulmer and Cargile, 1987)使用处理方法和事后测试(posttest)。五项研究(Arlow and Ulrich, 1985; Hiltebeitel and Jones, 1991, 1992; Armstrong, 1993; Ponemon, 1993)使用了事前测试/事后测试设计;然而,事前测试和事后测试都是在一个学期内执行的。Lampe(1994)进行了一项分组反应变量(group response variables)变化的跟踪研究,但是并没有随时跟踪单个学生的变化。只有 Armstrong(1993)和 Ponemon(1993)使用了控制组。

尽管 Rest(1979b)的界定问题测试(DIT)是备选的主要工具,但是计量方式也会变化。在这里评价了七个研究,包括在会计学课程中增加伦理学课程的六个研究中的三个研究,这六个研究或者单独使用 DIT 方法,或者与其他计量方法结合在一起。

研究方法论

对于当前的研究来说,作者以两年的纵向时间为基础,使用了包括实验组和控制组在内的事前测试/事后测试的实验设计。Davis 和 Welton(1991, p. 463)指出,"更多的研究……是通过跟踪研究来研究特定的学生群体的"。Ahadiat 和 Mackie(1993, p. 256)评价了教授伦理学的不同方法所产生的效果,"就如同在一个更加长的时期内研究教学效果一样,要根据不同的教授水平进行评估"。

处　理

Loeb(1988, 1990), Langenderfer 和 Rockness(1989), Scribner 和 Dillaway(1989)讨论了与讲授会计伦理学相关的问题并且提供了解决这些问题的建议。这些问题是:(1)伦理学由谁来教授;(2)大学教师如何进行培训;(3)伦理学应该作为一门课来讲授还是贯穿于整个会计学课程之中;(4)发现诸如案例、书籍等等材料;(5)

选择教授的方法(例如,讲课、案例、讨论等等)。在本研究中,调查人员选择调查伦理学课程讲授的效果。实验处理过程中使用了超出初级水平的所有九门会计学课程中所包括的伦理要素。初级水平被排除在外是因为在那些班级中的大部分学生都是非会计专业的,并且还有大量的会计学专业的学生是从社区学院转到测试学校来的。

绝大多数教师采用案例方法,他们使用一个或者两个案例,这些案例来自于下面两个渠道:来自于美国会计学会(American Accounting Association, 1992)的,Steven Mintz 在《会计学伦理和职业作风》中的案例[②],Robert M. Trueblood 的会计和审计案例研究系列,这些案例可见于美国会计学会或者管理会计协会的录像带中。审计教师讨论了 AICPA 的职业行为道德准则和从审计教科书中所选择的相关内容,但他们没有使用专门的伦理学教科书。[③]

会计学教师要求学生准备伦理学案例的书面分析材料。绝大多数教师用了大约 15 分钟来解释如何分析案例,当学生们交上他们的分析材料之后,就用一节课中的剩余时间来讨论案例。

许多教师参加美国会计学会的职业作风和伦理委员会的研讨会,在那里,他们接受了伦理学授课方面的培训。在研讨会上收到的授课材料也可以给其他的教师使用。

工　具

Rest(1979a, 1979b)的界定问题测试(DIT)被用于对学生进行事前测试和事后测试。Rest 的工具理论基础是 Kohlberg(Colby and Kohlberg, 1987)的道德认知转变阶段模型。在这个模型中,道德发展的不同阶段是在本质上各不相同的结构,这些结构在人类发展的不同时点服务于同一个基础职能(道德判断)。道德的更高阶段取代其在更低阶段所形成的结构。这些阶段形成了一个"总体的、恒定的结果"(p. 9)。环境因素也许会加快或者减缓各阶段发展的速度,但是它们决不能改变这些阶段发展的结果。

Kohlberg 描述了一个六阶段的道德判断层次,这些层次描述了个人的“社会道德”观点。这个观点是带有个人特征的观点，它来自于个人对于道德问题形成判断的过程中。这六个阶段组合为三个层次，它们描述了在个人的道德规则和预期以及社会的道德规则和预期之间的不同的关系。Gilligan(1993)对这些层次的特点进行了总结，这些层次反映了在道德理解方面从个人的观点到社会的观点再到全面的观点的发展历程。

在第一个层次，也就是前常规层次(preconventional stage)，规则和社会预期对于个人来说都是外在的。前常规层次是绝大多数九岁以下儿童，一些青少年，和许多青少年犯法者和成人犯法者所处的水平。在第二个层次，即常规期层次，个人已经深谙社会规则和他人的预期。这是绝大多数青少年和成年人所处的阶段。在第三个层次，即后常规层次，自我选择的原则与社会规则和他人的预期有所不同，只有少数成年人达到这个阶段。

DIT 向调查对象提供了一系列标准化的、描述道德难题的假设情景。例如，“海恩兹(Heinz)困境”描述了这样一个案例：有一个非常穷的人，他叫海恩兹，他的妻子因为患了一种罕见的病而生命垂危，治愈此病的惟一药品已经被当地的一个药剂师开发出来并且由他所拥有。这个穷人没钱购买这种药品，所以他必须决定是偷出药品还是遵守法律。DIT 的调查对象被要求表述海恩兹是否应当偷药品，并且确定使他们作出这种决策的重要的环境方面的要素。

DIT 的个人评分包括在以每一个发展层次为函数的指标和许多汇总指标中。在绝大多数研究中，使用 Rest 的 P 值工具进行道德发展计量，它计量了阶段 5 和阶段 6 的“原则”推理。通过使用确定各个阶段的可靠性和外在有效性的 DIT 方法，Rest(1986)提供了一份总结和一份包括数百个研究发现的讨论。

实验设计

一个实验小组和两个控制小组参与了这个研究。实验小组是美国东南部城市里的一所大型公立大学(大学 A，简称 U-A)在第一个学期里所招录的所有中级会计学生。第一个控制小组是美国东南部郊区的一所大型公立大学(大学 B,简称 U-B)在第一个学期所招录的所有中级会计学生。第二个控制小组是在大学 A 中学习管理学原理课程的所有非会计学专业的商学学生。三个小组的成员都主要是那些预期在 1994 年春季毕业的学生。

第一个控制小组代表了来自另一个大学的会计学小组,第二个控制小组代表了非会计学专业的商学小组。大学 B 的会计系和大学 A 的商学系(非会计学)在研究时都不支持提供伦理学教育的课程。根据调查者的判断,在实验期间,受测试的学生并未在有组织的伦理学教育计划下受过教育。

在 1992 学年秋季的第二次班级会议上,实验小组和控制小组的学生开始使用 Rest 的 DIT 方法。在 1994 学年春季的最后一个月里,这个持续进行的 DIT 还在实施。学生们可以选择:(1)在课堂上分发问卷,在家中完成它,然后在课堂上收回它;或者(2)发电子邮件并且在家中完成。

最初,有 562 名学生参加了测试。其中 150 名受访者的问卷包括了不完全的数据或者不能通过 DIT 的内部一致性测试,由此产生了 412 个有用的受访者数据。在再次测试的数据中,412 名受访者中的 58 名在再次测试日时不在班级中,并且不能确定他们身在何处。再次测试的材料分发给其他的 354 名学生并且收到了 187 份回函(412 名中的 45.4%)。25 名受访者的问卷因为数据不完整或者不能通过 DIT 的内部一致性检测被取消。表 5.1 总结了来自于实验组和控制组的数据。

表 5.1　对汇总的数据进行总结

	实验组	控制组		
	大学 A:会计	大学 B:会计	大学 A:商学	合计
最初受测试者	187	164	211	562
无法使用的事前测试受访者	28	25	97	150
可使用的事前测试受访者	159	139	114	412

（续表）

	实验组	控制组		
	大学 A:会计	大学 B:会计	大学 A:商学	合计
在事后测试中无法确定位置的受访者	32	15	11	58
联系到的进行事后测试的受访者	127	124	103	354
未回应的受访者	58	50	59	167
已回应的受访者	69	74	44	187
无法使用的事后测试受访者	9	8	8	25
可使用的事后测试受访者	60	66	36	162

接受再次测试的受访者比率比预计的要低，对应答问卷变量和人口统计数据进行的测试表明，不存在显著的未应答问卷的偏差。对于只存在于事后测试小组($n = 225$)中的那些学生与那些存在于再次测试中的学生($n = 187$)所进行的平均的事前测试的 P 分表明：两者没有显著差异，分别为 37.5 分和 38.0 分($p = 0.71$)。使用卡方检验对只进行事前测试的小组和进行再次测试的小组之间的人口统计数据进行比较，表明再次测试的参与情况与人口统计特征相独立($p = 0.85$)。

结 果

Rest(1975)建议，以预测发展变化为主的跟踪研究，比如我们正在讨论的研究，要使用能够分析事态变化的战略。该战略不仅仅包括对于在 P 分中所包括的变化进行分析，也包括对小组和个人的变化、所有阶段评分的变化进行分析。

小组分析

表 5.2 列示了根据小组和人口统计特征，对于学生平均事后测

试P分所进行的双尾 t 检验的事后测试结果。为了控制使用多重 t 检验所造成的实验范围内的误差率上升，必须调整对于显著性的“界定”。对于在这里所使用的四个单独的 t 检验，对于每一个单独的0.125或者0.025水平的测试，一种被称为波佛罗尼调整（Bonferroni-type adjustment）的方法生成了预计的显著性水平（α 值）。这些数值分别产生了对于整个实验来说大约0.05或者0.10的 α 值水平。④表5.2表明了许多事后测试的P分差异，这些差异在所描述的统计显著性水平上是显著的。

在实验组和控制组之间的事前测试P分差异是非显著的，并且依赖于学生是否在以前学过伦理学课程。正如所期望的那样（这与Shaub 1994年的发现是一致的），那些以前受过伦理学课程教育的学生有更高一些的P分，但是此类学生的数量在任何一个小组中都是非常少的。

事前测试P分在整体上是不同的，并且对于大学B的会计学学生和大学A的商学控制组学生来说，这个结果还要依靠性别。与Shaub(1994)的发现一样，女性比男性有更高一些的P分。Rest(1979b)指出把P分与性别联系起来通常是非显著的或者是显著性很低的，这表明本章目前的发现并不是惟一的结果。对于婚姻状况或者种族来说，不存在显著的事前测试P分差异。

表5.3报告了再次测试的P分和样本人口统计特征。实验组的平均事后测试P分是更加低的并且与大学B的会计学学生控制组的平均事后测试P分相比有显著差异（双尾 t 检验，$p=0.018$），而且实验组的平均事后测试P分比大学A的商学学生组的低，它们之间也没有显著性差异（$p=0.16$）。⑤大学A的会计学学生的评分也低于明尼苏达大学伦理发展研究中心（为DIT提供评分服务）目前所报告的作为大学生标准（43.19，*s.d.* 14.32，$p\leqslant 0.001$）的评分，并且两者有显著差异。控制组的事后测试P分彼此之间没有显著差异（$p=0.76$），并且与大学生标准评分也没有显著差异（大学B:会计学，$p=0.56$；大学A:商学学生，$p=0.49$）。

表 5.2 事前测试所得到的 P 分比较(大学 A: U-A;大学 B: U-B)

1. 总体	均值		学生数	
总体	37.7		412	
U-A:会计学	38.3		159	
U-B:会计学	39.0		139	
U-A:商学	35.4		114	
2. 以前学生们是否接受过伦理学课程的教育				
	均值		学生数	
	是	否	是	否
总体	42.5	37.3**	35	377
U-A:会计学	39.9	3.2	12	147
U-B:会计学	43.8	38.5	13	126
U-A:商学	43.9	34.6***	10	104
3. 性别				
	均值		学生数	
	男	女	男	女
总体	35.7	39.4*	184	228
U-A:会计学	37.4	39.0	67	92
U-B:会计学	36.4	41.8*	66	73
U-A:商学	31.9	37.6**	44	70
4. 婚姻状况				
	均值		学生数	
	已婚	未婚	已婚	未婚
总体	39.1	37.4	80	332
U-A:会计学	40.6	37.5	42	117
U-B:会计学	42.0	38.8	9	130
U-A:商学	36.0	35.2	29	85
5. 种族				
	均值		学生数	
	白种人	非白种人	白种人	非白种人
总体	38.2	35.5	338	74
U-A:会计学	39.1	35.5	122	37
U-B:会计学	39.0	38.2	126	13
U-A:商学	35.7	34.1	90	24

注: * $p < 0.0125$。

** $p < 0.025$。

*** $p = 0.028$。

表 5.3 P 分和样本人口分布:实验组和控制组

	实验组		控制组			
	U-A:会计学 ($n=60$)		U-B:会计学 ($n=66$)		U-A:商学 ($n=36$)	
	均值	学生	均值	学生	均值	学生
平均事前 P 分	37.2	14.3	40.4	13.1	36.2	14.4
平均事后 P 分	37.4[a]	10.9	42.3	11.9	41.5	14.7
在 P 分上的平均变化	+0.2	11.7	+2.0	12.0	+5.3	16.0
平均年龄	25.8	6.4	23.4	4.2	29.2	8.4
以前的伦理学课程	6 是 (10.0%)	54 否 (90.0%)	6 是 (9.1%)	60 否 (90.1%)	1 是 (2.8%)	35 否 (97.2%)
性别	26 男 (43.3%)	34 女 (56.7%)	32 男 (48.5%)	34 女 (51.5%)	12 男 (33.3%)	24 女 (66.7%)
婚姻状况	11 已婚 (18.3%)	49 已婚 (81.7%)	6 已婚 (9.1%)	60 未婚 (90.1%)	11 已婚 (30.6%)	25 未婚 (69.4%)
种族	45 白人 (75.0%)	15 非白人 (25.0%)	61 白人 (92.4%)	5 非白人 (7.6%)	30 白人 (83.3%)	6 非白人 (16.7%)

注:a. 实验小组的事后测试 P 分与大学 B 的会计学控制组的这个评分有显著差异($p=0.018$),但是前者与大学 A 的商学控制组的该评分没有显著差异。此外,没有其他的小组间差异是显著的。

正如道德发展理论所预测的那样,在 P 分上的平均变化是正的并且在不同的小组之间与 0 值有显著差异($p=0.047$)。然而,在实验组和控制组之间没有显著差异($p=0.17$)表明了没有产生问卷处理的影响。

在实验组和控制组之间,年龄差异是相对较小的但是又是显著性的($p\leqslant 0.001$)。年龄或者其他的人口统计变量与事后测试或者事后测试的 P 分之间都是非显著相关的,它们与 P 分的变化也是非显著相关的。Ponemon(1993)观察到 DIT 的 P 分与年龄之间没有相关性,并且把这个与 Rest(1986)的发现看起来矛盾的发现解释为“这也许是由于年龄,和参与测试的学生的相同性别所导致的”(p. 194)。使用卡方测试在实验组和控制组之间进行比较的其他的人口统计数据表明小组成员之间的人口统计特征是相互独立的($p=0.89$)。

表 5.4 表明了各小组学生平均事后测试的 P 分与 t 检验结果之间的对比及其人口统计特征。正如已经指出的那样,大学 A 的会计学学生的评分显著低于大学 B 的会计学学生的评分并且显著低于大学生标准评分。这个低于大学评分标准的发现与其他的研究相一致(例如,Ponemon and Glazer, 1990),这些研究比较了会计学学生和实务人员与其他学科的学生和实务人员。

会计人员对职业培训和大学教育的规则导向的自我选择,是会计人员拥有更加低的 P 分的一个解释因素。规则导向更少促进道德发展(Lampe, 1994)。这个研究的发现至少否定了这些解释因素中的第一个:对于在两所大学的会计学学生的事后测试 P 分与非会计学专业的控制组学生的评分之间没有差异,它并没有提供自我选择的证据。

大学 B 的会计学学生的事后测试的 P 分与非会计学小组的评分之间没有显著性差异,并且与大学生标准也没有差异。这个结果表明在培训会计人员的大学里没有广义偏差(generalized bias)的证据。然而,与这个研究相互独立的一个调查(Douglas, 1995)表明大学 A 的学生与大学 B 的学生经历了不同的教育。A 和 B 两所大学的高年级学生表明大学 A 的教师比大学 B 的教师更加是以规则为导向的,因此提供了更少促进道德发展的环境。研究表明,学生对于下面问题的反应带有显著的统计差异:“会计学教师总是强调强化规则而不是应用个人的判断。”大学 B 的平均学生反应与报告有所不同,大学 A 的平均学生反应是模棱两可的。

表 5.4　事后测试所得到的 P 分比较

1. 总体	均值	学生数
总体	40.3	162
U-A:会计学	37.4**	60
U-B:会计学	42.3	66
U-A:商学	41.5	36

2. 以前学生们是否接受过伦理学课程的教育	均值		学生数	
	是	否	是	否
总体	35.5	40.7	13	149
U-A:会计学	33.9	37.8	6	54
U-B:会计学	35.0	43.1	6	60
U-A:商学	48.3	41.3	1	35

3. 性别	均值		学生数	
	男	女	男	女
总体	39.4	41.0	70	92
U-A:会计学	36.6	38.0	26	34
U-B:会计学	41.0	43.6	32	34
U-A:商学	41.1	41.7	12	24

4. 婚姻状况	均值		学生数	
	已婚	未婚	已婚	未婚
总体	41.6	40.1	28	134
U-A:会计学	34.6	38.1	11	49
U-B:会计学	41.5	42.4	6	60
U-A:商学	48.6	38.3	11	25

5. 种族	均值		学生数	
	白种人	非白种人	白种人	非白种人
总体	40.8	38.1	136	26
U-A:会计学	36.4	40.4	45	15
U-B:会计学	43.0	34.0	61	5
U-A:商学	42.7	35.5	30	6

注：* $p<0.0125$。
** $p<0.025$。

在事前测试(表5.2)中所观察到的性别和以前所受的伦理学教育的P分差异在事后测试评分中是不显著的。那些以前受到伦理学教育的学生应该在大学的第一或第二年学习这些课程,受到测试的学生在事前测试时还是以大二的学生为主体。这些课程的影响在大四的后期看起来已经荡然无存了。Arlow and Ulrich (1985)得出了类似的结论:商学学生所受到的伦理学教育会激发他们对于伦理问题的意识,但是这个影响只是暂时的。一旦这个激励不复存在,“学生们又回到以前所持有的价值观”(p. 16)。

对于P分差异的分析提供了有趣的信息,Rest(1975)提醒要关注在发展变化分析中的“单步进行法”(one step progressions)。他指出“在反应分布中,讨论向上的转变也许更加合适(在更高的阶段增加,在更低的阶段降低)”(p. 740)。图5.1列示了实验组和控制组事前测试和事后测试的平均阶段评分的图形分布。

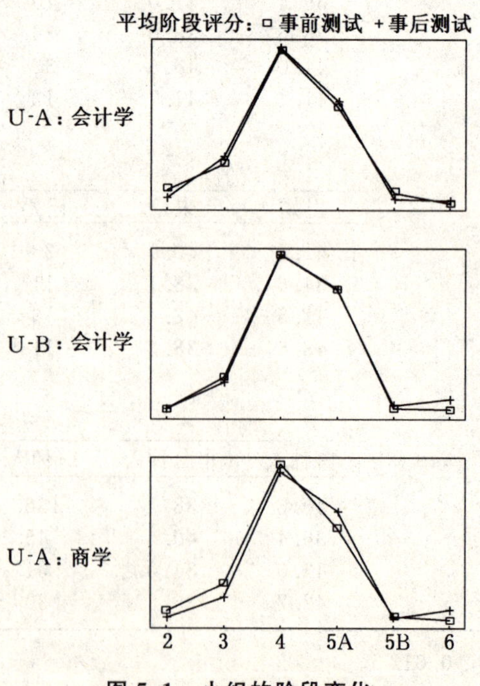

图5.1　小组的阶段变化

图5.1直接表明没有发生类型转变——这些类型是Rest(1975)对低年级和高年级受测试者所进行的跟踪研究中所划分与观察的类型,并且在实验组和控制组之间也没有发现值得注意的差异。[⑥]Rest的高年级的高校受测试者在两年的时间里的明显变化是从常规期的道德观转向了有原则的道德观(即,在阶段3中的行为大大降低,在阶段5A和5B的行为大大增加)。低年级的高校受测试者表现出了从前常规的道德观向常规期道德观转变(即在阶段2和阶段3的行为大大降低,在阶段4和阶段5A的行为大大增加)。而本研究还缺少发现去表明,本研究中的高年级大学生比Rest的研究中的低年级学生具有更低的变化率,这再一次指出了处理方式对结果没有影响。

个案研究

单个受测试者的变化模式的分析“解释了逐步变化的问题”(Rest, 1975)。对于每一个受测试者来说变化的特征必须指出哪个阶段的评分增加了以及哪个阶段的评分降低了。Rest提醒研究人员,超过了指标的标准差的单纯增加或者单纯降低可以令人信服地表明它们代表了真实的受试者的发展变化。对于本研究,每一个阶段评分变化的标准差都是从Rest(1986)所报告的测试——再测试的相关性计算出来的。[⑦]对于阶段2来说,在事前测试和事后测试阶段评分的差异如果超过了2.6,那么就认为是发生了真实的变化;对于阶段3来说,这个真实变化的评分差异是2.8,对于阶段4是4.6;对于阶段5A是4.3,对于阶段5B是1.8;对于阶段6是1.8。

比较事前测试和事后测试,对单个阶段的评分以及超过标准差的变化要进行分类。更高阶段评分的积极的(消极的)变化与更低阶段评分的消极的(积极的)变化一起被确定为向上(向下)的变化模式。其他所有阶段评分变化模式都被确定为模棱两可的。表5.5总结了单个阶段的变化。

表 5.5 个人阶段转变[a]

	向上的变化模式	向下的变化模式	模糊的变化模式	总计
U-A:会计学				
数量	18	10	32	60
百分比	30.0%	16.7%	53.3%	100.0%
U-B:会计学				
数量	21	8	37	66
百分比	31.8	12.1%	56.1%	100.0%
U-A:商学				
数量	16	4	16	36
百分比	44.4%	11.2%	44.4%	100.0%
总体				
数量	55	22	85	162
百分比	33.9%	13.6%	52.5%	100.0%

注：a. 更高阶段评分的积极的(消极的)变化与更低阶段评分的消极的(积极的)变化一起被确定为向上(向下)的变化模式。所有的、其他的阶段评分变化模式都被确定为模棱两可的。所有积极的消极的变化都超过了指标的标准差。

表 5.5 列示了单个变化的三种分类：与发展理论相一致的(即向上的变化模式)；与发展理论不一致的(即向下的变化模式)；不能被确定为符合还是不符合某种理论的(即模棱两可的变化模式)。总体来说，在本研究中所观察到的受测试者的变化模式有三分之一强(33.9%)是与发展理论相一致的，超过一半(52.5%)的变化是模棱两可的。Rest(1975)指出 65.4%的变化与有关低年级的受测试者之间的理论相一致。与前面所讨论的小组之间的转变一样，这表明高年级的受测试者具有更低的变化率。对于小组单个阶段的变化的卡方测试表明在实验组和控制组之间的变化模式

方面没有显著的差异($p = 0.59$),这再一次表明了实验处理没有对结果产生显著性影响。

结论和意义

关于在会计学课程中引入伦理道德教育的纵向跟踪控制研究的结果未能证明这样的伦理学教育能带来学生的道德提升。正如道德发展理论所预测的那样,在两年的测试期内P分上的平均变化是正的并且与零有显著的差异。这表明了在小组中学生使用道德标准推理的活动在增多。然而,在实验组和控制组之间所观察到的P分的平均变化并没有显著性差异。

对有关道德推理阶段中学生反应分布的转变进行分析,并不能在受测试的年龄组中提供支持发展理论的强有力证据。对于小组平均阶段评分的图形部分描述了在事前测试和事后测试的阶段评分之间几乎没有什么变化。对单个阶段转换的分析表明超过半数的转换是模棱两可的。小组的阶段转换和个人的阶段转换的分析并未表明在实验组和控制组之间的任何差异。

本研究的发现指出了现在所采用的道德教育模式对于在实验组中所包括的60名会计学学生没有效果。这些发现与以前评估在会计学课程中添加伦理学课程对于学生伦理影响的研究相一致(例如,Fulmer and Cargile, 1987; Hiltebeitel and Jones, 1991; Ponemon, 1993; 和 Lampe, 1994)。其中三个这类研究评估了在某个会计学班级中引入伦理学课程;Lampe(1994)对把伦理学整合进会计学课程进行了评估。这些发现对于会计学教育和实务有重要的意义。

关于会计教育,Ponemon(1993)指出,如果认为伦理学教育将不会促进学生的道德发展也许是一种成见。Rest(1986)认为在当前研究中所使用的伦理学教育的种类(即伦理学案例的课堂讨论)将促进大学生、研究生和职业学校(professional-school)的学生的道德发展。原安达信的商业伦理研讨会和美国会计学会的职业作风和伦理研讨会推荐这种方法。然而,Ponemon(1993)为他的与此相似的(消极的)发现作过总结:“也许其他的教育方法和课程教材……对于道德发展和会计学学生的伦理行为是需要的。”

Kenny 和 Eining(1994)观察到财务会计班级中所进行的伦理学教育在总体上采用了与审计课程中相关课程相类似的教学法。然而,在财务会计活动中所存在的推理过程与审计中的是根本不同的。这些结果显示,要在课程设计上进行创新,以与不同会计学活动的推理过程相一致。

Armstrong(1993)提出了教授伦理学的“三明治方法”,并且报告了它对学生道德发展的积极影响。这种方法包括一个在商学院之外所教授的一般性的伦理学课程,大量包括伦理学教育的会计学课程,和一些由会计学教师来讲授的伦理学和职业作风(E&P)课程。在 Armstrong 的样本 E&P 课程中,要对包括道德发展理论和职业社会学理论基础的讨论进行特定的处理,对于职业讨论、政府指导和监管、公众观点也要进行特定的处理。这些课程中也整合了案例研究。

教师支持伦理学教育的重要性也不能被忽视。参与本研究中的教师要评估学生对于伦理学兴趣的整体水平,同时他也要评估自己把课堂时间分配给伦理学课程的兴趣水平怎样。对于这两个问题的反应所进行的评价是非常相似的。那就是,教师认为学生对于伦理学的兴趣水平与他们自己对于伦理学的兴趣水平非常相似。此外,当问及伦理学课程应该在哪些课程里讲授时,那些对伦理学很有兴趣的教师认为应该是所有的会计学课程。那些对于伦理学有较低兴趣的教师则认为伦理学仅仅应该包含在有限的某些课程里。如果想要获得成功,教师需要充满热情地支持伦理学授课方案,因为学生对于教师的态度也是敏感的。

Arlow 和 Ulrich(1985)提出受试者群体的本质和影响商学伦理授课效果的课程差异。事前测试 P 分并未提供自我选择的证据,自我选择被认为解释了会计学学生和实务人员的较为明显的以规则为导向的问题:那些刚刚开始会计学课程学习的学生与非会计学专业的商学学生在规则导向方面没有差异。只有大学A的会计学小组的事后测试的P分显著低于大学生标准,而且该差异与以教师为导向的、可理解的差异有所联系。

Ponemon(1993)提出,其他的教学方法必须加入澄清目标的建议和不同的评估方法。Huss和Patterson(1993)指出学生的道德发展是会计学中伦理学教育的目标,他们把教育看作"以下面的假设为基础:通过教育过程可以促进道德发展"(p. 235)。如同智慧是通过IQ测验来确定的,一些会计学伦理课程在Rest(1979a)的研究领域中仅仅作为确定"道德发展"的工具,即这些课程要通过界定问题测试(DIT)或者P分来进行计量。

在会计学伦理教育的可能目标的列表中,Loeb(1988, p. 322)提出了非常不同的解释:

1. 把会计学教育与道德问题联系起来。
2. 了解有伦理学意义的会计学问题。
3. 培养"道德责任感"或者责任感。
4. 培养处理伦理矛盾或者难题的能力。
5. 学会处理会计学职业中的不确定性问题。
6. 给道德行为中的变化"确定阶段"。
7. 欣赏和理解会计学伦理所有方面的历史和构成要素以及会计学伦理与伦理学中的其他领域之间的关系。

Rest的界定问题测试并非始于对这些目标的评估,因为这些目标解释了多个职业的更加广泛的因素,所以它们比"道德发展"的范围要广,并且因为它们解释了会计学职业所特有的问题,所以它们又比"道德发展"的范围要窄。

未来的研究应该从不同的角度回答下面的问题:是什么使会计人员和会计学学生更加具有或者更加缺少伦理。例如,Huss和Patterson(1993)所推行的把"价值教育"(p. 236)作为伦理学教育的一部分,但是并未探讨价值是否可以进行教授的问题。Lampe(1994)指出会计学学生的DIT评分,对于伦理学难题的推理、决策和对于伦理学行为的态度是较强地“以具有道德准则含义的规则作为导向的”(p. 231),但是并未解释影响学生价值的环境因素(例如大学A的教师规则导向)。

会计实务也许包括重新评估会计学预期的必要性。为了克服所谓的信任和公众信心危机,“本职业正在努力改正和提高单个会计从业人员的伦理行为”(Ponemon, 1992, p. 239)。这种“努力”包括鼓励在专业教育中增加伦理学课程,这是相信会计人员通过教育能够更加符合伦理。在会计学课程中增加伦理学也许基本是无效的,或者最好也不过是短期存在的。

在Arlow和Ulrich(1988)的调查中,商学院的研究生(包括会计学)在影响伦理行为的六个因素中把学校和大学的培训列在最后一位。更加重要的是家庭教育、监管者的行为、本行业的实务、同类人士的行为和宗教方面的教育。这些因素对于会计公司来说发挥着更大的作用,在提高会计从业人员的伦理方面,教育机构的作用相对要小一些。

在Arlow和Ulrich的调查中,比学校和大学培训更重要的、影响伦理行为的五个因素中的三个是与公司伦理文化联系在一起的(即监管者的行为、本行业的实务、同类人士的行为)。迄今为止,在会计学研究中,这些因素显而易见的重要性一直未受重视,这也许是由在这个敏感领域内进行行为研究的困难性所导致的。未来的研究应该调查公司伦理文化的作用并且也要调查对于所作出的伦理决策和实务中的行为具有影响的其他环境变量的作用。

尽管对于学校和大学的伦理学培训的排位较低,在Arlow和Ulrich(1988)的调查中的受测试者仍然把商学院的伦理学课程作为提高商业伦理(business ethics)的一种方式。作者对于这个矛盾现象的解释同样可以用于学术界和实务界对于伦理学教育持续不断的兴趣:提高商业伦理的复杂性是显而易见的;伦理教育也许是影响伦理行为效果最小的方式,而与该领域中其他的因素比,它是最容易控制和管理的。

注 释

① Lampe(1994)研究了四年内在课堂教学中添加伦理学所产生的影响，但是他没有对学生进行分组比较，也就是说，他始终只研究一个小组。

② 所使用案例的授权来自于出版者。

③ 除了 Mintz(1992)的研究之外，还有许多优秀的文章，包括 Albrecht (1992)、Armstrong(1993)和 Windal(1991)的研究。

④ 计算方法是：

$$1-(1-0.0125)^4=0.0491，或者 1-(1-0.025)^4=0.0963$$

⑤ 通过对于所采用的这些数据的变化情况进行分析，Bonferroni 对于 t 检验显著性水平调整的恰当性也是在变化的。ANOVA 模型在 $p=0.07$时是显著的，这与 t 检验 p 值为 0.018 是一致的(注意 $0.018\times4=0.072$)。Tukey 的 pairwise 比较测试控制了实验范围内的误差率，指出了在大学 A 会计学学生和大学 B 会计学学生在 90%置信水平上的置信区间。

⑥ Rest(1975)对于图形分析使用“原始加权排序”(raw weighted ranks)。应用当前的研究数据的排序分析并未表现出与图 5.1 中的平均阶段评分的显著差异。

⑦ Rest(1986)报告了总体上的测试—再测试的可靠性为0.70 s或者0.80 s。对于本研究来说，假设 0.75 的可靠性。根据 Rest(1975)的研究，使用了公式 $s\cdot\sqrt{(1-r^2)}$，这里，$r=0.75$，s 是事前测试阶段评分的标准差。

参考文献

Ahadiat, N., and J.J. Mackie. 1993. Ethics education in accounting: An investigation of the importance of ethics as a factor in the recruiting decisions of public accounting firms. *Journal of Accounting Education* 11(Fall): 243-257.

Albrecht, W.S. 1992. *Ethical Issues in the Practice of Accounting.* Cincinnati, OH: Southwestern Publishing (available from the AICPA).

American Accounting Association. 1992. *Ethics in the Accounting Curriculum: Cases & Readings* (William W. May, ed.) Sarasota, FL: AAA.

American Assembly of Collegiate Schools of Business (AACSB). 1993. *Achieving Quality and Continuous Improvement Through Self-Evaluation and Peer Review: Standards for Business and Accounting Accreditation.* St. Louis: AACSB.

American Institute of Certified Public Accountants (AICPA). 1988. *Education Requirements for Entry into the Accounting Profession: A Statement of AICPA Policies,* 2nd ed. (revised). New York: AICPA.

American Institute of Certified Public Accountant (AICPA). 1989. *Perspectives on Education: Capabilities for Success in the Accounting Profession.*

Armstrong, M.B. 1993. *Ethics and Professionalism for CPAs.* Cincinnati, OH: South-Western.

Arlow, P., and T.A. Ulrich. 1985. Business ethics and business school graduates: A longitudinal study. *Akron Business and Economic Review* 16 (Spring): 13-17.

Arlow, P., and T.A. Ulrich. 1988. A longitudinal study of business school graduates' assessments of business ethics. *Journal of Business Ethics* 7(April): 295-302.

Armstrong, M.B. 1993. Ethics and professionalism in accounting education: A sample course. *Journal of Accounting Education* 11(Spring): 77-92.

Armstrong, M.B., and S.M. Mintz. 1989. Ethics education in accounting: Present status and policy implications. *Association of Government Accountants' Journal* (Summer): 70-76.

Beets, S.D. 1993. Using the role-playing technique in accounting ethics education. *Accounting Educators' Journal* 5(Fall): 46-65.

Borkowski, S.C., and Y.J. Ugras. 1992. The ethical attitudes of students as a function of age, sex and experience. *Journal of Business Ethics* 11(December): 961-979.

Burton, J.C., and R.J. Sack. 1989. Editorial: Ethics and professionalism in accounting education. *Accounting Horizons* (December): 114-116.

Carver, M.R., M.L. Hirsch, Jr., and D.E. Strickland. 1993. The responses of accounting administrators to ethically ambiguous situations: The case of fund raising. *Issues in Accounting Education* (Fall): 300-319.

Cohen, J.R., and L.W. Pant. 1989. Accounting educators' perceptions of ethics in the curriculum. *Issues in Accounting Education* 4(Spring): 70-81.

Colby, A., and L. Kohlberg. 1987. *The Measurement of Moral Judgment*. Cambridge, UK: Cambridge University Press.

Committee on the Future Structure, Content and Scope of Accounting Education. 1986. Future accounting education: Preparing for the expanding profession. *Issues in Accounting Education* 1(Spring): 168-195.

Cooke, R., H. Kanter, and S. Martens. 1987-1988. The importance of ethical training in an accounting education. *The Government Accountants Journal* 36(Winter): 64-67.

Davis, J.R., and R.E. Welton. 1991. Professional ethics: Business students' perceptions. *Journal of Business Ethics* 10(June): 451-463.

Douglas, P.C. 1995. An empirical investigation of ethical ideology and the judgment of ethical dilemmas in accounting: A cognitive-contingency model approach. Unpublished Ph.D. dissertation, Virginia Commonwealth University, Richmond, VA.

Engle, T.J., and J.L. Smith. 1992. Accounting faculty involvement with activities of ethical concern. *Accounting Educators' Journal* 4(Spring): 1-21.

Fess, R.C. 1987. Ethics in accounting: Can it be taught? *Outlook* (Summer): 60.

Flory, S.M., T.J. Phillips, Jr., R.E. Reidenbach, and D.P. Robin. 1992. A multidimensional analysis of selected ethical issues in accounting. *The Accounting Review* 67(April): 284-302.

Fulmer, W.E., and B.R. Cargile. 1987. Ethical perceptions of accounting students: Does exposure to a code of professional ethics help? *Issues in Accounting Education* 2(Fall): 207-219.

George, R.J. 1987. Teaching business ethics: Is there a gap between rhetoric and reality? *Journal of Business Ethics* 6(October): 513-518.

Giacomino, D.E. 1992. Ethical perceptions of other business majors: An empirical study. *Accounting Educators' Journal* 4(Fall): 1-26.

Gilligan, C. 1993. *In A Different Voice*. Cambridge, MA: Harvard University Press.

Grimstad, C.R. 1964. Teaching the ethics of accountancy. *Journal of Accountancy* (July): 82-85.

Hiltebeitel, K.M., and S.K. Jones. 1991. Initial evidence on the impact of integrating ethics into accounting education. *Issues in Accounting Education* 6(Fall): 262-275.

Hiltebeitel, K.M., and S.K. Jones. 1992. An assessment of ethics instruction in accounting education. *Journal of Business Ethics* 11(January): 37-46.

Hosmer, L.T. 1988. Adding ethics to the business curriculum. *Business Horizons* 31(July-August): 9-15.

Huss, H.F., and D.M. Patterson. 1993. Ethics in accounting: Values education without indoctrination. *Journal of Business Ethics* 12(March): 235-243.

Jeffrey, C. 1993. Ethical development of accounting students, non-accounting business students, and liberal arts students. *Issues in Accounting Education* 8(Spring): 86-96.

Karnes, A., and J. Sterner. 1989. Ethics education in university accounting programs. *Journal of Education for Business* (April): 307-309.

Kenny, S.Y., and M.M. Eining. 1994. Integrating ethics exercises into intermediate accounting classes: Using an attribution theory framework. In *Proceedings of the Ernst & Young Research on Accounting Ethics Symposium*, 203-219.

Kunitake, W.K., and C.E. White, Jr. 1986. Ethics for independent auditors. *Journal of Accounting, Auditing & Finance* (Summer): 222-231.

Lampe, J.C. 1994. The impact of ethics education in accounting curricula. In *Proceedings of the Ernst & Young Research on Accounting Ethics Symposium*, 220-236.

Langenderfer, H.O., and J.W. Rockness. 1989. Integrating ethics into the accounting curriculum: Issues, problems and solutions. *Issues In Accounting Education* 4(Spring): 58-69.

Lantry, T.L. 1993. A pragmatic approach to teaching ethics. *Accounting: A Newsletter for Educators* 3: 1, 3.

Lehman, C.R. 1988. Accounting ethics: Surviving survival of the fittest. In *Advances in Public Interest Accounting*, Vol. 2, ed. M. Neimark, 71-82. Greenwich, CT: JAI Press.

Lewis, P.V. 1989. Ethical principles for decision makers: A longitudinal study. *Journal of Business Ethics* 8(April): 271-276.

Loeb, S.E. 1988. Teaching students accounting ethics: Some crucial issues. *Issues in Accounting Education* 3(Fall): 316-329.

Loeb, S.E. 1990. Whistleblowing and accounting education. *Issues In Accounting Education* 5(Fall): 281-294.

Loeb, S.E., and J. W. Rockness. 1992. Accounting ethics and education: A response. *Journal of Business Ethics* 11(July): 485-490.

McNair, F., and E. Milam. 1993. Ethics in accounting education: What is really being done. *Journal of Business Ethics* 12(October): 797-809.

Mintz, S.M. 1990. Ethics in the management accounting curriculum. *Management Accounting* (June): 51-54.

Mintz, S.M. 1992. *Cases in Accounting Ethics and Professionalism*, 2nd edition. New York: McGraw-Hill.

Murray, T.J. 1987. Can business schools teach ethics? *Business Monthly* (April): 24-26.

National Commission on Fraudulent Financial Reporting (The Treadway Commission). 1987. *Report of the National Commission on Fraudulent Reporting*. Washington, DC: National Commission on Fraudulent Financial Reporting.

Pamental, G.L. 1989. Ethics in introductory accounting. *Journal of Education for Business* (January): 179-182.

Ponemon, L. 1993. Can ethics be taught in accounting? *Journal of Accounting Education* 11(Fall): 185-209.

Ponemon, L., and A. Glazer. 1990. Accounting education and ethical development: The influence of liberal learning on students and alumni in accounting practice. *Issues in Accounting Education* 5(Fall): 195-208.

Rest, J.R. 1975. Longitudinal study of the Defining Issues Test of Moral Judgment: A strategy for analyzing developmental change. *Developmental Psychology* 11: 738-748.

Rest, J.R. 1979a. *Development in Judging Moral Issues*. Minneapolis, MN: University of Minnesota Press.

Rest, J.R. 1979b. *Manual for the Defining Issues Test*. Minneapolis, MN: University of Minnesota Press.

Rest, J.R. 1986. *Moral Development: Advances in Research and Theory*. New York: Praeger.

Scribner, E., and M.P. Dillaway. 1989. Strengthening the ethics content of accounting courses. *Journal of Accounting Education* 7(Spring): 41-55.

Shaub, M.K. 1994. An analysis of the association of traditional demographic variables with the moral reasoning of auditing students and auditors. *Journal of Accounting Education* 12(Winter): 1-26.

Shaub, M.K., D.W. Finn, and P. Munter. 1993. The effects of auditors' ethical orientation on commitment and ethical sensitivity. *Behavioral Research in Accounting* 5: 145-169.

Smith, L.M. 1993a. Teaching ethics: An update—Part I. *Management Accounting* (March): 18-19.

Smith, L.M. 1993b. Teaching ethics: An update—Part II. *Management Accounting* (April): 18.

St. Pierre, K.E., E.S. Nelson, and A.L. Gabbin. 1990. A study of the ethical development of accounting majors in relation to other business and nonbusiness disciplines. *Accounting Educators' Journal* 2(Summer): 23-34.

Ward, S.P., D.R. Ward, and A.B. Deck. 1993. Certified public accountants: Ethical perception skills and attitudes on ethics education. *Journal of Business Ethics* 12(August): 601-610.

Windal, F.W. 1991. *Ethics and the Accountant: Text and Cases.* Englewood Cliffs, NJ: Prentice-Hall.

6 盈余操纵和在管理层致股东的信中有关 SFAS96 较早应用的披露*

Cynthia Firey Eakin
John P. Wendell

摘　要

当财务会计准则委员会(FASB)允许一个公司选择采用某个新的会计准则的年度时,它就为公司通过选择采用新准则的时机来进行盈余操纵提供了机会。以前的一些研究结果表明管理层更愿意在准则对盈余有较大的影响之前就采用它,但是这些研究所采用的方法论并不能确定盈余操纵就是公司决定较早地采用新准则的一个要素。本章研究检查了总裁致股东的信的内容以确定对于单个公司来说第 96 号财务会计准则的较早应用是否受到了盈余操纵因素的激励。准则应用效

* 感谢 Matthew Graves 在数据收集方面的帮助。

果的披露表明，40个样本公司中的22家公司的披露是误导他人的，另外18家公司的披露则是恰如其分的。

引　言

财务会计准则委员会(FASB)通常允许一家公司选择采用某个新的会计准则的年度。因为这种政策为管理层提供了人为操纵报告盈余的机会，所以其一直以来都受到批评(Langer and Lev, 1993; Gujarathi and Hoskin, 1992)。操纵盈余和管理层提供公允地表达本公司财务状况与运营结果的财务报告的伦理责任显然是不一致的。一些管理者是否真的选择采用新的FASB准则的时间来操纵盈余并且欺骗财务报表使用者呢? 本章提供了一些管理者如此操作的直接证据。

以前的大量研究(Ayris, 1986; Eakin, 1996; Gujarathi and Hoskin, 1992; Langer and Lev, 1993; Sami and Welsh, 1991; Scott, 1991; Trombley, 1989)试图通过确定管理层是否愿意选择新准则应用的时间以对盈余造成有利的影响来回答盈余操纵的问题。这些实证(empirical)研究的结果提供了大量的重要证据，这些证据表明，与对公司盈余具有不利影响的时期相比，管理层更加愿意选择对于盈余具有有利影响的时期来采用新准则。这些结果与管理层故意选择采用新准则的时间以操纵盈余的观点是一致的。

然而，来自于这些研究的证据只是按情况而定的，以这些证据为基础的结论必须被看作是初步的。例如，因为一些立法因素影响了准则采用的时机(例如，在新准则实施中所包含的技术问题)，这种情况就有可能使统计显著性增高，这些立法因素与盈余影响是相关的，但是它们却被排除在统计模型之外。在这种情况下，机会主义的盈余操纵只是时机选择决策的原因之一。因为对于采用新准则所产生的影响进行强制披露可能会防止财务报告使用者被这样的人为操纵所欺骗，并且因此消除了试图进行盈余操纵的动机,所以,解释盈余操纵的无法确定的协变量的存在可能性是这些证据的局限性之一。

这类统计证据的另外一个局限性是它们并不能表明一家公司的行为不符合伦理(它提供了非"确凿证据")。仅仅因为有一部分公司正在故意地进行盈余操纵,同样可以得到一个统计显著性的结果。一家公司因为法律的原因而决定较早地采用准则是完全可能的,而这对于盈余所产生的有利影响仅仅是一种巧合而已。

本章通过在管理层致股东的信中所发现的故意操纵的直接证据提供了有关盈余操纵的按情况而定的证据,从而在以前的研究文献基础上有所继承和发展。我们期望管理层致股东的信和其他的管理层披露的信息通过确认特定的交易、事项以及其他影响公司的环境并解释它们对本公司的财务影响,来提高财务信息的有用性(FASB, 1978, p. 54)。如果为了操纵盈余和欺骗财务报告使用者,管理层选择了采用新的财务报告准则的时机,那么,管理层致股东的信中包括的有关新准则所产生影响的信息是欺骗性的和误导性的(或者是以直接的方式或者是把一些内容忽略)。另一方面,如果管理层并不试图欺骗财务报表使用者,并且选择准则何时应用是由立法因素驱动的,管理层致股东的信将包括坦诚的、有关准则应用所产生影响的讨论。

本章检查了那些积极采用 SFAS 第 96 号准则(SFAS96)的公司的管理层致股东的信,以决定他们是否对于较早采用该准则的影响有误导性陈述。SFAS96 特别适用于盈余操纵的研究,因为其对财务报告的影响是巨大的和多方面的,并且所有采用 SFAS96 的公司都是自愿的。

SFAS96 概览

SFAS96 是在 1987 年 12 月发布的,并且在 1987 财政年度结束时就可以采用该准则,在 1990 财政年度结束时强制执行。

SFAS96 要求在财务报表附注中披露采用新准则对于下列项目的影响:持续经营利润、非经常性项目之前的利润、净利润、采用新准则年度对每股净利润的影响数。准则采用了所得税期内综合分摊的负债法。在负债法下,当递延所得税预期是应缴纳的或者是可减免的时候,递延税的数量可以使用未来期间所适用的税法和税率来计算。

对于绝大多数公司来说,以前年度记录的递延税项贷项,应用 SFAS96 所产生的最大影响是递延税负债的降低,这是由 1986 年的税务改革法案所确定的公司税率的下降所带来的(Eakin, 1996; Gujarathi and Hoskin, 1992; Knutson, 1988)。对于这些公司来说,SFAS96 的应用降低了递延税负债的余额,提高了剩余盈余,并且提高了净利润。采用准则年度的递延税负债余额的降低增加了非经常性项目前的利润(IBE)。与以前年度相关的余额降低导致了提高净利润的累积效果,但是对 IBE 没有影响。一些公司由于 SFAS96 的应用,当年影响和累积影响都使净利润提高。

以前年度记录递延税项借项的公司和以前进行经营合并的公司自从采用 SFAS96 之后,也许会降低留存盈余(Eakin, 1996; Gujarathi and Hoskin, 1992; Martin et al., 1989)。对于这些公司来说,递延税负债的余额提高了,并且留存盈余降低了。此外,一些公司报告了积极的累积影响和对本年度消极的影响,而其他的公司则报告了消极的累积影响和对本年度积极的影响。

对于带有净运营损失(net operating loss,以下简称 NOLs)结转的公司来说,SFAS96 要求 NOLs 作为现有所得税费用的减项来披露。以前的准则要求 NOLs 作为非经常性项目来披露。对于许多公司来说,NOLs 会计处理的变化是采用 SFAS96 对于利润表所产生的惟一影响(Eakin, 1996)。对于这些公司来说,SFAS96 的应用提高了来自于可持续经营中获得的利润,但是对于净利润没有什么影响。

除了由于应用 SFAS96 所产生的不同的财务报表影响之外,公司也允许使用未来适用法(prospectively)或者追溯调整法(retroactively)来调整报表。如果应用未来适用法,在采用新准则当年就做出利润的累积调整。如果采用追溯调整法,以前年度的利润数字,包括那些多年以前的利润都要重新表述。因此,采用新准则对于留存盈余所造成的影响数额并不就是采用新准则对当年净利润所造成的影响数额。例如,如果一家公司报告了一个正的累积影响数和一个负的当年影响数,如果累积影响数大于当年影响数,那么对于留存盈余的总体影响将是正的。如果公司选择采用未来适用法,应用准则当年的净利润影响数也将是正的。然而,如果同一家公司选择了追溯调整法,那么整个的留存盈余影响将没有变化,但是采用新准则当年的净利润影响数将是负的。与此类似,报告了负的累积影响数和正的当年影响数的公司可以使用追溯调整法去报告采用新准则年度的净利润增加。对于不报告当年影响数的公司来说,追溯调整法消除了从采用年度开始的对于净利润的所有影响数额。

由 SFAS96 所提供的盈余操纵机会并没有被审计行业所忽略。但是,审计人员并未阻止把 SFAS96 作为盈余操纵的工具,他们鼓励使用该准则。例如,他们鼓励公司"决定采用新准则的最有利年度和所使用的最有利方法"(Coopers and Lybrand, 1988, p. 19),当报告"好的"报告信息并且忽略"不好的"报告信息时,要考虑这些因素(Price Waterhouse, 1988, p. 120)。

在管理层致股东的信中所披露的内容

致股东的信通常包括本年运营结果的表述以及这些结果与以前年度所获得的那些结果的比较。财务结果的逐年比较是重要的,这是因为这些比较数据经常用于描述过去的结果并且用于预测未来。除非对于会计变更的财务报表影响进行了全面披露,否则这些变更就会扭曲当期结果和以前各期结果的比较(FASB, 1978, p. 68)。不能全面披露这些一次性的财务报告影响将在采用新准则的当年和以后的年度误导报告使用者。

在披露公司采用 SFAS96 新准则的过程中,可以使用多种操纵手段来描述财务结果和以一种误导的方式对那些结果进行逐年比较。例如,那些报告从 SFAS96 新准则的应用中产生了净利润大额增长的公司可以在致股东的信中不提及 SFAS96 所造成的影响。通过不提及 SFAS96 在采用当年所造成的影响,使人产生了以前几个年度净利润的增长来自于真实经济事项的错觉。与此相似,那些采用 SFAS96 导致净利润大额降低的公司会通过在采用该准则年度的下一个年度不披露采用 SFAS96 来误导报告使用者。这使得在采用该准则年度的下一个年度里,净利润的增长看起来是源自真实的经济事项,尽管事实并非如此。

实　验

本研究试图回答的研究问题是单个公司是否通过较早应用 SFAS96 来操纵盈余。为了回答这个问题,要选择本研究中所包括的样本公司。对于每一家被选择的公司来说,要检查相关的致股东的信并且决定这封信是否误导了人们对于 SFAS96 应用影响的理解。如果致股东的信正在误导人们对于 SFAS96 应用影响的理解,那么就可以得出公司通过选择 SFAS96 应用的时机来操纵盈余的结论。如果致股东的信没有误导人们对于 SFAS96 应用影响的理解,那么就可以得出公司在采用 SFAS96 时并没有考虑操纵盈余的结论。

样本选择

通过检索 1989 年的 Compustat 数据库,选择那些自 1987 年开始三年之内进行了所得税会计变更的公司,并认为这些公司较早地采用了 SFAS96。做出所得税会计变更的公司的财务报告要进行检查以确定采用新准则对于净利润所造成的影响。本研究确定了 612 家采用新准则的公司,这些公司涉及 238 个四位数的标准行业分类(SIC: Standard Industrial Classification)代码。在 612 家采用新准则的公司里,386 家报告了留存盈余的增长,99 家报告了留存盈余的下降,126 家公司报告了 SFAS96 应用没有对留存盈余造成重大影响。在 485 家报告了由于 SFAS96 应用对留存盈余造成影响的公司里,372 家报告了净利润的增加,42 家报告了净利润的下降,71 家报告了对于净利润没有影响。采用新准则对于净利润的影响从－291%到 4 000%(4 000%的净利润增加是一家报告 10 000 美元净利润的小型公司,这 10 000 美元的净利润包括了采用 SFAS96 所造成的 400 000 美元的累积影响)。采用新准则对于非经常性项目之前利润(IBE)的影响从－77%到 150%。

为了从应用 SFAS96 的公司中选择一个致股东的信的样本,这些公司被按照应用 SFAS96 对于净利润的影响数百分比进行了排序。使用 Lexis 数据库的公司图书馆中的归档文件检查了 50 家报告了应用 SFAS96 造成了最大的净利润增长的公司的致股东的信,也检查了 20 家报告了应用 SFAS96 造成了最大的净利润降低的公司的致股东的信。在 Lexis 数据库中无法得到在 SFAS96 应用当年和第二年的致股东的信的公司要从样本中去掉。下一步,对公司应用 SFAS96 对于 IBE 的影响数百分比进行排序。15 家报告了最大的 IBE 增长的公司的致股东的信和 15 家报告了最大的 IBE 下降的公司的致股东的信被选择进样本。而且,如果得不到所要求的致股东的信,公司就从样本中被排除。最终的样本包括 40 家公司。应用 SFAS96 对于 IBE 所造成的影响从－77%到 134%(在最终样本中包括 17 家报告对于 IBE 没有影响,但是却有最大的净利润影响的公司)。

方　法

检查 40 个样本公司在应用 SFAS96 的当年和以后年度的致股东的信,以确定关于 SFAS96 的采用是否在致股东的信中有所披露。如果 SFAS96 的应用导致了当年净利润的增加,并且如果该报告未披露采用 SFAS96 的影响,那么采用 SFAS96 年度的致股东的信就被认为是不可接受的(unacceptable)。如果 SFAS96 的应用导致了当年净利润的降低,并且第二年的致股东的信比较了当年净利润和当年之后的第二年的净利润,但是未披露采用 SFAS96 的影响,那么第二年的致股东的信也被认为是不可接受的。这也包括了那些不能披露采用 SFAS96 所造成的影响的那些情况,它们以对公司有利的方式来误导报告使用者。当未能披露的采用 SFAS96 所造成的影响对公司不利时,那么,这种未能披露就被认为是可以接受的披露。例如,应用 SFAS96 所造成的影响是降低了公司的净利润,但是致股东的信并未披露采用年度的影响,这种情况是可以接受的。其原因是,如果股东被误导,他们也会认为管理层比实际经济事项所表露出来的情况要差一些。

不可接受报告的上述标准被用来判断公司是否从盈余操纵获利。例如,如果 SFAS96 采用年度的影响是降低了盈余,并且在报告年度的第二年的致股东的信中没有披露 SFAS96 的影响,除非该信明确地说明应用年度的净利润,否则,这个样本就是不可接受的。这是因为,尽管不能提醒以后年度的财务报告使用者因为 SFAS96 的应用而导致以前年度的利润被人为降低,但是也决不能公然支持故意的盈余操纵。另一方面,没有在 SFAS96 应用年度的致股东的信中披露 SFAS96 应用的影响,但这个影响提高了净利润,即使应用年度净利润未与以前年度净利润作比较,这个样本也是不可接受的。这是由于应用年度的净利润因为 SFAS96 的应用而被人为地扩大了,因此,即使未与以前年度进行对比,也会对股东造成误导。

比如,Valero 能源公司所做出的披露明显是不可接受的,虽然它并不完全满足上述的不可接受标准。整体来看,在 Valero 公司的致股东的信中所做出的披露是完整的。在比较了采用 SFAS96 年度的净利润和以前年度净利润之后,该公司做出了许多有关事项的披露,这些事项影响了采用 SFAS96 年度的净利润和以前年度的净利润。在这些披露中包括应用 SFAS96 所造成的 700 万美元的累积影响,但是忽略了 SFAS96 对于持续经营利润所带来的

2 170万美元的净利润增长的讨论。因此,Valero 公司的致股东的信被认为是不可接受的。

结　果

表 6.1 列举了在本研究中所选择的所有公司。该表说明了每一家公司 SFAS96 数据的披露是可接受的还是不可接受的。如果一家公司的致股东的信是不可接受的,要给出原因。18 家公司被认为是可接受的,22 家公司是不可接受的。从这一点可以看出,40 家公司中的 22 家把盈余操纵作为应用 SFAS96 的动机,而另外 18 家公司则不是这样。

讨　论

本研究有很多限制条件。第一,因为这些公司的管理层错误地理解了 SFAS96 对利润的影响,并且他们认为 SFAS96 代表了真实的经济事项,而不是会计规则变更的一次性调整,所以,那些不可接受的公司没有披露 SFAS96 应用所造成的影响是完全有可能的。如果是这种情况,这些公司将披露其他的非经常性的盈利项目。实际上,6 家不可接受的公司(Bay Meadows Operating Company、Bolt Beranek & Newman、Christiana Companies、Computer Horizons、Downey Savings and Loan Association、Mosinee Paper Corporation)报告了其他的非经常性的盈利项目。在每一个案例中,非经常性的盈利项目的披露都降低了净利润。这使得误导的解释并不适用于这 6 家公司。对于其他的 16 家不可接受的公司来说,很难相信这些公司是由于技术上的先进性去选择较早地采用 SFAS96,并且很难相信这些公司没有理解采用准则年度所产生的影响的一次性本质。

表 6.1　致股东的信中对于 SFAS96 的披露

公　司　名	采用 SFAS96 的年份	采用 SFAS96 对净利润的影响百分比	可接受的报告	报告代码
Alco Standard	1988	19	No	A
Amerada Hess Corporation	1987	20	Yes	
American Television & Communication	1989	−12	Yes	
Baldor Electric	1987	34	No	A
Bay Meadows Operating Company	1989	−14	No	B
Brid	1989	16	No	A
Boeing	1989	31	Yes	
Bolt Beranek & Newman	1989	7	No	A
Christiana Companies	1988	114	No	A
Computer Horizons	1989	104	No	A
Continental Materials	1987	222	Yes	
CTS Corporation	1988	−13	No	B
Devon Energy Corporation	1988	119	Yes	
Downey Savings and Loan Association	1989	107	No	A
Everest & Jennings International Ltd.	1987	227	No	A
ESI Industries	1988	8	Yes	
Grubb & Ellis Company	1987	1 573	No	C
Grumman	1987	104	Yes	
Hecla Mining Company	1988	−10	No	B
Hornbeck Offshore Services	1989	62	Yes	
Joule	1988	4 000	Yes	
Kaneb Services	1989	−16	No	B
Kuhlman Corporation	1988	13	No	C
Lancer Corporation-Texas	1988	1	No	A
Leucadia National Corporation	1988	−11	Yes	
Mosinee Paper Corporation	1989	76	No	A
National Convenience Stores	1988	97	Yes	
Oryx Energy Company	1989	155	No	A
Peerless Tube Company	1988	207	No	C

（续表）

公 司 名	采用 SFAS96 的年份	采用 SFAS96 对净利润的影响百分比	可接受的报告	报告代码
Pogo Producing Company	1987	102	Yes	
Sandy Corporation	1988	110	Yes	
Santa Fe Pacific	1989	1 438	Yes	
Sears Roebuck	1988	25	Yes	
Service Corp International	1988	−155	Yes	
Sprague Technologies	1989	−11	No	B
Sunshine-Jr. Stores	1988	32	Yes	
Union Valley Corporation	1988	176	Yes	
U. S. Home Corporation	1988	48	No	A
Valero Energy Corporation	1987	226	No	
Westmoreland Coal Company	1988	109	No	A

注：A. SFAS 的应用提高了净利润。在采用新准则的年度，致股东的信比较了当年的净利润和以前年度的净利润，但是并没有披露 SFAS96 应用的影响。因为未能披露由于 SFAS96 的应用而导致该年利润增加了，这使得股东产生了利润的增加是来源于真实经济事项的错误印象，所以这是误导性的。

B. SFAS 的应用降低了净利润。在采用新准则的第二年，致股东的信比较了应用准则年度的净利润和第二年的净利润，但是没有披露 SFAS96 应用的影响。因为未能在第二年披露由于 SFAS96 的应用而导致第二年利润的增加数，这使得股东产生了第二年利润的增加是来源于真实经济事项的错误印象，所以这是误导性的。

C. SFAS 的应用提高了净利润。在采用新准则的年度，致股东的信没有披露 SFAS96 的影响。因为未能披露由于 SFAS96 的应用而导致该年利润被增加了，这使得股东产生了利润的增加是来源于真实经济事项的错误印象，所以这是误导性的。因为采用新准则年度的净利润与以前年度的净利润并非直接可比，所以这种情况并非像 A 类情况那样是非常明显的误导，但是这种情况也使股东产生了所有的报告净利润都反映了真实的经济事项这样错误的印象。

第二，因为法律原因作出采用 SFAS96 的决策，致股东的信在盈余操纵中也许仅仅是机会主义企图而已。考虑到本研究中采用 SFAS96 对样本公司所产生的影响数额，以及以前审计人员所提出的 SFAS96 在促进盈余操纵可能性方面的作用大小等等，这个假说是不可能的。何况即使这是一种事后的企图,它仍然是不符合伦理的行为。

第三,从致股东的信中得到的证据只表明了一些公司试图通过操纵盈余来欺骗财务报告使用者,而没有考虑这样做是否成功与否。一些实证研究的证据表明在致股东的信中的误导性披露可以影响财务报告使用者(Kaplan et al. , 1990),但是在本案例中,财务报告使用者是否受到影响的问题要由其他的研究者来回答。从伦理的立场上来看,是否成功无关紧要——因为这些公司在伦理测试中由于试图欺骗财务报告使用者而失败了。

最后,样本选择方法并未设计用来选择那些从总体上代表所有公司的样本。因此,认为本研究提供了55%(22/40)的公司使用了操控性应计项目(discretionary accruals)来操纵盈余的证据是不合适的。因为只选择那些较早应用SFAS96的公司以及那些应用SFAS96之后对公司有较大影响的公司,那么进行盈余操纵公司的样本选择就有偏误。然而,同样可以得出有关所选择的40家公司的结论,并且这些公司在自身特征方面也是重要的。

尽管有这些限制因素,这些结果对于伦理研究也是有益处的,这是因为它们提供了较强的证据,即一些公司确实故意操纵了盈余。因为本研究提供了其他公司并未试图愚弄股东的证据,即使提供给它们这样做的机会,它们也不会这样做,所以本研究也是很有趣的。从这个意义上来说,与那些不这样做的公司相比,我们可以从那些符合伦理行为的公司那里学到许多东西。进一步的研究将能够解释为什么这些公司的行为能够符合伦理要求,而其他的公司不能符合伦理要求。

结　论

以前的研究表明了管理层可能选择新的FASB准则应用的时机来对盈余产生最有利的影响。本研究检查了那些较早采用

SFAS96 的样本公司的致股东的信,发现其中的一些公司受到盈余操纵考虑的促动,而其他一些公司则没有受到促动的强有力的证据。对于伦理研究来说这是一个重要发现,这是因为它解释了不同的公司在面临相同的盈余操纵机会时,将按照不同的方式来做事,这些方式或者是符合伦理的或者是不符合伦理的。通过确定那些符合伦理行为的公司和那些不符合伦理行为的公司,本研究给了研究者检查所确定的公司的机会,以确定是什么原因使一家公司按照伦理标准来行动,而另外一家公司不按照伦理标准来行动。希望本章设计的用来确定一家公司较早地采用一个新的准则是受到盈余操纵促动还是立法因素促动的研究方法,对未来的研究者调查盈余操纵能有所帮助。

参考文献

Ayres, F.L. 1986. Characteristics of firms electing early adoption of SFAS 52. *Journal of Accounting and Economics* (May): 143-158.

Coopers and Lybrand. 1988. *Accounting for Income Taxes: Focusing on FASB Statement 96*. Coopers and Lybrand.

Eakin, C.F. 1996. A comprehensive analysis of the adoption of SFAS 96: Accounting for income taxes. In *Advances in Accounting*, Vol. 14, ed. P.M.J. Reckers, 107-133. Greenwich, CT: JAI Press.

Financial Accounting Standards Board. 1978. *Statement of Financial Accounting Concepts No. 1: Objectives of Financial Reporting by Business Enterprises*. Stamford, CT: FASB.

Financial Accounting Standards Board. 1987. *Statement of Financial Accounting Standards No. 96: Accounting for Income Taxes*. Stamford, CT: FASB.

Gujarathi, M.R., and R.E. Hoskin. 1992. Evidence of earnings management by the early adopters of SFAS 96. *Accounting Horizons* (December): 18-31.

Kaplan, S.E., S. Pourciau, and P.M.J. Reckers. 1990. An examination of the effect of the president's letter and stock advisory service information on financial decisions. *Behavioral Research in Accounting* 2: 63-92.

Knutson, P.H. 1988. FAS 96—Implications for analysts. *Financial Analysts Journal* (November/December): 117-118.

Langer, R., and B. Lev. 1993. The FASB's policy of extended adoption for new standards: An examination of FAS No. 87. *The Accounting Review* (July): 515-533.

Martin, D.R., H.I. Wolk, and D. Beets. 1989. Illustrations and critique. *Ohio CPA Journal* (Autumn): 24-31.

Price Waterhouse. 1988. *The New Accounting for Income Taxes: Implementing FAS 96*. Price Waterhouse.

Sami, H., and M.J. Welsh. 1992. Characteristics of early and late adopters of pension accounting standard SFAS No. 87. *Contemporary Accounting Research* (Fall): 212-236.

Scott, T.W. 1991. Pension disclosures under SFAS No. 87: Theory and evidence. *Contemporary Accounting Research* (Fall): 62-81.

Trombley, M.A. 1989. Firms electing early adoption of SFAS No. 86. *The Accounting Review* (July): 529-538.

7

审计小组中的吹口哨行为[*,**]
——一项对于审计师职业判断的研究

P. Richard Williams
G. William Glezen

摘　要

在审计过程中，一个审计师也许不同意对于某个会计问题或者审计问题的解决方案。职业准则要求审计师在负责审计的时候运用自己的职业判断。如果对于问题的解决方案不满

* 感谢 Judy Weishar, Don Finn 以及参加美国会计学会 1994 年度中部亚特兰大地区会议的那些人和阿肯萨斯大学会计学术报告会对于本论文的早期评论。

** 在西方，人们把揭露问题的人叫做“吹口哨人”(whistleblower)。吹口哨是引起公众注意的一种方式，所以人们把那些发现问题并及时揭露的人叫做“吹口哨人”，因为他们可以让公众注意到不易发现的问题。美国国会还通过了《吹口哨人保护法》，该法在美国的 42 个州内适用，对吹口哨人保护的规定非常细致。比如，该法案规定，政府在雇用一个雇员时要在劳动合同上写明，不能因为这个人揭露了政府内部存在的问题，如腐败、渎职等而被解雇或被变相解雇。——译者注

意,审计师可以起草一份书面的解脱责任,表明自己的意见与所采用的对于这个问题的解决方案没有联系,因此,这就会使该问题受到审计小组之外的其他审计公司成员的关注。我们比较了审计师对于现有审计问题的专业判断能力(situational perception)和他们出具对于现有问题的解决方案有不同意见的说明书的意愿之间的关系。我们也调查了审计师对于下面问题的职业判断:会计师事务所对于书面的解脱责任报告的反应。我们发现审计师更加愿意仅仅表示存在问题,而不是起草书面的解脱责任报告。此外,我们发现了以下内容的一致性:会计师事务所对于书面的解脱责任的问题的反映是积极的,也就是说,这些问题会得到足够的重视和处理。虽然通常会计师事务所将对起草解脱责任报告的审计师做出积极的反应,但是这并不一定意味着发表解脱责任报告的审计师在未来能被指定为高层次客户服务。以前的研究发现表明:会计师事务所希望强化作为质量控制机制的解脱责任过程的重要性。

引　言

会计职业一直在努力加强专业性并且降低本行业涉及法律责任的范围和法律责任对本行业的影响。当这个行业正在追求这些目标时,调查潜在的审计失败的原因也是很重要的。一个潜在的因素是审计小组成员不能向会计师事务所管理层报告对于审计工作或者审计事实的不同的意见。

审计公司采用多种程序,以合理保证不对含有重大误报的财务报告签发无保留意见审计报告。如果这些程序没有效果,那么,就要危及审计职业准则并且可能会导致较大的法律争议或者法律裁决。一般公认审计准则(generally accepted auditing standards,简称 GAAS)认为,审计小组成员应该关注事务所中对在审计中已经达成的结论有重大不同意见的个人。此外,职业准则认为审计小组成员应该有权出具书面的解脱责任报告,并且表示自己与这个结论没有联系(AICPA, 1995)。一些轶闻式的证据表明,这个程序并没有被充分地利用,据推测,这是因为一些存在争议的不同意见很少发生或者因为审计小组成员并没有感觉到有出具书面的解脱责任报告的需要。然而,未充分利用这个程序也许和下面的事实有关:出具书面的解脱责任报告会造成审计小组成员的吹口哨行为(whistle-blowing)这样的既成事实,该成员害怕受到报复。① 从审计人员的角度来看,出具书面的解脱责任报告是这个人职业生涯中的重大事件。然而,这是一个假设在所有审计公司发挥作用的重要的安全审计质量机制。本研究的目的就是为这个程序的潜在有效性提供实验证据。

下面按照职业要求、吹口哨行为、研究问题、数据描述和分析逐步展开。最后的部分描述了与吹口哨的可能性相联系的要素和结论。

职业要求

一般公认审计准则是"对审计活动(审计程序)质量的衡量"(AICPA, 1995, 1978 年生效)。AU 第 311 项(筹划和监督)第 14 段说:

> 当事务所中从事审计的人对于审计问题和会计问题存在观点上的差异时,对于审计和审计附属事项负有最终责任的审计师应该考虑本程序。本程序可以使一个审计助理人员出具与所达成的审计结论不同意见的书面材料,如果在恰当的咨询之后,该助理人员相信有必要表明自己与本事项的结论没有联系,那么他就可以这样做。在这种情况下,有关该问题最终解决方案的基本原则也应该提供书面的材料。

这些措辞与审计准则委员会所采用的现场审计的复核标准实际上是一致的(AICPA, 1995),相似的措辞也出现在质量控制准则报告(AICPA, 1995)中,该报告列举并且讨论了质量控制的要素。质量控制监督要素的目标之一就是"提供解决审计小组成员中存在的职业判断差异的程序”。

一些个体会计师事务所已经开发了对于这一要求的解释，这个解释提供了详细的、解决所有层次的审计小组成员之间所存在的观点差异的指南。未解决差异最终的仲裁者通常是事务所的主席。因此，很显然，审计职业把解决审计小组成员之间存在的不同意见的能力看作符合质量的审计的一个关键要素。

在SEC的《会计与审计执行公告》(Accounting and Auditing Enforcement Releases，简称为AAERs)第81号(SEC, 1985)和第455号(SEC, 1993)中可以看到，那些未按解脱责任要求行事的审计师们的职业生涯将会受到不利的影响。

AAER第81号报告了如下内容：在一个全国性注册会计师事务所中工作的某个经理认为并未获得充分的、恰当的证据去支持财务报告中有关收入的内容。合伙人认为，证据是充分的。SEC发现经理并未采用标准的事务所实务，该实务是以AU第311项为基础的，它提供了一名审计人员以备忘录形式表达自己的不同意见，且该备忘录应当包括在工作底稿中。SEC向经理(也包括合伙人)做出了上述规定，并且表述如下：

> (经理)是否在审计工作底稿中记录不同意见，(合伙人)和(事务所)已经发现有必要考虑(经理的)执业观点并且考虑取得证据支持。(经理)并没有利用(事务所)的处理不同意见的程序，这是因为这一程序很少使用并且(合伙人)在任何情况下，都要做出全部的最终审计决策。此外，(经理)担心为事务所准备不同意见的备忘录将损害自己的未来。

根据AAER第455条，前六大事务所的经理与合伙人就下列事项有不同意见：有关客户最终存货的恰当的会计处理，过去发生的应收账款，未确认的固定资产和应付票据的分类。尽管遭到经理的反对，在合伙人看了审计报告之后，合伙人仍然让经理签署审计意见。SEC强调下面的事实：经理了解会计人员参与审计的事务所程序，该程序可以使某位会计人员通过在审计文件中加入自己不同意审计结论的备忘录来达到与审计结论保持独立的目的。除了对合伙人做出要求，SEC 还对经理做出了如下要求：

> 当一个独立会计师，包括审计经理对特定的会计事项采用 GAAS 推荐的方法而屡次受到挫折时，一种 GAAS 无用的感觉就会产生，但是，他们不能把自己的审计失败归于 GAAS。与此类似，审计失败也不能归于来自于客户或者合伙人的压力。经理在自己有不同结论的审计报告上签字，并且在工作底稿中未记录此事，唯恐引起事务所中其他合伙人对于下列事实的关注：即他与执行审计的合伙人在有关审计证据的充分性和审计结论方面有不同意见。这样，（经理）就未能履行作为独立会计师的职责。

在实务中，这种存在不同意见的情况并未解决，这迫使审计师遵守职业准则并且考虑下面部分讨论的吹口哨行为。

吹口哨行为

在每一个"吹口哨行为"定义中所存在的关键要素是下面的思想：通过使吹口哨者所属的组织之外的一些个人或者机构了解这一事实，使不满公诸于众。这个定义包括下面的不满：因为"对非直接监管者或者除了直接监管者之外的某人不满，一名审计师签署解脱责任报告，通过与所描述的渠道不同的途径（命令层级）使不满公诸于众。在这里，除直接工作组之外，所有的小组都被看作公众"（Near and Miceli, 1985）。在本研究中，直接工作组是审计小组，向审计小组之外的公司成员报告问题、表达与审计结论没有联系的报告被认为是吹口哨行为。②

Near 和 Miceli（1985）在一个包括四个不同决策的详细的模型里③，描述了吹口哨行为的复杂性。下面的讨论将这些决策运用于审计师解脱责任的过程。这个过程的图形总结在图 7.1 中列示。

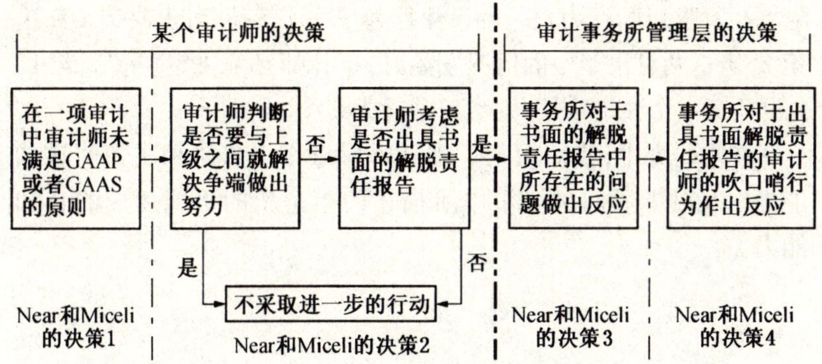

图 7.1　四阶段审计师出具书面的解脱责任报告的模型

- 决策 1。观察者必须决定这种情况是否真的“错了”，然而，错误与否要在一定的环境中才能确定，一个审计小组的成员必须确定，某些方面的不同意见可能会引起财务报告被严重地错误表述，审计独立性受到损害等等。
- 决策 2。观察者必须决定向“外部人士”报告某些活动。在这个审计环境中，审计小组成员已经讨论了他或者她对于直接监管者的考虑，如果问题没有得到令审计小组成员满意的解决，将迫使他或者她出具解脱责任报告。这个问题因此引起了外部人士的关注。
- 决策 3。如果报告了这种活动，组织必须决定以一定的方式对于这种不满作出反应(例如，停止这种行为，改变行动等等)。在审计环境中，如果有人出具了解脱责任报告，会计师事务所的管理层必须考虑对引起不同意见的问题作出反应：改变或者扩大审计程序，建议被审计客户的财务报告做出变更，改变一个预期的审计观点，不再接受审计雇用等等。
- 决策 4。组织必须决定如何对已经发生的吹口哨行为作出反应。这个反应可以是不予理睬、惩罚或者奖励。在审计环境中，会计师事务所的管理层要考虑：解雇、较慢的提升或者较快的提升、减少或者提高薪酬、忽视等等。

注意吹口哨行为是一种条件行为——那就是,对于决策1和决策2,当这两种决策中的情况发生时,审计师必须决定"是"。若1、2中任意一个决定"否",则吹口哨行为终止。

在本研究中,我们探索了审计师愿意作出前两种决策的认知能力以及对于后两种决策中所描述的事务所的可能反应的认知能力。

研究问题

在这个领域中,有大量的问题可以探索。例如,本研究可以把审计情况描述为"对等报告"(peer reporting)(Trevino and Victor, 1992)或者"助人行为(prosocial behavior, Miceli and Near, 1988)"的一个例子。但是,我们选择了一个更加直接的方法,并且限制了研究问题,把那些处理书面的解脱责任的文件的事情看作吹口哨行为。本研究提出了下面的问题:

- 察觉出存在未解决的会计或者审计问题(Near和Miceli的第1个决策)的独立审计师是否愿意出具书面的解脱责任报告(Near和Miceli的第2个决策)。
- 独立审计师预计审计事务所管理层对于书面解脱责任报告的反应(Near和Miceli的第3个决策)是怎样的。
- 独立审计师预计审计事务所管理层对于出具书面解脱责任报告的审计师的反应(Near和Miceli的第4个决策)。

此外,我们还分析了不同的责任级别(合伙人或者经理)、事务所的规模(前六大事务所或者区域性/地方的事务所)以及受访者是否出具了书面解脱责任报告等等。

我们设计了调查工具以获得有用的反馈信息,并且用它来解释已经被分成三部分的这些研究问题。第一部分描述了三个案例并且引出审计师对于吹口哨过程中两个个人决策的看法,这个部分包括:(1)问题的存在;(2)报告问题的意愿。第二部分引出审计师对于吹口哨过程中事务所所要求的两个决策的看法，这个部分包括：(3)对于问题本身的反应；(4)对于与审计小组有不同意见的、出具书面解脱责任报告的审计师的反应。第三个部分要求提供审计事务所的数据以及员工的统计信息，包括受访者是否曾经出具过书面解脱责任报告。

数据描述

利益相关者是所有的审计师，他们与自己所在的事务所有不同的意见，并且未获得解决方案。然而，事实上，这些利益相关者是无法观察到的。因此，我们使用了美国注协的成员数据库，这些人都自称是合伙人、经理，并且对于审计有很大的兴趣。因为合伙人和经理可能在本事务所有多年的实务经验，他们比普通员工有更多的机会处理那些没有解决方案的不同意见。而且，合伙人以及经理们，已经在本事务所中获得了重要地位，潜在的报复对于他们的威胁更小。④因此，如果在本研究中，在合伙人和经理层次上，在要解决的问题和出具书面解除责任报告之间发现差异的话，那么，对于处于更低层次的、相对不安全的会计人员来说，上述差异可能会更大。

匿名调查问卷邮寄给了 869 个随机抽取的受访者。回收了 83 份有效问卷，回收率是 10%。尽管回收率很低，但是考虑到涉及问题的敏感本质，这并不奇怪。例如，Keenan 和 Krueger(1992)对与此相似的问卷得到了 11%的回收率。表 7.1 显示的是一个有关员工统计的信息总结。

表 7.1 调查主题一览

频　数	受访者人数*
职位	
合伙人	46
经理	35

（续表）

频　数	受访者人数*
性别	
男	68
女	15
教育	
学士学位	67
硕士学位	16
婚姻	
已婚	60
未婚	15
子女	
有	60
无	23
参加宗教服务的周数	
每年零周	24
每年中的每一周	18
每年中介于 0—52 周之间	32
事务所的规模	
六大/全国性	21
地区/区域性	61
是否出具过书面的解脱责任报告	
是	7
否	75
平均值	百分数
审计职员的规模	58.5
被审计客户数	72.0

注：* 某些项目受访者人数总和低于 83 是因为忽略了某些带有描述性事项的主题所导致的。

使用卡方检验来检验产生于未应答问卷的误差(nonresponse bias),并且从三个角度比较较早的受访者和较晚的受访者应答问卷的分布,这三个角度是地位、事务所规模、出具解脱责任报告的人和未出具这种报告的人。在0.05的水平上,接受在两个小组之间没有差异的假设。

在任何一种包含敏感特征的调查中,需求效果(与预期答案相一致的回答或者与受访者自己的形象或者职业形象相一致的回答)也许表现出来了。尽管确保受访者是匿名的,这些受访者仍然按照与自己所在的事务所或者AICPA的政策相一致的方式来应答问卷,而不是以实际的情况来应答问卷。⑤而且,在调查中,无法再现因为考虑出具解脱责任报告所带来的压力。因此,来自上述原因的误差使发现问题和出具书面解脱责任报告之间(研究问题1)的差异更加难以发现,因此,这些误差可能有利于没有差异的结果。

分　析

我们写了三个案例,描述了在审计过程中一名审计师将遇到的问题。案例A处理应收账款的估值(不恰当的会计程序),案例B处理审计师的独立性(独立性可能会受到损害)。这两种情况是对事务所被起诉并且败诉的两个法庭案例的详细分析(Hall and Renner, 1988; Causey, 1988)。案例C处理违反联邦法(违法行为)的情况。

对于每一个案例来说,审计师被要求指出他们对于下面两个报告的认可程度,这种程度用Likert五点量表(five-point Likert scale)来表示。

表述1(S1):我相信存在审计合伙人应该处理的问题。

表述2(S2):如果审计合伙人坚持对于这种情况不予理睬,我将按照事务所的政策被迫出具书面解脱责任报告。

审计师的反应在表 7.2 中列示。

表 7.2 在案例中报告的审计师反应的频数分布

表述 1(S1):我相信这里有审计合伙人应该处理的问题

表述 2(S2):如果审计合伙人坚持忽略这种情况,我将根据事务所的政策被迫出具书面的解脱责任报告。

	(1) 强烈认可	(2) 认可	(3) 中性的	(4) 反对	(5) 强烈反对	均值	标准差
案例 A(不恰当的会计程序)							
S1	47	29	1	2	0	1.457	0.653
S2	28	36	9	3	3	1.949	0.986
案例 B(独立性问题)							
S1	21	22	20	14	2	2.407	1.127
S2	15	14	21	24	5	2.873	1.223
案例 C(违法行为)							
S1	49	27	5	0	0	1.458	0.848
S2	32	31	15	3	0	1.864	0.611

卡方拟合优度检验

	卡方	自由度	P 值
案例 A	57.371	2*	$p < 0.001$
案例 B	10.068	2*	$p < 0.01$
案例 C	40.291	2*	$p < 0.001$

注:* 因为预期的对于第 4 类、第 5 类的单位反应频数低于 5,所以,对于第 3、4、5 类的反应就合并在一起了。

对于 S1 的反应频数假设为对于 S2 的预期反应频数。因为对于这两个表述的反应不是独立的,卡方拟合优度检验被用来检验每一个案例。对于每一个案例来说,反应的分布是有显著差异的,并且表 7.2 指出了审计师并不愿意承认他们将出具书面的解脱责任报告,他们更愿意承认有问题存在。对于每一个案例来说,这种在数量上的转变强调了审计师关于两类表述存在"期望差"现象。

使用了在第一种表述和第二种表述之间的 Pearson 相关系数来检验每一个案例。如果受访者愿意同等程度地了解问题并且出具书面解脱责任报告,那么,两类表述之间反应的相关性预期会靠近1.0。这个结果表明当相关性是正的时候，对于每一个案例来说，其相关性低于1.0：

案例 A=0.472 6　　案例 B=0.691 6　　案例 C=0.529 4

表 7.3　审计师认为本事务所对于所出具的书面解脱责任报告作出反应的频数分布

出具的报告

表述 1：如果我写了一份书面解脱责任报告，我的事务所将仔细考虑这份报告。

表述 2：如果我写了一份书面解脱责任报告，我将永远不知道事务所如何处理这份报告。

表述 3：从现状来看(by its very existence)，我所在的事务所的现有政策对于本所的审计质量是有所贡献的。

表述 4：如果我写了一份书面解脱责任报告，我所在的事务所将把它作为我对本事务所审计服务质量看法的证据。

表述 5：如果我写了一份书面解脱责任报告，明年，我的审计工作将被终止。

表述 6：如果我写了一份书面解脱责任报告，我在将来获得较高质量和较高层次的审计客户的概率将会降低。

对于上述这些表述作出反应的频数

表述	(1) 强烈认可	(2) 认可	(3) 中性的	(4) 反对	(5) 强烈反对	均值	二项实验（正态逼近） z 评分	p 值
1	50	24	4	3	1	1.549	5.478	<0.00*
2	3	2	7	34	36	4.195	4.576	<0.00**
3	22	37	13	3	0	1.960	3.182	<0.00*
4	18	40	19	3	2	2.159	1.871	0.031***
5	0	4	7	29	42	4.329	4.801	<0.00*
6	2	4	27	31	17	3.704	−0.250	0.595

注：* 显著性水平为0.001。
　　** 显著性水平为0.05。

表7.3列示了在吹口哨行为过程中，有关审计师对于本事务

所看法的两种表述,以及审计师们对于这些表述所作出反应的分布。为了从实证角度评估审计师对于每一类表述反应的一致性程度,我们使用了非参数的二项检验。当60%或者更多的受访者对于某一表述的应答是“强烈认可/认可”或者“强烈反对/反对”时,就认为存在着“一致性”。对于较大的样本规模,使用二项分布的正态逼进。表述1、2、3和5有小于0.001的p值;表述4有0.031的p值;只有表述6未能产生出显著的一致性,它的p值是0.595。在下面这个问题上,受访者表现出看法上的一致性,即审计事务所的管理层对于那些表示解脱责任报告将做出积极的反应(表7.3中的表述1、2和3)。受访者看起来相信产生解脱责任报告的那些问题将受到仔细考虑(吹口哨决策3)。受访者对于审计事务所管理层是否会对出具解脱责任报告的那些审计师们做出积极的反应没有一致看法(吹口哨决策4)。表述5中提出,一名审计师因为出具解脱责任报告,他在近期内将被终止审计。受访者对于这个问题有很多不同意见,87%的受访者“反对”或者“强烈反对”。对于表述6,即审计师将得到更少的高质量和高层次的客户,测试结果得出了一个更加难以琢磨的结果。超过半数的受访者仍然是“反对”或者“强烈反对”,三分之一的受访者认为“中性”,这表明了受访者在看法上的转变,即他们认为这种结果将不会发生。

根据责任层次、事务所规模和审计师在审计中是否曾经出具过书面解脱责任报告,我们也分析了受访者。根据责任层次的分析结果(因为受访者不符合正态分布,我们使用Kruskal-Wallis检验统计)在表7.4中列示。在合伙人和经理之间,受访者总体来看没有统计差异。在受访者中发现的一个显著性差异是案例C的S2。对于这种不合法的行为,经理们不大可能表示出出具书面解脱责任报告的意愿。另一个明显的差异是S3,它是关于审计师对于审计事务所的看法的。合伙人更加可能相信事务所将把出具书面解脱责任报告看作是“事务所审计服务质量承诺”的证据。在一定程度上,合伙人对于自己的事务所有一种理想的看法并且认为法律诉讼对于合伙人比经理有更加严重的影响，合伙人可能会更加积极地看待常规期做法。

表 7.4　合伙人与经理层次上平均反应的对比

(1＝强烈认可;5＝强烈反对)

对于以下事件的反应	合伙人 $n=46$	经理 $n=35$	Kruskal-Wallis 检验 p 值
案例 A			
S1	1.435	1.485	0.880
S2	1.822	2.125	0.347
案例 B			
S1	2.467	2.235	0.373
S2	2.818	2.848	0.787
案例 C			
S1	1.435	1.486	0.642
S2	1.667	2.147	0.019*
审计事务所对于反应的看法			
表述 1	1.391	1.677	0.412
表述 2	4.378	4.029	0.200
表述 3	1.956	2.400	0.050*
表述 4	4.533	4.114	0.093**
表述 5	3.841	3.571	0.343
表述 6	1.902	2.000	0.638

注：* 在 0.05 的显著性水平上。
** 在 0.10 的显著性水平上。

对于事务所规模的分析列示在表 7.5 中。审计师们被分为“前六大事务所/全国性事务所”和“区域性事务所/本地事务所”两组。对于 12 个表述，只发现了一个表述(关于随机预期的问题)有显著性差异 ($p=0.070$)。从事务所规模角度上分析，显然存在着大量的一致性。

表 7.5　从事务所规模看平均反应的对比

前六大事务所/全国性事务所与地区性的事务所/本地事务所

(1=强烈认可;5=强烈反对)

对于以下事件的反应	前六大事务所/全国性事务所 $n=21$	地区性事务所/本地事务所 $n=35$	Kruskal-Wallis 检验 p 值
案例 A			
S1	1.474	1.459	0.802
S2	2.053	1.898	0.504
案例 B			
S1	2.000	2.533	0.070*
S2	2.600	2.965	0.245
案例 C			
S1	1.381	1.475	0.729
S2	2.048	1.780	0.190
审计事务所对于反应的看法			
表述 1	1.600	1.541	0.930
表述 2	4.190	4.200	0.635
表述 3	2.429	2.083	0.125
表述 4	4.190	4.383	0.306
表述 5	3.476	3.797	0.194
表述 6	2.095	1.907	0.506

注:* 在 0.05 的显著性水平上。

表 7.6　在一次审计中,对于审计师是否出具解脱

责任报告的平均反应所进行的对比

(1=强烈认可;5=强烈反对)

对于下列问题的反应	从未出具 $n=75$	出具过 $n=7$	Kruskal-Wallis 检验 p 值
A 组			
案例 A			
S1	1.480	1.286	0.487
S2	1.958	1.714	0.777
案例 B			
S1	2.425	2.429	0.999

（续表）

对于下列问题的反应	从未出具 $n=75$	出具过 $n=7$	Kruskal-Wallis 检验 p 值
S2	2.873	2.857	0.993
案例 C			
S1	1.467	1.429	0.999
S2	1.863	1.714	0.848
审计事务所对于反应的看法			
表述 1	1.540	1.429	0.961
表述 2	4.162	4.714	0.108
表述 3	2.189	1.714	0.171
表述 4	4.297	4.571	0.517
表述 5	3.657	4.286	0.084*
表述 6	1.940	2.000	0.771
B 组			
职位(1=合伙人;0=经理)	0.562	0.571	0.961
年龄(年)	39.155	43.000	0.254
性别(1=男;0=女)	0.173	0.286	0.465
教育水平(1=学士;0=硕士)	0.840	0.429	0.009**
婚姻(1=已婚;0=未婚)	0.827	0.714	0.465
子女(1=有;0=无)	0.733	0.571	0.365
参加宗教服务(每年的周数)	22.636	31.571	0.376
事务所总体规模(1=区域性/当地的;0=六大/全国性)	0.743	0.714	0.868
审计员工规模(人数)	60.813	41.286	0.567
审计客户合计(客户数)	77.333	21.167	0.066*
其他员工曾经出具过?(1=是;0=否)	0.107	1.000	0.001***

注：* 显著性水平是 0.100。
** 显著性水平是 0.010。
*** 显著性水平是 0.001。

在表 7.6 的分析中，A 组比较了那些出具过对审计结论免责的书面报告的审计师们和那些没有出具过这种报告的审计师们。在 12 个表述中只发现了一个显著性差异（$p=0.084$）。

在表 7.6 中，对于那些出具过书面解脱责任报告的审计师们和那些没有出具过这种报告的审计师们的个人特征所进行的分析，即 B 组，表明了对于教育水平来说，存在着显著性差异（$p=$

0.009)。与那些没有出具过这种报告的审计师们相比,那些出具过解脱责任报告的审计师们更有可能拥有硕士学位。这个结果与其他的吹口哨行为的研究结果相一致。两个潜在的解释是:(1)更多的教育(技术知识)可能会提高审计师对于自己结论正确性的信心;(2)当审计事务所的管理层作出消极的反应时,一个拥有较高学位的审计师也许会感到自己有资格找到另外一份工作。

在两组受访者的宗教服务参与率方面,那些出具过书面解脱责任报告的审计师们比其他人的宗教服务参与率高40%。然而,因为参与宗教活动的分布也包括两个极端(每年参加0周和每年参加52周),对于统计显著性差异来说,这方面的变化是非常巨大的。

在两组之间最大的显著性差异($p = 0.001$)不是个人特征,而是事务所的特征。在问卷中,当问及受访者是否曾经出具过书面解脱责任报告之后,受访者又被问及在自己的事务所中是否有其他人出具过这样的报告。所有出具过这种报告并回答了后一个问题的受访者表示,在他们的事务所中,其他的审计师也曾经出具过这样的报告。

从这些结果来看,可以认为一些事务所比其他事务所在事务所内部更能促进一种相互信任的氛围,这种氛围使审计小组成员对于未解决的问题能够谨慎地进行处理。⑥这个结果是重要的,这是因为对于拥有审计小组成员的审计事务所来说,其利益是愿意强调未解决的问题。在员工培训会议上,事务所也许希望强调存在着出具解脱责任报告的政策并且指出事务所和审计师使用这一政策的益处。在合伙人之下,不同层次的审计师也许受到下面事实的鼓舞:本研究中只有2%的合伙人指出,他们不相信审计事务所会把出具解脱责任报告看作是审计师对于事务所审计服务质量有看法的证据。然而,正如前面所指出的那样,需求效应(demand effects)也许会表现出来。

一些出具过书面解脱责任报告的受访者指出,不同意见的来源包括“房地产销售或有利得的记录——在我们的工作中这种情况最终通过出具解脱责任报告来解决”,“在一个要求额外检查和披露的环境中,审计客户向国外的信托机构发行证券”,以及“收入确认问题”。一个受访者在下面描述了出具解脱责任报告的环境以及受访者所在的事务所中的其他成员的反应,同时也解释了这个政策的积极影响。

SEC的客户(上市公司,译者注)记录了大宗销售。当确定货物还没有装运时,公司管理层出具了一份与客户签署的合约的复印件,该合约表明货物的所有权已经转移。审计经理要求把这份合约作为有效证据。受访者对此有不同意见,把这个问题报告给了会计与审计主任。主任要求执行额外测试。最后,发现这份合约是假的。事务所避免了这场骗局。

最后,一个受访者解释了事务所面临的困境:"我们需要鼓励人们接受一种解决方案,但是我们不能扼杀解脱责任报告,因为这类报告本身就是较好的控制。"

影响吹口哨行为可能性的要素

有关吹口哨行为的会计文献(这类文献的总结,见 Hooks et al., 1994; Ponemon, 1994)已经确定了一些影响吹口哨行为可能性的要素。表 7.7 中的这些要素适用于审计师出具解脱责任报告的决策。

表 7.7　在有关吹口哨行为的会计文献中所确定的要素,这些要素影响了出具书面的解脱责任报告的可能性

要　　素	对于出具解脱责任报告的可能性的影响
存在的报告政策	增加
事务所有效的反应	增加
匿名	增加
在这个过程中不同层次的人的数目	随着不同层次的人数增加,影响下降
违规者的组织层次	随着层次提高,影响下降
参与组织的文化	增加
问题的严重性(或者重要性)	随着严重性增加,影响增加
明了的证据	增加
预期成本(失去工作,更加慢的提升等等)	随着潜在成本增加,影响降低

表中的信息提出那些考虑出具书面解脱责任报告的审计师们有相互矛盾的压力。要求出具解脱责任报告,该政策的存在提高了审计师在必要时出具这种报告的可能性。正如前面所指出的那样,公认审计准则要求使用这一政策,然而,不同的事务所也许对于事务所的审计师们关于这个政策给予了不同程度的强调。事务所采取的有效的并且是非报复性的反应将提高在未来采取这个政策的可能性,如果事务所的审计师们知道了这些反应,我们假设事务所对于很多问题都作出了有效的反应,员工们也许希望在自己的组织内部公开这些出具解脱责任报告的结果。与此类似,作为审计师培训课程的一部分,审计事务所也许希望报告由那些本应该出具解脱责任报告但是实际上又没有出具这种报告所导致的法律问题。

尽管本人愿意,但是在出具书面的解脱责任报告的情况下,让那些出具这种报告的审计师匿名是不切实际的。在对这种报告作出反应的过程中,随着层级或者上下联系增多,出具这种报告的可能性不断下降。一些事务所,特别是那些大的事务所,在对于这种报告作出反应的过程中,有很多的层级,例如,在工作中,有掌管着审计部的合伙人,办公(office)管理合伙人、地区管理合伙人、掌管着审计实务的全国合伙人以及事务所管理合伙人。学术文献建议事务所通过降低处理这种报告过程中的层级数来提高审计师们出具这种报告的可能性,然而,在注册会计师事务所中这是不可能的事情。

随着违规者级别的提高,出具与审计结论没有联系的报告的可能性在下降。因此,在事务所中,做出这种决策的人级别越高(例如,签约合伙人、地区办公合伙人、全国办公合伙人),那么,审计团队中的人出具这种报告的可能性就越小。而且,越多地参与组织文化,出具这种报告的可能性就越大。一个更加具有参与性的组织文化也与较少的不道德行为和较弱的反感有所联系。

随着问题的严重性或者重要性的提高,以及相关证据的模棱两可程度的下降,出具与审计结论没有联系的报告的可能性也有所提高,并且,随着诸如失业、失去权力、更慢的提升等等方面的潜在成本的提高,出具这种报告的可能性在下降。

上述要素是受事务所控制的。如果事务所的管理层在恰当的时候,愿意提高出具与审计结论没有联系的报告的可能性,那么,它应该:(1)强调存在着出具解脱责任报告的政策;(2)在事务所内部,公布事务所对于出具解脱责任报告的政策所作出的有效的反应;(3)降低在这个过程中各个层级之间的联系;(4)鼓励参与性的组织文化;并且(5)最小化与解脱责任报告相关的预期成本。

研究局限和结论

本研究的一个重要的局限就是可能缺乏普遍性,这是因为较低的受访者问卷回收率所导致的,尽管这个比率对于一个敏感性问题的调查来说是合理的。本调查在本质上要求受访者考虑对于审计团队来说审计师作为"告密者"或者"通风报信者"的可能性。与这个角色的负面联系可能导致一些受访者放弃本调查。尽管我们的检验不能发现非应答误差方面的证据,但从真实性角度来说,不能最终确定来自非应答问卷的影响。

本研究中所报告的结果指出,对于那些回答本调查的审计师们来说,与报告审计和会计问题相比,他们更加愿意认同这些问题的存在。这个发现指出,当审计小组成员发生不同意见时,这些不同意见也许并没有被记录下来。这增加了在不恰当的情形下发布标准审计报告的机会。此外,我们发现审计事务所对于出具书面的解脱责任报告作出积极的反应,在这一点上存在着一致性,即审计事务所考虑了这个问题。而审计事务所对于出具这种报告的某个审计师将会作出积极的反应表示了认识上的一致性,却与对这个审计师在未来是否将被安排高质量的客户方面存在着不一致性。在责任层次或者事务所规模方面几乎没有发现差异。在实施出具这种报告的程序中,存在表明一些事务所比其他事务所更加成功的证据。审计事务所管理层在培训会议上应该强调遵守出具解脱责任报告程序的重要性,并且指出这对于事务所和某个审计师来说都是有益处的。

注 释

① 解脱责任指对审计结论持不同意见,而对出具的不同意见的结论免责。

② 在国际化的拥有多个办事处的事务所和本土化的只有单一办事处的事务所之间公开这种解脱责任的报告的程度是不同的。

③ Hooks 等人(1994)开发了吹口哨行为模型,该模型关注内部控制和外部审计对于发现舞弊的作用。Finn and Lampe(1992)报告了一个吹口哨行为模型,该模型用于检验对于审计学学生和实务人员来说,不同的情况是否导出不同的倾向性行为。我们使用 Near and Miceli(1985)的模型作为本研究的基础,这是因为本模型更加具有普遍的应用性。

④ 在审计事务所中,这种立场并不表明合伙人,特别是经理不处在风险之中。两者在各自职业生涯中的巨大投入将会受到损害。

⑤ Marquis 等人(1986)回顾了在敏感性问题(例如,不合法的行为、酗酒、滥用毒品、隐秘的疾病等等)调查中存在的应答偏差和真实性方面的文献,并且发现,平均来说,受访者并没有不去报告或者少报敏感性的隐私信息,而且调查数据是无偏的,但同时又是有噪音的(noisy)。

⑥ 事务所也许面临着下面的困难任务,即,提高对审计小组的决策表示异议的益处,并且同时要强化小组工作和同事共享权力的意识。

参考文献

American Institute of Certified Public Accountants. 1995. *Professional Standards*. New York: AICPA.

Causey, D.K., Jr. 1988. The CPA's guide to whistle blowing. *The CPA Journal* (August): 27-37.

Finn, D.W., and J.C. Lampe. 1992. A study of whistleblowing among auditors. *Professional Ethics: A Multidisciplinary Journal* 1(2): 137-168.

Hall, D.H., and A.J. Renner. 1988. Lessons that auditors ignore at their own risk. *Journal of Accountancy* (July): 50-58.

Hooks, K.L., S.E. Kaplan, and J.J. Schultz. 1994. Enhancing communication to assist in fraud prevention and detection. *Auditing: A Journal of Practice & Theory* (Fall): 86-117.

Keenan, J.P., and C.A. Krueger. 1992. Whistleblowing and the professional. *Management Accounting* (August): 21-24.

Marquis, K.H., M.S. Marquis, and J.M. Polich. 1986. Response bias and reliability in sensitive topic surveys. *Journal of the American Statistical Association* 81(June): 381-389.

Miceli, M.P., and J.P. Near. 1988. Individual and situational correlates of whistle-blowing. *Personnel Psychology* 41(2): 267-282.

Near, J.P., and M.P. Miceli. 1985. Organizational dissidence: The case of whistle-blowing. *Journal of Business Ethics* 4: 1-16.

Ponemon, L.A. 1994. Whistle-blowing as an internal control mechanism: Individual and organizational considerations. *Auditing: A Journal of Practice & Theory* (Fall): 118-130.

Securities and Exchange Commission. 1985. *Accounting and Auditing Enforcement Release No. 81*. Securities Exchange Act Release No. 22686. Washington, DC: SEC.

Securities and Exchange Commission. 1993. *Accounting and Auditing Enforcement Release No. 455*. Securities Exchange Act Release No. 32505. Washington, DC: SEC.

Trevino, L.K., and B. Victor. 1992. Peer reporting of unethical behavior: A social context perspective. *Academy of Management Journal* 35(1): 38-64.

8

影响美国和爱尔兰小型事务所会计实务人员伦理推理能力的因素

Nancy Thorley Hill
Kevin T. Stevens
Peter Clarke

摘　要

许多研究使用界定问题测试(DIT)去检验会计学学生和前六大会计师事务所的会计师们的道德推理能力(moral reasoning ability,以下简称MRA)以及影响MRA的因素。许多已有的研究检验了国别、性别等变量对于MRA的影响,但报告了相互矛盾的结果。例如,一些研究表明在美国工作的前六大会计师事务所的会计师们的MRA比在加拿大工作的前六大会计师事务所的会计师们的MRA低,并且女性会计师比男性会计师具有更高的MRA。本研究以已有的研究为基础,对美国和爱尔兰两国独立的、小型的事务所中的会计实务人员的 MRA 进行了比较。本研究认为五个因素对于 MRA 有影响：国别、年龄、性别、社会信仰（即自由主义、保守主义）和伦理决策的频率。研究结果表明，在其他条件相同的情况下，美国和爱尔兰的小型事务所的实务人员具有相近的 MRA 水平，并且就总体来看，小型事务所的实务人员与美国前六大会计师事务所的实务人员有相同水平的 MRA。正如已有的会计研究所指出的那样，无论是哪一个国家，女性会计师都比男性会计师具有相对更高的道德推理水平。我们也发现，一个人所做出的伦理决策越多，他就越能作出此类决策。另外，与已有的研究结果相印证的结论是：那些持有自由主义观点的会计师比持有保守主义观点的会计师具有更高的 MRA 水平。而与已有使用 DIT 进行的研究恰恰相反，本研究的结果表明年龄与美国和爱尔兰的会计实务人员的 MRA 水平呈负相关性。

引　言

在过去的 20 年里，公众对于伦理问题更加关注。公众对商业伦理（business ethics）的意识已经提高，在某种程度上，这是由于媒体对于绝大多数商业领袖，特别是会计人员的不当行为进行了披露。虽然只有少数会计人员卷入到商业不当行为中，但大量的会计人员在每天的实务中面临着伦理难题。考虑到公共会计师鉴证职能的重要性以及公共会计师职业的全球性质，所有国家的会计师都具有较高的伦理推理能力水平是非常重要的。然而，已有的对美国会计师的 MRA 研究表明，美国的会计师比本国的其他专业人士有更低的 MRA 水平。基于此研究结果，一些人认为，与其他行业相比，会计行业也许吸引了具有较低 MRA 水平的个人，或者是在会计师的教育中对伦理问题没有给予足够的重视（至少在美国是这样）。另一方面，也可能是从事审计实务的会计师所面临的压力降低了他们作出伦理决策的能力。

绝大多数已有的对美国会计师的MRA的研究集中于前六大会计师事务所的注册会计师(CPA)。这些会计师的工作环境是高度结构化的并且包括了大量的机构支持。除了为弥补已有的研究所遗漏的内容,本研究还为了下面的两个原因检验了小型事务所的CPA。

在世界范围内,小型事务所的实务人员为个人和小型的商业活动提供了大量的服务。实际上,与前六大事务所相比,有更多的CPA在个人的或者小型的事务所内工作。此外,通常来说,在前六大会计师事务所内工作的会计师专攻某个领域(例如,纳税),而小型会计师事务所的实务人员也许为客户提供了多种的会计服务,这些服务涉及会计、审计、纳税服务、财务筹划与财务咨询。小型事务所实务人员所面临的伦理困境与他们所提供的服务一样,是多种多样的。然而,与前六大事务所的CPA不同,通常来说,小型事务所的实务人员并不具有诸如同行互查(peer reviews)、与同事的讨论或者内部研讨会(in-house seminar)等资源来支持自己作出伦理决策。考虑到CPA在商业和社会活动中所发挥的重要作用以及公众对于具有高伦理水平的会计师的渴求,对于小型事务所实务人员的道德推理能力进行检验是必需的。

而且,来自于小型事务所实务人员的MRA证据也许会进一步地描述已有研究中所提出的前六大会计师事务所的会计师们具有较低的道德推理的原因。一些推测认为会计教育课程、会计实务和/或进入会计领域的自我选择等原因也许可以解释美国会计师相对来说较低的MRA。然而,如果小型事务所的实务人员比美国前六大事务所的会计师们有更高的MRA,那么,为了解释产生这一差异的原因,接下来的研究就要集中于前六大事务所会计师和小型事务所会计师的实务和社会活动的比较。

此外,我们在分析中纳入了爱尔兰小型事务所。尽管在已有的研究中,加拿大的注册会计师的评分高于美国的会计师,当从国际视角把“会计师们”看作一个职业团体时,我们并不清楚美国的会计师们是不是偶尔有较低的MRA或者是否是加拿大的会计师们经常有较高的MRA。当对会计师们的技术培训变得越来越相似并且公众把会计师和会计建议看作全球范围内通用的时候，对于会计领域来说作国际性的比较就是至关重要的了。[①]本研究有若干目标。首先，使用DIT作为MRA的心理测量手段，我们计算了美国小型事务所的CPA的MRA，并且将之与已有研究中所报告的前六大事务所的CPA的MRA进行了比较。其次，我们把美国和爱尔兰的小型事务所的实务人员的MRA纳入分析。据我们所了解，这是第一个计算并且比较两个国家的小型事务所的实务人员之间的MRA的研究。再次，我们检查了两个变量(年龄和性别)对MRA的影响，对于这两个变量，已有的会计研究报告了与其他的DIT研究相互矛盾的结果。例如，绝大多数DIT研究报告了MRA随着年龄的增加而增加，但是一些会计DIT研究报告了令人疑惑不解的结果，即，在美国前六大事务所中拥有更多经验的(因此，年龄也更大)CPA比那些具有较少经验的同事具有更低的MRA。因此，我们考察了年龄对于小型事务所的实务人员的影响。

最后，我们考察了另外两个变量对于MRA的影响。在会计之外使用DIT的研究表明具有更多自由观点的个人比那些具有更多保守观点的个人有更高的MRA。据我们所知，没有一个已经发表的研究检验了这个变量对于会计人员的MRA的影响；因此，我们把社会信仰纳入到研究中来，以扩展会计研究。并且，我们引入了MRA研究的另一个新变量。我们试图确定在一个人作出道德决策的频率和他作出那些决策的能力之间是否存在关系。简言之，我们考虑是否存在“熟能生巧”的情况，也就是考察是否一个人识别出伦理问题并且作出伦理决策的频率越高，这个人在做这方面选择时就更加出色。

接下来，第二部分讨论了在道德推理理论和DIT发展过程中已有的研究成果。第三部分回顾了已有的使用DIT的研究成果和单个变量对于MRA的影响。第四部分报告了研究的方法论和研究假设，最后的部分提出了研究结果、讨论和结论。

道德推理能力的计量

道德发展理论的研究多年以来主要是以 Lawrence Kohlberg (1969, 1976, 1984)的研究为中心的。他认为个人通过三个道德发展层次不断进步,在每个层次上有两个阶段。在道德推理的第一个层次——前常规层次(preconventional level),个人持以自我为中心的观点。伦理行为从个人意愿发展到遵守命令,以避免受到惩罚。在第一个层次里,当认识到其他人也许会有一个不同的观点时,个人也许会发展到一个完全以他/她自己的最佳利益来行动的状况。道德推理的常规层次(conventional level),也就是第二个层次,个人期望被他人认为是一个好人。处在这一层次中的个人关心其他人并且愿意按照他所在的组织的利益而从事活动。最后,处在道德发展的第三个层次——后常规层次(postconventional level)的个人追求按照社会认为是好的标准来行动。此外,他们也相信存在超越社会利益的个体基本价值和权利。

Kohlberg 和 Kramer(1969)坚信,个体按这些阶段来发展是不可避免的;也就是说,即使道德发展也许会在任何一个阶段停滞,但是没有一个人可以跳过某一个阶段或者"退回到"已经过的发展阶段。而且,他们宣称这些阶段对于所有个体和文化具有同一性。他们的这个观点至少部分受到了许多研究的支持。[②] 在 Kohlberg 之后,James Rest(1979)开发了 DIT。会计和其他学科的研究者已经在美国和国外使用了 DIT 从整体上来评估学生、专业人士和成年人的 MRA。[③] 总之,DIT 提供了许多道德困境的情景,要求研究对象考虑并对困境中的问题的重要性进行排序。例如,一个情景描述了一个较穷的人是否愿意为他将要死去的配偶去偷窃药品。12 个可能的考虑被列举出来,要求研究对象对它们的重要性进行排序,以解决道德困境。原则评分(principled score,简称 P 分)是从这些排序中计算出来的。[④] 把对他人的关心或者反映了基本的基础及自我决定价值的考虑作为最重要排序,表示个体具有较高水平的道德推理能力,将得到较高的P分。与此相反,当一个人把较低水平的考虑(关注狭隘的自我利益和避免受到惩罚)作为最重要的排序,则个体必然对较高水平的考虑关注很少,将得到较低的P分。

已有的研究

已有的研究表明了在美国的会计职业倾向于以规则为导向,并且会计师们通常把自己的工作看作是为某些问题提供确定性的答案(Gaa, 1992; Ponemon, 1992)。然而,专业会计师的工作也要求他们具有解决非结构化的情况中所存在的多种多样的没有确定答案的问题的能力(Arthur Andersen & Co. et al., 1989)。作为专业人士,与具备并实践专业技术一样,会计人员也有责任具备并实践道德推理能力(Gaa, 1992; Ponemon, 1993)。Arnold和Ponemon(1991)同意并提出道德推理能力在披露敏感信息的专业判断中也许是一个重要的因素。

尽管正确的伦理推理和实务的重要性已经得到了很好的阐述,已有的使用DIT的P分作为MRA指标的研究表明,在给定年龄、教育和经验的情况下,一般来说美国的会计师们具备比预期更低的MRA(Armstrong, 1987; Ponemon, 1988, 1992; Ponemon and Gabhart, 1993)。然而,这个结果并不适用于加拿大的会计师们,在加拿大,特许会计师(charted accountant,简称CA)和注册管理会计师(certified management accountant,简称CMA)的P分均高于他们的美国同行(Ponemon and Gabhart, 1993; Etherington and Schulting, 1995; Etherington and Hill, 1998)。

这个研究检验了在美国和爱尔兰的小型事务所的会计师们的MRA并且调查了五个变量对MRA的影响:(1)国别;(2)年龄;(3)性别;(4)社会信仰,即自由主义/保守主义;(5)伦理决策的频率。下面讨论这些变量。

国家/文化与 MRA

Hofstede(1980)认为不同的社会对于各种各样的社会行为给予了不同的重视,这其中也包括伦理决策。Hofstede(1991)进一步指出一些文化(例如日本)通过严格遵守规则和管制(遵守法律条款)来避免不确定性和矛盾。与此相比,来自于对模棱两可和不同意见更加宽容的文化(例如美国)的个人,更有可能宽恕某一行为,即使这一行为违背了法律条款,但只要这一行为反映了法律的精神(即实质重于形式)即可。Cohen 等(1993)讨论了文化形式对于公司所特有的伦理价值和规则的影响,并且指出需要更深一步的实证研究来检验跨文化的伦理问题的影响。

会计的国际化使得对不同国家的会计人员的 MRA 作比较研究显得日益重要。当商业活动和会计师事务所在不同国家之间扩展,机构内部的会计人员和审计师更加有可能来自于不同的国家。因此,对于爱尔兰和美国会计师们的 MRA 的比较必须考虑到诸如专业证书和培训等因素的相同点和不同点。例如,对于一个注册/特许会计师的要求在不同的国家有所不同,这将影响技术和 MRA。值得一提的是,来自于不同国家的会计信息的提供者和使用者都对于获得会计师资格感兴趣。专业考试和注册(例如,CPA 或者 CA)提供了技术知识和会计师能力的保证。确实,会计信息的提供者和使用者也对来自不同国家的会计师是否对于伦理行为的组成要素有一致的理念有强烈的兴趣。然而,培训和伦理条款的差异也许会导致伦理行为的不同定义。例如,美国审计师比英国和德国的审计师拥有更高水平的独立性(Frost and Ramin, 1996)。DIT 提供了一个不同国家 MRA 的标准化计量,至少在西方国家中是这样的。⑤

在许多国家所进行的研究都用到了 DIT。Rest(1986)使用 DIT 进行了 20 个跨文化的研究,研究表明,当检验不同变量对于 MRA 的影响(例如,MRA 通常随着年龄的增加而增加)时,西方的不同文化产生了相似的结果。然而,在美国之外,几乎很少有研究集中于会计师和 MRA。Ponemon and Gabhart(1993)比较了来自于加拿大和美国的注册会计师事务所的会计师们。令人奇怪的是,对于美国的 CPA 和加拿大 CA 的分析表明,加拿大的 CA 的平均 P 分(44.2)与美国的 CPA 的平均 P 分(40.0)相比,有显著性差异,前者比后者要高一些。而且,加拿大的注册会计师的 DIT 的 P 分与大学生的 P 分相近,而美国 CPA 的 P 分则显著低于大学生。[6] Etherington 和 Schulting(1995)检验了加拿大的 CMA,也发现其 P 分(平均值=43.5)与大学生的 P 分没有显著性差异。与此相比,对于美国 CPA 的近期调查(Etherington and Hill, 1998)表明美国会计师具有比预期水平更低的 MRA(P 分为 39.3)。

年龄和 MRA

Rest(1986)报告了年龄是 MRA 的一个重要的解释变量:随着个人的年龄增加,他们的道德推理能力总体上在提高。并且,Rest 报告,在六个跨文化的研究中,有五个研究表明年龄对于 MRA 有积极的影响。然而,在美国前六大会计师事务所的具有更多经验的会计师们(例如合伙人)(他们的年龄也更大一些)比更缺乏经验的会计人员(年龄也更小一些)(Ponemon, 1988, 1992; Ponemon and Gabhart, 1990, Shaub, 1994)具有更低的 MRA。对加拿大前六大会计师事务所的 CA 和加拿大 CMA 的研究表明,具有较高水平的管理层并不比他们的下属具有较低的 MRA(Ponemon and Gabhart, 1993; Etherington and Schulting, 1995)。

性别和 MRA

许多研究者已经对于伦理行为和性别的 Kohlberg 理论的有效

性提供了实证支持(Nunner-Winkler, 1984; Lifton, 1985)。然而,一些研究者(Betz et al., 1989; Harris, 1990; Cohn, 1991; Whipple and Swords, 1992)发现妇女社会化促进了和谐行为的理念的实证支持,因此评价妇女行为的伦理评估与男性有所不同。Gilligan(1982)提出性别差异影响伦理表现,但是因为Kohlberg理论把正义作为伦理学的中心原则,所以Kohlberg理论会产生有利于男性的误差。她声称这个理论是有缺陷的,这是因为妇女比男性更加强调其他的诸如爱心和责任这样的价值,这使得DIT结果产生不利于女性的误差。有趣的是,Thoma和Moon(引自Rest, 1986)报告了DIT本身对于女性来说稍稍有利一些,但是性别差异在影响上是微小的。

在会计之外的研究总体上发现了在性别和MRA之间没有什么重要的关系。例如,Rest(1986)报告,平均来说,性别差异在56个DIT研究中所产生的P分差异低于1%。然而,St. Piere et al.(1990)和Shaub(1994)发现美国女性会计学生的道德推理能力显著高于男性会计学生的道德推理能力。而且,Shaub(1994)发现美国的女性会计人员比男性会计人员有更高的道德推理能力。Etherington和Schulting(1995)报告了对于加拿大会计师们来说相似的结果。

社会信仰和MRA

总体来说,P分与政治、社会、宗教态度、信仰等等因素相关。已有的研究表明,与更加"保守的"个人相比,越是"自由"的个人就有越高的道德推理水平。[7]考虑到会计的国际化,令人关注的问题是这个结果在美国是否和在国外一样真实。一些人已经提出,与其他国家相比,美国的注册会计师职业吸引了更加保守的人(Ponemon and Glazer, 1990)。此外,Ponemon和Gabhart(1993)以及Lampe和Finn(1992)提出会计职业也许吸引了那些具有较强的规则导向的个人。如果规则导向与保守主义是相关的,在一些研究中所报告的美国会计师和会计学学生具有相对低的P分也许可以得到部分解释。

理论决策的频率和 MRA

Rest(1979)提出,针对一种生活经历并且得出从事"X"行为必然导致 MRA 上的"Y"变化的结论是毫无意义的。实际上,MRA 伴随着社会的发展而有所增长。这意味着一系列生活经历(例如,在相同的环境中工作,同处于一个社区等等)发展了 MRA。然而,一些特定的干预因素确实影响了 MRA。特别地,强调伦理困境讨论的道德教育课程确实对于 MRA 有一个确定的、尽管是较为缓和的,但却是积极的影响(Rest, 1986)。

Gaa 和 Ponemon(1993)观察到,不是查阅技术条款而是学习并实践专业的、伦理的判断才能解决伦理矛盾。我们设想,如果所讨论的伦理困境有助于提高 MRA,那么它也有助于提高实际所作出的伦理决策中所用到的社会经验。我们认为,一般社会发展形式之一是与伦理决策的重复行为相联系的。而且,我们认为,工作和会计环境的复杂与持续变化的性质使那些从事小型事务所实务的会计人员面临无数需要解决的伦理困境。因此,与那些不相信自己正面临伦理困境的人相比,也许那些认识到自己确实在作出伦理决策的会计师们通常会有更高一些的 MRA。小型事务所的实务人员相信他或她没有或者几乎没有作出伦理决策有如下两个原因:(1)会计人员也许会正确评估这种情况并且确实很少作出伦理决策。如果是这样,我们提出缺乏伦理决策的机会也许会影响会计人员作出这种决策的能力。缺少经验导致较低的 MRA。或者(2),我们相信更可能是这种情况:当伦理问题在实际生活中发生时,仅仅因为会计人员没有认识到道德含义,而没有正确地察觉遇到的情况以及面临的伦理困境。缺少认识也许会导致较低的 MRA。我们认为,那些不能认识到伦理困境的人不能解决伦理困境。

研究方法论

样本和调查工具

我们设计了带有简短问卷的 DIT 的三种情形(scenario version),分发给遍及整个美国的小型事务所的 CPA 和单独执业的 CPA 中的 1 092 名随机样本,以及遍及整个爱尔兰的小型事务所的 CPA 和单独执业的 CPA 中的 669 名随机样本。[8] 从美国会计师那里我们回收了 175 份问卷(回收率大约为 16%),从爱尔兰会计师那里我们回收了 151 份问卷(回收率大约为 23%)。根据伦理检验和额外调查问题的性质,并且为了确保完全匿名,我们并未对受访对象进行编号或者确定他们的身份。这避免了发出第二封要求受访者参与的信。[9] DIT 评分确定了那些在排名中具有不可接受的、非常高的不一致性的受访者,并且确定了那些把许多"毫无意义的"事情当作重要问题的受访者。为了达到分析的目的,我们排除了那些具有不一致评分和毫无意义评分的问卷,在本分析中剩下 131 份美国受访者和 110 名爱尔兰受访者的问卷。

研究假设

本研究的第一个目的是计量和比较美国小型事务所的 CPA 与前六大会计师事务所的 CPA 之间道德推理水平。正如前面所指出的那样,已有的研究一直关注前六大会计师事务所的 CPA。然而,不管是在哪一个国家,单独执业的会计师和小型事务所的会计师与前六大会计师事务所的 CPA 都是有很大差异的。那些在结构紧密的、等级森严的前六大会计师事务所工作的 CPA 拥有唾手可得的决策支持资源。尤其是在大型会计师事务所工作的会计师在作出伦理决策时,可以向他或她的专业方面的同事咨询、参加机构内部的培训,或者依靠那些专门解决伦理问题的部门的建议。与此相比,小型会计师事务所的实务人员就要独立解决伦理问题或者与自己的一小部分同事合作来解决这些问题,通常来说,他们必须自己解决这些伦理问题。在解决伦理问题时,没有其他人的帮助和指导,小型事务所的实务人员也许具有比前六大会计师事务所较低的 MRA。

另一方面,研究人员提出,那些具有更高的道德推理水平的会计人员要么自我选择离开注册会计师事务所(Ponemon and Gabhart, 1993),要么在大型的注册会计师事务所中不能得到提升(McNair, 1991)。此外,据说那些处在上层的领导喜欢提升和自己相像的人(Chatman, 1991; Maupin and Lehman, 1994; McNair, 1991; Ponemon and Gabhart, 1993)。通常来说,前六大会计师事务所已经采取了对于遵守规则(conformity)来说很重要的留任和提升政策。由于小型事务所的实务人员并未面临着同样的提拔或者留任障碍,所以我们发现这些 CPA(更加独立)比前六大事务所的实务人员有更高的 MRA。研究假设 1a 就检验了这种关系。

研究假设 1a:美国小型事务所的 CPA 的道德推理水平与美国前六大事务所的 CPA 的道德推理水平是有差异的。

我们计算并且比较了美国和爱尔兰小型事务所实务人员的 MRA。Corn 等人(1993)指出,盎格鲁-美国社会是极端个人主义倾向的,这将导致在盎格鲁-美国文化中相似的伦理推理类型。然而,正如前面所指出的那样,会计中已有的研究报告了反常的结果,即美国前六大会计师事务所的会计师比加拿大前六大会计师事务所的会计师具有更低的 MRA。因为爱尔兰是盎格鲁-美国会计传统中的一部分,所以美国和爱尔兰的会计环境中许多方面是相似的(Hanlon, 1994)。然而,我们确实发现了微妙的差异。例如,本研究中的美国和爱尔兰的小型事务所的实务人员都是特许的/注册的。因此,这两个小组已经受到了专业培训并且经历了严格的检验。然而,作为一名 CPA,他必须拥有大学学位,而且在后续专业教育中要获得证书。与此相比,作为一名 CA,大学学位不是先决条件[10],并且后续专业教育只是受到推荐并且是可选择的。为了通过在爱尔兰的最后认可考试(final admitting exam, 简称

FAE)(与 CPA 考试相当),绝大多数竞争者必须有最少三年的从业经历。与此相比,美国的学生在大学毕业时就可以参加 CPA 考试。而且,CPA 考试已经变得更加“客观”,即它主要通过多项选择和配对问题(matching question)来检验受试者。与此相比,爱尔兰的最后认可考试有跨学科的案例研究。最后,CPA 考试考察应试者的伦理知识,尽管这些伦理知识的范围较窄。总之,通过设置关注伦理行动的多项选择题(例如,一种特定的行动是否违背了伦理条款),它考察了伦理学(包括在考试的商业法和职业责任部分中)。然而,FAE 对于伦理学的强调相对要差一些。

在这两个国家里,会计人员服从行为准则,这些准则描述了各种各样的非伦理行为并且包括利益规则方面的矛盾。而且,通过征收罚款和废除特许证,专业组织有能力惩罚非伦理行为。并且,在爱尔兰,已经建立了一个委员会来检验本国财务报告的状况和审计的状况,以查明主要商业丑闻以及商业委员会和公众对于会计职业丧失信心的原因(Financial Reporting Commission, 1992)。最后,两个国家的上市公司都必须有一个独立审计委员会负责监管与公司相关的财务方面的问题。

如果工作场所和鉴证实务倾向于形成确定道德推理能力,人们预期在专业注册和培训中的相似性将会导致美国和爱尔兰的会计师们具有相似的 MRA。然而,在 MRA 之间的差异已经在美国和加拿大的前六大会计师事务所之间有所显露。我们希望确定当样本包括了美国和爱尔兰两国小型会计师事务所的实务人员时,这种现象是否会重复发生。也就是说,除了培训和鉴证之外,也许还有其他的文化和国别之外的变量存在。通过研究假设 1b,我们检验了这一问题。

研究假设 1b:美国小型事务所的 CPA 的道德推理水平与爱尔兰的小型事务所的 CA 的道德推理水平有差异。

本研究的第二个目标是确定多个变量对于 DIT 的 P 分的影响。第一,我们考察了年龄对于道德推理水平的影响,正如前面所提出的那样,许多使用DIT方法的研究报告了年龄更加大一些的个人在其他条件相同的情况下,比那些年龄更小一些的人有更高一些的MRA。然而,在会计的研究中发现,对于美国的注册会计师来说,随着经验增加,MRA在下降。但是,在加拿大就不是这样。因此,美国的会计师看来并未反映出其他专业的相关人士的经验,也许,也未反映出其他国家会计师的经验。通过检验年龄对于美国和爱尔兰小型会计师事务所实务人员的MRA的影响,我们将更好地确定在年龄和MRA之间是否存在反向关系(总体来看),这种反向关系在其他职业或者其他的非美国会计师那里是不存在的。

研究假设2:随着年龄增长,小型事务所的CPA和CA的道德推理水平也会随着增加。

我们考虑的下一个扩展变量是性别。我们检验了男性和女性是否有相似的道德推理能力的水平。正如上面所指出的那样,对于绝大多数人群来说,性别看起来并未影响MRA。然而,一些会计研究工作已经发现了女性会计实务人员和学生比男性会计实务人员和学生有更高一些的MRA。研究假设3建立在会计文献的基础之上并且指出在小型事务所里,这种情况也是真实的,并且性别差异在爱尔兰也是存在的。

研究假设3:在小型会计师事务所里,女性的道德推理水平要高于男性的道德推理水平。

正如前面所讨论的那样,已有的研究发现了在社会信仰和道德推理能力之间的关系,并且总体来说,那些带有“个人主义”观点的个人会比那些带有“保守主义”观点的个人具有更高的MRA。⑪许多人已经讨论过了会计专业吸引了保守主义的个人。如果是这样,这将有助于解释在对一些美国会计人员的研究中所报告的相对较低的(与其他的专业相比)MRA水平。这个研究假设的检验如下:

研究假设4:那些认为自己属于自由主义的CPA和CA的道德推理水平比那些认为自己属于保守主义的CPA和CA的道德推理水平要高一些。

最后,我们考虑伦理决策对于MRA的影响。我们假设一个人作出伦理决策的频率越高,他的MRA就越高。为了评价这一假设,我们问了一些小型事务所的实务人员,他们作出伦理决策的频率如何(从没有决策到经常决策按照5分制进行排序);然后,我们把他们的答案与P分进行了比较。研究假设5表述了我们的观点。

研究假设5:那些报告自己经常解决伦理困境的CPA和CA比那些报告自己不经常解决伦理困境的CPA和CA有更高一些的道德推理水平。

研究结论

表8.1报告了受访者的平均P分。与已有对前六大注册会计师事务所的P分研究相比,我们假定美国的小型会计师事务所的CPA具有不同的P分。我们发现对于研究假设1a,没有统计支持;在前六大事务所的CPA和小型事务所的CPA的MRA之间没有差异。表8.1列示了小型事务所的CPA具有与已有研究中的前六大事务所的CPA相似的P分(36.6对38.8),并且这个评分比所预期的受过大学教育的专业人士的P分要低。令人奇怪的是,爱尔兰小型事务所的CA的平均P分与他们的美国同行相比并没有显著的P分差异(研究假设1b)。爱尔兰小型事务所的实务人员与美国小型事务所的实务人员看起来具有同样低的MRA水平(分别为34.8和36.6)。

表8.1 DIT方法P分的均值(标准差)

	平均P分	(标准差)	样本数
国家			
美国	36.6	(15.3)	131
爱尔兰	34.8	(15.9)	110

（续表）

	平均P分	（标准差）	样本数
已有研究中所报告的内容			
美国前六大事务所的CPA			
Ponemon and Gabhart(1993)	40.0	(10.1)	133
Armstrong(1987)	38.5	(15.1)	119
Ponemon(1992)	38.1	(8.1)	180
平均值	38.8*	(10.6)	432
加拿大前六大事务所的CA[1]	44.2+*	(11.3)	102
美国的CMA[2]	39.3*	(16.5)	468
加拿大的CMA[3]	3.5+*	(15.7)	76

注：1　来自于 Ponemon and Gabhart(1993)。
2　来自于 Etherington and Hill(1998)。
3　来自于 Etherington and Schulting(1995)。
+ 在 $p<0.01$ 水平上与美国的均值(36.6)相比，有显著性差异。
* 在 $p<0.01$ 水平上与爱尔兰的均值(34.8)相比，有显著性差异。

然后，我们考察了在每个国家里，其他变量对道德推理能力的影响。表8.2报告了不同国家的四个独立变量的P分平均值。在已有的一般性人口研究中，发现年龄对于MRA有一个积极的影响，会计研究并未证实这个积极的影响。表8.2列示了美国和爱尔兰小型事务所的实务人员，随着年龄的增长，道德推理水平在下降。对于美国的受访者来说，较年轻一组的P分均值是38.4，而较年长一组的P分均值是31.6。与此相似，爱尔兰受访者报告了较年轻一组的P分均值是37.2，而较年长一组的P分均值是29.2。因此，我们没有发现支持研究假设2的证据。

表8.2　平均P分(标准差)

	美国	爱尔兰
年龄		
年龄23—40岁	38.3(12.9)$n=29$(22%)[1]	37.2(16.8)$n=49$(45%)[2]
年龄41—50岁	39.2(16.1)$n=60$(46%)[1]	34.4(14.5)$n=44$(40%)
年龄51—74岁	31.6(14.6) $n=42$(32%)	29.2(16.1) $n=17$(15%)
	$n=131$(100%)	$n=110$(100%)

（续表）

	美　国	爱尔兰
性别		
男	34.2(14.1)n = 101(77%)[3]	34.5(15.9)n = 107(97%)
女	44.6(16.6) n = 30(23%)	47.8(6.9) n = 3(3%)
	n = 131(100%)	n = 110(100%)
社会信仰		
自由主义的	41.7(19.5)n = 24(18%)	39.7(14.4)n = 35(33%)[4]
中性的	36.4(10.9)n = 27(21%)	36.7(16.4)n = 29(27%)[4]
保守主义的	35.1(15.0) n = 80(61%)	29.2(15.7) n = 43(41%)
	n = 131(100%)	n = 107(100%)
陷入伦理困境的频数		
没有或者极少	34.2(15.5)n = 39(30%)[5]	32.6(14.8)n = 46(42%)[6]
有时候	36.0(15.3)n = 60(46%)	33.3(15.7)n = 51(46%)[6]
频繁或者经常	41.1(14.3) n = 31(24%)	48.8(14.3) n = 13(12%)
	n = 130(100%)	n = 110(100%)

注：1　在 $p < 0.05$ 水平上，23—40 岁年龄段和 41—50 岁年龄段与 51—74 岁年龄段有显著性差异。

2　在 $p = 0.09$ 水平上，23—40 岁年龄段与 51—74 岁年龄段有显著性差异。

3　在 $p < 0.01$ 水平上，男性与女性有显著性差异。

4　在 $p < 0.05$ 水平上，自由的与保守的人之间有显著性差异，保守的人与中性的人有显著性差异。

5　在 $p = 0.06$ 水平上，在没有陷入和经常陷入伦理困境之间有显著性差异。

6　在 $p < 0.01$ 水平上，在没有陷入和经常陷入伦理困境之间有显著性差异，在有时陷入和经常陷入伦理困境之间有显著性差异。

研究假设 3 关注性别对于道德推理能力的影响。当使用 DIT 的绝大多数研究发现并不存在性别影响时，在会计研究中却已经发现了女性在 DIT 上面有更高一些的评分。我们的发现是一致的。正如表 8.2 中所列示的那样，在两个国家中，女性拥有更高一些的 P 分（美国和爱尔兰的女性得分分别为 44.6 和 47.8，而美国和爱尔兰的男性得分分别为 34.2 和 34.5）。然而，惟一的统计显著性差异与美国的受访者有关。爱尔兰的受访者只包括三个女性；但是，我们要指出所有的三个女性的评分都高于样本平均值。⑫我们也发现在计量爱尔兰受访者的社会信仰时所获得的支持。尽管这是一种自我评估式(self-evaluated)的计量，但是那些自认为是自由主义的受访者的评分比那些自认为是保守主义的受访者的评分在统计上显著地高(分别为 39.7 和 29.2)。但是，对于美国受访者来说，并未发现统计显著性，随着分类从自由主义向保守主义转移，P 分均值在不断下降。我们也要指出，有 61%的美国受访者自认为是保守主义的，另外有 18%的受访者自认为是自由主义的。在美国样本中自认为是自由主义的受访者人数较少，可能是这一变量缺乏重要性所导致的。对于爱尔兰受访者来说，我们发现这些人在种类分布上更加一致，样本中有 33%的受访者自认为是自由主义的，而自认为是保守主义的受访者占 41%。

最后，我们报告了 MRA 的结果以及解决伦理困境的频率。我们发现了正如研究假设 5 中所指出的那样，随着一个人陷入伦理困境的次数的增加，MRA 的水平也有所提高。表 8.2 列示了美国受访者平均 P 分从 34.2 增加到 41.1 并且爱尔兰受访者随着自己所面临的伦理困境数目从“没有或者极少”增加到“频繁或者经常”，其平均 P 分从 32.6 增加到 48.8。看起来，随着这些受访者在工作场所中所面临的伦理困境增多，他们学到了很多东西并且提高了自己的道德推理技能。

表 8.3 报告了一个多变量的回归，在回归中，因变量是 P 分，独立变量是年龄、性别、社会信仰和解决伦理困境经历的频繁性。因为以下三个原因，多变量回归分析是有用的。第一，当有其他独立变量存在时，对于每一个独立变量，回归决定了估计的回归系数。第二，多变量系数表明了独立变量的变化对因变量——P 分的增量影响。⑬第三，多回归模型使人可以确定多少变量是可以解释的(通过 R^2 统计)以及整个模型的显著性(通过 F 统计)。

表 8.3 回归分析

变量	美国受访者	爱尔兰受访者
	系数(标准差)	系数(标准差)
年龄		
年龄(41—50 岁)	2.18(3.25)	−2.21(3.02)
年龄(51—74 岁)	−5.92(3.45)*	−7.78(4.07)*
性别		
女	10.27(3.04)***	13.12(8.68)
社会信仰		
自由主义的	5.23(3.35)	10.31(3.21)***
中性的	0.94(3.31)	8.38(3.42)**
在实务中陷入伦理困境		
有时	3.29(3.00)	1.09(2.96)
频繁或经常	7.52(3.52)**	18.19(4.54)***
截距	30.68(3.59)***	28.41(3.17)***
调整 R^2	0.14	0.19

注：* $p < 0.10$；
** $p < 0.05$；
*** $p < 0.01$；
底线或者被省略的变量包括：
年龄组：23—40；
性别：男性；
社会信仰：保守的；
在实务中参与伦理困境：没有或者很少。

多变量分析表明对于美国受访者来说，P 分随着年龄、性别和解决伦理困境的频率不同而有所变化。对于美国模型来说的性别系数(10.27)表明女性的评分比男性高 10 分，平均来说，这表明了性别对于 MRA 有较强的影响。而且，平均来看，美国的年龄最大的一组会计人员比最年轻的一组会计人员的 P 分低 6 分左右(−5.92)，表明了随着年龄增加，MRA 在下降。最后，频繁地或者经常地解决伦理困境的系数是 7.52，这也许指出，在实践中即使经常处于道德环境之中也未必会导致更加高的 MRA。

对于爱尔兰样本来说，自由的社会信仰的系数(10.31)和中性的社会信仰的系数(8.38)以及频繁地或者经常地解决伦理困境的系数(18.19)对于P分有积极的、较强的和统计上显著的影响。年龄对于更加年长一些的爱尔兰会计师们的相关系数(-7.78)与美国样本一样,即是负的并且具有统计上的显著性。解决伦理困境的非常高的相关系数表明了经验和实务可以极大地提高P分。

讨　论

我们的研究假设是美国的小型事务所的CPA与前六大事务所的CPA有不同的P分,这个假设并未获得数据的支持,我们的数据表明对于小型事务所的实务人员来说,随着年龄的增长,MRA是下降的(这与对于美国前六大事务所的会计师们的DIT研究是相一致的)。尽管已有的研究提出,具有更高一些MRA的会计师们要么自我选择离开注册会计师事务所,要么在大型的注册会计师事务所中不能得到提升,但是看起来这一理由并不能解释前六大事务所的会计师们与大学学生相比来说相对较低的P分。小型事务所的实务人员并不具有与前六大事务所相同的升迁障碍,但是他们却有与大学生相比来说较低的MRA。此外,在这些小型事务所中的会计师们的不同的实务和更加独立的本质就其本身来说并未产生更加高的MRA。也许会计教育课程或者以规则为导向的会计实务限制了会计师们的伦理增长或者发展。

对于相似年龄和教育的个人来说,爱尔兰的小型事务所的会计师们的平均P分比已有的DIT结果所预期的较低。我们也发现,对于美国人来说,随着年龄的增长,道德推理水平在下降。这与对其他专业和学科的道德推理水平的研究直接矛盾。而且,原因也许在于会计教育课程是以技术为基础的,例如,盈余管理被认为是技术的而不是伦理事项。这也许是因为进入会计领域的自我选择性和/或会计实务以规则为导向的本质。正如前面所指出的那样,令人不可思议的是,这些结果对于加拿大的会计师们来说就是不符合的，这说明在加拿大的会计实务和/或商业环境并未限制或者阻碍伦理的发展。更加特别的是，Davidson 和 Dalby 对于加拿大注册会计师们的研究表明，平均来说，与其他的人群相比，加拿大的 CA 更加容易违反规则。

已有的会计专业之外的对于性别的研究并未发现在道德推理能力上的任何差异。表明了性别差异的许多会计研究（也包括本研究）对于会计专业人士来说是确实存在的。我们发现，对于性别变量来说，因为下面的原因，较高的 P 分差异结果是有趣的。在男性和女性之间平均 P 分的统计显著性差异并不是因为女性拥有更高一些的平均 P 分[14]，而是因为男性有低于平均 P 分的 P 分。这个发现有重要的意义。因为，总体来说，会计职业有更高比例的男性（正如在已有的研究样本和会计师们的样本中所做的描述性统计所表明的那样），总体来说，会计人员的平均 P 分要低于大学生的平均 P 分。[15]也许当更多的妇女进入到会计领域中时，会计师们的平均 MRA 将有所提高。然而，这并不能改变男性会计师们的道德推理能力低于女性的事实，至少通过 DIT 计量时是这样。进一步的研究将调查，男性会计师们平均来说是否更加是以规则为导向的，并且因此而具有较低的 MRA。

随着商业的全球化和会计实务的扩展，进一步调查保守主义、以规则为导向和 MRA 三者之间的联系对于所有文化来说都是必需的。在会计领域之外的研究中，调查了自由的和保守的社会信仰，很少有人在实证上（empirically）检验这种计量方式是否与 DIT 相关。我们发现对于爱尔兰受访者来说，这个变量也获得了较强的支持。我们也发现对于美国受访者来说对于这个变量可能的支持。那些自认为是保守主义的人在 DIT 上评分更低。总体来说，考虑到具有保守性的那些人比具有自由性的那些人有较低的 MRA。并且绝大多数美国实务人员自认为是保守的，样本的整体 MRA 是负相关的，与前面的那些检验大学生和成年人的研究不同，美国小型事务所的实务人员在社会信仰方面更加趋同，这也许部分解释了我们所发现的美国会计师们具有较低的 MRA 的原因。

最后,我们发现随着受访者所面临的伦理困境的增多,道德推理能力的水平也在上升,特别是对于爱尔兰来说更是如此。因为这些小型事务所的 CPA 和 CA 通常并不接受机构内部培训也没有可以依靠的资深合伙人,他们必须自己解决伦理困境。随着伦理困境数目的增加,看起来实务人员从过去的处理各种各样问题的经验中有所收获,因此可以解释为何这些人具有更高水平的 MRA。

我们也调查了那些声称自己"没有或者很少"陷入伦理困境的小型事务所的会计实务人员所披露的信息。第一,如果这些实务人员并不经常面对伦理困境的陈述是真实的,他们并不能在解决伦理困境的"实务"中受益。当伦理矛盾确实发生时,他们也许不能有效地处理。第二,当小型事务所的会计师们很少卷入到伦理矛盾中去的时候,大约三分之一的美国受访者和 40%的爱尔兰受访者也不大可能会卷入到伦理困境中去。而且,我们认为,那些不能把伦理困境作为伦理问题来处理的人也会错误地把复杂的问题看作是黑白分明的问题并且根据规则予以简单的解决。在任何一种情况下,继续教育项目和专业团体在给小型事务所的 CPA 和 CA 提供伦理决策的支持和培训上扮演着重要的角色。

结　论

本研究依靠 DIT 方法。因此,所报告的结果只是与 DIT 本身一样有效。而且,因为伦理"决策"是虚拟出来的,并且如果一个人在面临真实生活中的伦理困境时,这些伦理"决策"并非是他必须进行的,所以本研究也许存在不足。最后,我们强调了使用 DIT 方法去计量个人的伦理推理能力。它不能并且也没有计量一个人的伦理状况到底如何。然而,应该指出的是使用 DIT 的益处是它提供了 MRA 的一种计量方式,这种方式被大家认为是有效的并且是可靠的,它还允许样本之间的比较。

这里报告的结果指出了美国的前六大事务所和小型事务所的会计师们有比预期水平较低的MRA水平。而且,爱尔兰小型事务所的会计师们也在较低的道德推理水平上工作,这也许反映了美国和爱尔兰两国在培训和注册方面的相似性。

我们也指出了与直觉相反的结果,即随着年龄的增加,MRA在降低。性别与MRA存在较强的相关性,并且女性会计师们比男性同行们具有更加高的MRA水平。对于社会政策的看法也许是有影响的,因为自由主义者比保守主义者具有更加高的MRA。最后,解决伦理困境的经验看起来提高了道德推理能力。

这些结果指出,美国和爱尔兰两国的从事会计职业中的个人并不能以他们应该的方式来解决伦理困境。然而,存在减轻问题的方式。第一,会计职业应该吸引并且保留女性。⑯第二,会计课程和会计雇员需要吸引那些具有自由主义观点的个人。例如,会计学校应该更加强调提供个人职业变更机会的、自由的人文学科学位课程,会计师事务所应该增加招录那些具有更广泛学术背景的个人。最后,实务人员关注的杂志在传递伦理意识方面的信息和提高伦理意识方面发挥了重要的作用。总之,考虑到以上几点,一个人解决伦理困境的次数越多,那么这个人在这方面就越出色,对于专业团体和机构来说,继续强调伦理并且提供伦理决策方面的培训也是恰当的。

注　释

① 例如,原国际会计公司安达信就定期从世界各地把会计师集中到美国的总部进行标准化培训。

② 见Snarey(1985)对于本研究的评论。

③ 见Rest(1990)对于DIT方法的作用机理、如何使用该方法和如何打分的指南。

④ P分可以从0到95。0分表示所有的答案在较低的四个阶段(层次1和层次2)上要考虑的因素;95分表示所有的受访者都处在第五阶段和第六阶段(层次3)。

⑤ 跨国使用DIT方法的一个障碍就是要把DIT从英语正确地翻译为其

他的语言。例如,Moon(选自 Rest, 1986)报告了 DIT 方法使用韩语表述所产生的差异影响了 P 分。Rest(1986)认为,西方国家和非西方国家在 P 分上的差异是否是因为文化差异或者缺乏流利的英语等等原因而不确定。然而,其他的英语国家所使用的 DIT 方法(例如,澳大利亚人采用的 DIT)表明了较高的内在的一致性,表明了 DIT 的可靠性。

⑥ Rest(1979)报告了对于 2 479 名大学生来说 42.3 的平均 P 分。因为这个平均分包括了所有的大学年级,大学毕业生的评分可能会高一些,平均来说,高于 42.3。Rest 也报告了 183 名大学毕业生 53.3 的平均 P 分。

⑦ 见 Rest(1979, pp. 148—161)对于自由主义的/保守主义的态度所做的 DIT 研究的完整的评论。

⑧ Rest(1990)提供了六个道德推理的短文。我们选择了 DIT 的三个短文以便使 DIT 结果在不同国家之间可以比较。例如,一个短文描述了越战,这个短文对于爱尔兰观众比对于美国观众具有更少的相关性。我们也小部分应用了一些短文中的措词以便于使用那些惯用语。例如,我们用"药剂师"代替"药商"。当使用与最初的 DIT 方法有轻微差异的 DIT 方法时,Rest 报告了一致的和可靠的 DIT 结果。Rest(1990)报告了从三个短文中获得的评分与从更长的文章中获得的评分密切相关(96%)。

⑨ 考虑到要在 20 分钟到 40 分钟之间可以完成 DIT 并且对于参与这项调查活动来说只有一个要求,我们对于这样的应答率感到满意。这个应答率被那些调查这类受访者的工作人员认为是较高的。例如,Korn/Ferry(一个非常著名的机构投资调查公司)对于独立董事的调查获得了 16.1%的应答率,这个比率被 Korn/Ferry 公司描述为极好的并且对于被调查者来说,公司把它作为调查富有意义的证据。

⑩ 近年来,注册会计师通常有低于学士的学位,现在,超过 90%的参加最终录取考试的注册会计师们有一个学位。

⑪ 这并不是指自由主义者比保守主义者更加具有道德。

⑫ 在爱尔兰,小型事务所实务人员的样本中只有 3%是女性,处在会计职业(工业、小型事务所和前六大事务所)中的女性占人口的 15%。然而,还要注意女性雇员的增多。例如,在 1988 年,31%的新雇佣毕业生是女性(Barrett and Granleese, 1990)。并且,在爱尔兰,女性会计师的就业途径并不如男性那样有利(Barker and Monks, 1995)。

⑬ 多变量回归的正式假设不包括因果关系。回归因子对于"因果"关系的解释必须以回归之外的理论为基础(Belly, 1993)。

⑭ 在这个样本中,女性的平均P分(美国是44.6,爱尔兰是47.8)与大学生的平均P分没有显著性差异(Rest, 1979)。

⑮ 我们假设一般标准的大学生样本是由等量的女性和男性所组成的。

⑯ 见Pillsbury、Capozzoli和Ciampa(1989)在美国对于会计职业中吸引并且留住女性的措施的讨论。对于爱尔兰方面,见Barker和Monks(1995)对于爱尔兰会计职业中女性发展的讨论。

参考文献

Armstrong, M. 1987. Moral development and accounting education. *Journal of Accounting Education* (Spring): 27-43.

Arnold, D.F., Sr., and L.A. Ponemon. 1991. Internal auditors' perceptions of whistle-blowing and the influence of moral reasoning: An experiment. *Auditing: A Journal of Practice & Theory* 10(2): 1-15.

Barker, P., and K. Monks. 1995. Women in accounting: Career progression. *The Irish Accounting Review* (Spring): 1-27.

Barrett, T.F., and J. Granleese. 1990. A comparative analysis of the social characteristics, Job satisfaction and personality of ACA's in three organisational settings. *Irish Accounting Association Proceedings of the Annual Conference*, 91-107. Dublin: The Irish Accounting and Finance Association.

Berry, W.D. 1993. *Understanding Regression Assumptions*. Newbury Park, CA: Sage.

Betz, M., L. O'Connell, and J.M. Shepard. 1989. Gender difference in proclivity for unethical behavior. *Journal of Business Ethics* 8: 321-324.

Chatman, J.A. 1991. Matching people and organizations: Selection and socialization in public accounting firms. *Administrative Science Quarterly* 36: 459-494.

Cohen, J.R., L.W. Pant, and D.J. Sharp. 1993. Culture-based ethical conflicts confronting multinational accounting firms. *Accounting Horizons* 73(September): 1-13.

Cohn, C. 1991. Chiefs or Indians—Women in accountancy. *Australian Accountant* (December): 20-30.

Davidson, R.A., and J.T. Dalby. 1993. Personality profiles of Canadian public accountants. *International Journal of Selection and Assessment* (April): 107-116.

Etherington, L.D., and N.T. Hill. 1998. Ethical development of CMAs: National and international comparison. In *Research on Accounting Ethics*, Vol. 4, ed. L.A. Ponemon. Greenwich, CT: JAI Press.

Etherington, L.D., and L. Schulting. 1995. Ethical development of management accountants: The case of Canadian CMAs. In *Research on Accounting Ethics*, Vol. 1, ed. L.A. Ponemon, 237-253. Greenwich, CT: JAI Press.

Financial Reporting Commission. 1992. *Report of the Commission of Inquiry into the Expectations of Users of Published Financial Statements*. Dublin: The Institute of Chartered Accountants in Ireland.

Frost, C.A., and K.P. Ramin. 1996. International auditing differences. *Journal of Accountancy* 181(4): 62-68.

Gaa, J. 1992. Discussion of a model of auditors' ethical decision processes. *Auditing: A Journal of Practice and Theory* 11(Supplement): 60-66.

Gaa, J., and L. Ponemon. 1993. Toward a theory of moral expertise: A verbal protocol study of public accounting professionals. Working paper, McMaster University and State University of New York at Binghamton.

Gilligan, C. 1982. *In a Different Voice*. Cambridge, MA: Harvard University Press.

Hanlon. G. 1994. *The Commercialisation of Accountancy: Flexible Accumulation and the Transformation of the Service Class*. Basingstoke, UK: Macmillan Press.

Harris, J.R. 1990. Ethical values of individuals at different levels in the organizational hierarchy of a single firm. *Journal of Business Ethics* 9: 741-750.

Hofstede, G. 1980. *Culture's Consequences*. Beverly Hills, CA: Sage.

Hofstede, G. 1991. *Cultures and Organizations: Software of the Mind*. New York: McGraw Hill.

Kohlberg, L. 1969. Stage and sequence: The cognitive developmental approach to socialization. In *Handbook of Socialization Theory and Research*, ed. D. Goslin, 347-480. Chicago, IL: Rand McNally.

Kohlberg, L. 1976. Moral stages and moralization: The cognitive-developmental approach. In *Moral Development and Behavior*, ed. T. Likona, 31-53. New York: Holt, Rinehart and Winston.

Kohlberg, L. 1984. *The Psychology of Moral Development*. San Francisco, CA: Harper and Rowe.

Kohlberg, L., and R. Kramer. 1969. Cognitive-developmental theory and the practice of collective moral education. In *Group Care: An Israeli Approach*, eds. M. Wolins and M.Gottesman, 93-120. New York: Gordon & Breach.

Korn/Ferry Organizational Consulting. 1993. *Reinventing Corporate Governance: Directors Prepare for the 21st Century*. Boston, MA: Korn-Ferry.

Lampe, J.C., and D.W. Finn. 1992. A model of auditors' ethical processes. *Auditing: A Journal of Practice and Theory* 11(Supplement): 33-59.

Lifton, P.D. 1985. Individual differences in moral development: The relation of sex, gender, and personality to morality. *Journal of Personality* 53(2): 306-334.

Maupin, R.J., and C.R. Lehman. 1994. Talking heads: Stereotypes, status, sex-roles and satisfaction of female and male auditors. *Accounting, Organizations and Society* 19: 427-437.

McNair, C.J. 1991. Proper compromises: The management control dilemma in public accounting and its impact on auditor behavior. *Accounting, Organizations and Society* 16: 635-653.

Nunner-Winkler, G. 1984. Two moralities? A critical discussion of an ethic of care and responsibility vs. the ethic of rights and Justice. In *Morality, Moral Behavior and Moral Development*, eds. W.M.Kurtines and T.A. Gewirtz, 348-361. New York: Wiley.

Arthur Andersen & Co., Arthur Young, Coopers Lybrand, Deloitte Haskins & Sells, Ernst & Whinney, Peat Marwick Main & Co., Price Waterhouse, and Touche Ross. 1989. *Perspectives on Accounting Education: Capabilities for Success in the Accounting Profession*. New York: Arthur Andersen & Co. et al.

Pillsbury, C., L. Capozzoli, and A. Ciampa. 1989. A synthesis of research studies regarding the upward mobility of women in public accounting. *Accounting Horizons* (March): 63-70.

Ponemon, L.A. 1988. A cognitive-developmental approach to the analysis of certified public accountants' ethical judgments. Unpublished Ph.D. dissertation, Union College, Schenectady, NY.

Ponemon, L.A. 1992. Ethical reasoning and selection-socialization in accounting. *Accounting, Organizations and Society* 17(3/4): 239-258.

Ponemon, L.A., and D. Gabhart. 1990. Auditor independence judgments: A cognitive developmental model and experimental evidence. *Contemporary Accounting Research* (Fall): 227-251.

Ponemon, L.A., and D. Gabhart. 1993. *Ethical Reasoning in Accounting and Auditing*. Vancouver, Canada: CGA Canada Research Foundation.

Ponemon, L.A., and A. Glazer. 1990. Accounting education and ethical development: The influence of liberal learning on students and alumni in accounting practice. *Issues in Accounting Education* (Fall): 195-208.

Rest, J. 1979. *Development in Judging Moral Issues*. Minneapolis, MN: The University of Minnesota Press.

Rest, J. 1986. *Moral Development: Advances in Theory and Research*. New York: Praeger.

Rest, J. 1990. *Manual for the Defining Issues Test*. Minneapolis, MN: The University of Minnesota Press.

Shaub, M.K. 1994. An analysis of the association of traditional demographic variables with the moral reasoning of auditing students and auditors. *Journal of Accounting Education* 12(1): 1-26.

Snarey, J.R. 1985. Cross-cultural universality of social-moral development: A critical review of Kohlbergian research. *Psychological Bulletin* 97(2): 202-232.

St. Pierre, K., E. Nelson, and A. Gabbin. 1990. A study of the ethical development of accounting majors in relation to other business and nonbusiness disciplines. *The Accounting Educators' Journal* (Summer): 23-35.

Whipple, T.W., and D.F. Swords. 1992. Business ethics judgments: A cross-cultural comparison. *Journal of Business Ethics* 11: 671-678.

9

审计独立性的丧失——一般审计员、高级审计员和经理的认知能力

Terry J. Engle
Terry L. Sincich

摘　要

本章报告了一个研究项目的结果，该研究项目关注的是审计师违反美国注册会计师协会（以下简称 AICPA）的《专业行为规范》(Code of Professional Conduct)101 规则的程度。数据通过问卷调查收集而来，这些问卷是邮寄给随机抽取的 2 000 名 AICPA 会员，这些人向 AICPA 报告他们目前正在从事注册会计师的工作，具备作为一个审计师的能力，具有一般审计员、高级审计员以及经理的职称。问卷中列举了违反 101 规则的 15 种活动，接到问卷的人被要求尽最大可能估计出去年在自己所在的事务所里他们本人违反每一种伦理活动的频率如

何。以受访者所就职的注册会计师事务所的规模和受访者的级别(即一般审计员、高级审计员和经理)为基础,这篇论文报告了整体性的描述统计和各种各样的统计对比。总的来说,可以察觉到的、违反15种与独立性相关的伦理活动中的绝大多数活动的发生频率是较小的,但是存在问题的领域也暴露出来了。审计师通常认为从被审计客户那里收取的执业费用的数额大小和为被审计客户提供管理咨询服务是不会影响审计判断的。其他显著的发现包括所在会计师事务所的规模、认识到违背伦理活动的审计人员的比例、高级审计员更有可能相信在他们自己的会计师事务所中违背与独立性相关的伦理活动的模式三者之间存在正相关关系。本章也包括了下面的评论,即本研究的发现如何有效地被未来的研究人员使用,以有助于审计人员更加遵守AICPA的专业行为规范的101规则。

引　言

审计人员的独立性已经被认为是有效的外部审计的一个关键的前提。Mautz和Sharaf对这个理念进行了很好的描述,他们写道:"在独立审计师的工作中,独立性的重要地位被很好地建立起来,以至于几乎不需要什么调整就可以确定这个理念在任何审计理论结构中的基石地位。"

在努力维护可以接受的审计人员独立性的水平方面,AICPA(1992)已经颁布了《专业行为规范》,该规范包括详细的、为会员提供的与独立性相关的指南。当司法机关(judicial system)和其他社会机构判断注册会计师是否具备外部审计师的能力时所做出的执业行为时也要参照这个指南。

总体来说,当注册会计师行业的领导者们,特别是AICPA,寻求提高审计师的独立性时,这很有可能要包括许多因素。其中一个要素是在AICPA的《专业行为规范》中对于独立性规定的复杂性。独立性的目标通过《专业行为规范》中的101规则来解释。101规则这样描述，“正如由委员会指定的团体所颁布的准则中所要求的，公共实务成员(指CPA——译者注)应该在专业服务行为中保持独立”。而101规则相对来说是较为直接的，并且描述简洁，与独立性相关的指南在操作上的复杂性也在帮助实施101规则所颁布的规定和解释中有所说明。例如，对101-1和101-9的解释就包括与雇员地位、审计师的财务利益、他们现在的家庭、非相关的受赡养者和不具有独立能力的近亲等等相关的要求。这些要求根据注册会计师工作的特殊性(例如，审计师、咨询人员、税务专家)、在事务所中的行政地位(例如，一般审计员、高级审计员和经理)、当活动发生时所处的时间段(例如，“在执业期间还是在表达观点的期间”)、财务交易的种类(例如，直接的或者间接的、物质的或者非物质的)等等而有所不同。而所有这些详细的指南都是被设计用来提高独立性的，对于独立性管制的复杂性和动态本质使单个的注册会计师发现保持对于所有详细规则的认知是非常困难的，这种认知上的困难是确实可能存在的。缺乏这种意识就可能导致非故意的违反规则的行为。

除了在AICPA的《专业行为规范》中与独立性相关的规则的复杂性之外，还存在着其他的可能负面影响审计师独立性的其他因素的证据。例如，研究人员发现了高度竞争性的公共会计环境可以负面影响审计师独立性的证据(例如，Shockley, 1981)。此外，同时提供审计和咨询服务的注册会计师事务所也被怀疑影响审计师的独立性(例如，Commission on Auditors' Responsibilities, 1978; Shockley, 1981; Schule, 1965)。违法的风险和失去审计客户的威胁也对审计独立性有负面影响。例如，Farmer、Ritttenberg和Trompeter(1987)做了一个实验，该实验包括会计学学生和从前八大注册会计师事务所中的七个事务所选择的审计师。结果表明违法和失去客户的可能性会影响审计师的独立性。这个结果表明审计师们“在失去客户的风险较高和违法的风险较低的情况下，通常会与客户保持一致”(Farmer et al., 1987, p. 8)。Pearson(1987)的研究提供了独立性问题存在的其他证据。他收集了250名为前八大事务所工作的CPA和250名非前八大事务所工作的CPA的调查资料。受到问卷测试的人都是注册会计师事务所中的独立执业者(individual practitioner)、合伙人或者股东/高级职员。对于受试者回答的分析表明,使研究者得出结论:“在美国的审计实务中,有许多CPA已经认识到缺乏审计独立性,而且有许多CPA认可缺乏个人独立性的现象。”(Pearson, 1987, p. 286)。

注册会计师已经认识到独立执业的注册会计师事务所必须有一个有效的质量控制系统以缓和对于审计师独立性的许多威胁。许多年来,AICPA已经提供了这个领域内的指南,这主要是通过AICPA质量控制标准委员会(Quality Control Standards Committee)的努力工作来实现的。该委员会是AICPA的一个资深技术委员会,它负责发布质量控制标准报告。在1979年发布的第一号质量控制标准报告,包括一个公司建立质量控制标准应该考虑的九个要素。那些要素中的一个就是“独立性”。需要指出的是,AICPA的审计标准委员会(Auditing Standards Board,以下简称ASB)目前负责发布质量控制标准报告。在1996年,ASB把第一号质量控制标准报告中的9个要素降低到5个。这5个要素中的一个仍然是解释独立性的。

AICPA的质量控制标准委员会也发布了一个名为《注册会计师事务所的质量控制政策和工作流程:建立质量控制政策和流程》的指南。这个指南包括一些特定的与独立性相关的政策和控制流程,这些政策和控制流程意在帮助所有的注册会计师事务所确保其工作符合AICPA的独立性要求。这个受到推荐的政策和工作流程并非是强制性的或者无所不包的,但是“AICPA的会员和注册会计师事务所的分支成员所应该了解它们也许被要求按照指南来纠正自己的行为”(AICPA Quality Control Standards Committee, 1980)。

所有这些质量控制指南的存在都与所存在的严重的审计师独立性问题显得不够协调。这种现象的一个解释是注册会计师事务所正在实施的、与独立性相关的质量控制流程是以AICPA的指南为基础的，而这个质量控制流程并没有在一个可以接受的水平上发挥其应有的效用。

审计独立性对于外部审计成功的重要性使得区分在独立性问题上所存在的真实性和猜测性变得更加重要。对于问题的本质和重要性的理解需要证据，并且如果有可能，要形成有效的解决办法。

本章的余下部分报告了本研究项目的发现，这些发现应该提供对于重要的独立性问题的深刻领会。这个项目是特别设计用来评估现有的独立性问题的重要性和特征的，这也是来自全国范围内的、在审计师执业能力范围内工作的注册会计师们所关心的。

研究方法

问卷设计

通过问卷调查收集数据。接到问卷的人会看到违反 AICPA《专业行为规范》的 101 规则的 15 种活动。所列举的不符合伦理的活动是有意设计的，它们按照 101 规则的标准来看都是不符合伦理的活动，这些活动有的相对简单，有的相对复杂。对于每一个活动来说，受访者被要求尽最大可能估计出去年在自己所在的事务所里他们本人违反每一种伦理活动的频率是多少。受访者被告知，他们的估计是以他们的第一手个人观察资料和他们对于事务所政策以及事务所执业雇员行为的理解为基础的。

这个问卷也包括 12 个工作流程，这些流程经过特别设计以促进受访者满足 AICPA 的独立性要求。这些流程是所推荐的与独立性相关的质量控制流程的应用，这些所推荐的质量控制流程就是 AICPA 质量控制标准委员会所发布的《注册会计师事务所质量控制政策和工作流程——建立质量控制政策和工作流程》(AICPA Quality Control Standards Committee, 1980)。对于 12 个流程中的任何一个流程来说，这些受访者要指出去年在为他们的雇主工作时，在一个审计师的执业能力之内，他们本人是否被要求遵守这个工作流程。[①]受访者也被要求提供有关他们本人及其事务所的人口统计信息[②③]。

样本选择

样本选择过程利用了1991年6月AICPA的会员名单。这些调查以邮件的形式发给2 000名随机抽取的个人，他们都是AICPA的成员并且这些人目前正在注册会计师事务所里工作，他们是一般的审计师、高级审计员、经理，并且这些人的主要工作是审计工作。一共回收了897份完整的问卷，总体回收率是45%。为了保证AICPA对于问卷受访者的人口统计信息的准确性有效，受访者被要求提供如下信息：在问卷的人口统计中选择有关自己的职位和雇佣历史。研究人员采用了746份问卷，在这些问卷里，受访者说明了他们目前是一名审计师，并且对于自己是一般审计员、高级审计员还是经理（或相应的职位）进行了描述，而且这些人为现在的雇主工作至少一年。最终可利用问卷的回收率是37%。[④]

研究人员的分析限于一般审计员、高级审计员、经理（或相应的职位），这是为了专注于在该领域内的审计师的经历和认知能力，这些审计师都是日复一日地“从事着相同的工作”。这些人的实际经历和认知能力也许与合伙人（或者相应人员）对于事实的看法非常不同。本分析只是把这些人所陈述的反应包括进来，这些人为现在的雇主工作至少一年，以提高这些人作出理性的、明智的反应的可能性。

数据分析

数据分析包括描述分析和统计分析过程。描述分析关注在样本中所发生的违反 AICPA 101 道德规则的整体比率。同时,也根据事务所的规模和参加调查人员职务的高低分别给出了比率。

除了描述统计分析之外,使用独立性的统计检验来确定可以观测到的违反比率是否与雇用审计师的注册会计师事务所的规模相关或者是否与审计师的级别相关。对于 15 种非伦理活动(违反伦理的活动)中的每一种来说,对于双向列联表,使用 Pearson 的卡方分析来检验下面的原假设:

假设 1:所发生的违反伦理活动的比率被认为与注册会计师事务所所使用的雇员数量是相互独立的。

假设 2:所发生的违反伦理活动的比率被认为与注册会计师事务所所使用的审计师的级别是相互独立的。

对于违反伦理的活动来说,发现了统计显著性(即原假设被拒绝),根据事务所规模或者审计师级别进行分类,对于每一组中存在的、所有可能的、违反伦理活动的比率差异通过构造联合置信区间,进行事后分析。构造这些联合置信区间可以深入了解通过事务所规模和审计师级别分类所观察到的违反伦理活动的审计师的比率大小。

结　果

总之,受访者指出了违反 AICPA《专业行为规范》的 101 规则的审计活动的比率是相对较低的,但是,仍然可以相信存在重大的违反 101 规则的活动。通过表 9.1 中所列的数据,这种现象是很明显的。

对于违反 101 伦理规则的 15 种活动来说,表 9.1 提供了受访者所占比率的三种分类,即在本事务所内、在去年,表明自己没有违反特定的伦理规则的受访者;表明自己违反伦理活动的受访者的比率在 1%到 10%之间;表明自己违反伦理活动的受访者的比率在 10%以上。表 9.1(与本章中的其他表一样)包括 15 种特定的、与独立性相关的违反伦理的活动。提供给受访者的完整的描述性问卷在附录1中列出。

表9.1　违反伦理的行为出现的频率

违反伦理行为的编号	描　　述	受访者占比			
		n	0%	1%—10%	>10%
V1	影响审计判断的不恰当收费	744	76.3	19.0	4.7
V2	财务利益会不恰当地影响审计判断	743	95.6	4.3	0.1
V3	审计师的亲属或者依靠审计师生活的人与被审计客户有一定的联系，这会不恰当地影响审计判断	743	96.0	3.7	0.3
V4	向客户提供了管理咨询服务会不恰当地影响审计判断	737	87.7	9.5	2.8
V5	审计师与被审计客户有经济利益关系	742	92.6	6.6	0.8
V6	配偶或者依靠审计师生活的人与被审计客户有财务利益关系	739	90.6	8.0	1.4
V7	不依靠审计师生活的亲属与被审计客户有重大的、可知的财务利益关系	735	91.0	7.6	1.4
V8	在被审计客户那里有受到禁止的贷款	741	98.0	2.0	0.0
V9	与被审计客户有不动产或者信托方面的财务利益关系	736	95.3	4.3	0.4
V10	从被审计客户那里获得受到禁止的贷款	741	95.7	3.8	0.5
V11	配偶或者依靠审计师生活的人处在“重要的”或者“审计敏感性”的职位上	742	94.6	5.1	0.3
V12	审计师是被审计客户的创办者、担保者或者雇员等等	743	97.6	2.2	0.3
V13	审计师是为被审计客户服务的养老金或者分享利益的托管者的受托人	742	97.6	2.4	0.0
V14	不依靠审计师生活的人处在“重要的”或者“审计敏感性”的职位上	742	93.8	5.5	0.7
V15	合伙人或者经理的不依靠他们生活的人处在对于审计有“重要影响”的岗位上	741	90.9	8.6	0.5

这些数据清楚地表明,绝大多数违反伦理的活动的发生率是相对低的。对于15种违反伦理活动中的13种来说,90%甚至更多的受访者表示受到禁止的活动在他们的事务所中根本就未发生。即使报告了违反伦理的活动,受访者通常声称那种情况的发生频率是在1%到10%之间。必须指出,对于这种现象的准确解释是存在于恰当的环境中的。任何违反与独立性相关的伦理标准的活动都是受到关注的原因,这是因为审计师保持独立性对于有效的审计职能来说是至关重要的。

受访者指出,最经常发生的受到禁止的行为是第1、4、5、6、7种和第15种活动。关注从客户那里获得的执业收费的现象不恰当地影响了审计判断(第一种违反伦理的活动),受访者指出这是15种受到禁止的活动中最经常发生的。19%的受访者指出,在去年,在这些受访者所在的事务所里,这种情况发生的百分比为1%到10%,而其他5%的受访的审计师认为此种现象的发生超过了10%。

再看一看第4种违反伦理的活动,12%的审计师报告了提供给客户的管理咨询服务(management advisory services,以下简称MAS)不恰当地影响了与相同客户相关的审计判断。违反与第5、6、7种伦理活动相关的数据表明了7%的受访者认为存在一些受到禁止的、审计师本人收受的财物(financial holdings)的例子,9%的受访者认为存在一些受到禁止的、审计师的配偶、依靠审计师生活的人和一些虽然不依靠审计师生活但却是审计师的近亲的人收受财物的例子。对于第15种违反伦理的活动,9%的审计师报告了存在所有者、合伙人、股东或者管理者违反AICPA的独立性规则,这是因为这些人的组织地位与下面这个事实的结合所造成的,这个事实就是那些不依靠审计师生活但却是审计师的近亲的人可以对被审计客户的运营、财务或者会计政策施加"重要影响"。

为了全面理解那些正在发生的违反与独立性相关的伦理活动的程度如何,以受访者所在的注册会计师事务所的规模和受访者的级别(一般审计员、高级审计员、经理)为基础进行对比是必要的。

以事务所规模为基础进行分析

表9.2包括事务所规模的比较。这些事务所被分为下面的四种类型,以事务所中执业的专业雇员的数量为基础:有2—9名执业雇员的事务所(2—9事务所);有10—99名执业雇员的事务所(10—99事务所);有100名或者更多执业雇员的、非前六大事务所的那些事务所(100>事务所);前六大事务所。表9.2列示了去年在这些注册会计师本人所在的事务所里,对于15种违反伦理活动中的每一种活动来说,那些已经发生的、特定的违反伦理活动的受访者所占的份额。描述性统计分析表明在注册会计师事务所的规模和可以发觉的与独立性相关的违反伦理活动的数目之间存在正相关。这种关系用所调查的15种违反伦理活动中的9种活动来描述。应该指出的是,当这种正的相关性存在时,可以被前六大事务所的审计师察觉的违反伦理活动的数量比其他三类事务所的审计师违反伦理活动的数量通常要多。看一看来自于前六大事务所的受访者,10%或者更多的受访者认为15种违反伦理活动中的6种去年在他们自己所在的事务所中发生。最常见的现象是执业收费不恰当地影响了审计判断(第1种违反伦理的活动);MAS不恰当地影响了审计判断(第4种违反伦理的活动);执业雇员(和/或者他们的配偶或者依靠他们生活的人)不恰当地与被审计客户拥有直接的或者重要的间接财务利益关系(第5、6种违反伦理的活动),对于特定的审计师来说,那些不依靠审计师生活但却是审计师的近亲的人与被审计客户有重要的财务利益关系并且执业雇员意识到了这种关系(第7种违反伦理的活动),那些不在特定审计项目上工作的、但是在事务所中对于该特定审计项目可以发挥重要作用的合伙人、所有者、股东或者管理者有不依靠他们生活的近亲,这些近亲者可以对被审计客户的运营、财务、会计政策施加“重要影响”(第15种违反伦理的活动)。

表 9.2　按事务所规模进行分析

违反伦理行为的编号	描　述	所发生的违反伦理的活动占受访者的百分比			
		2—9 事务所 ($n=110$)	10—99 事务所 ($n=261$)	100＞ 事务所 ($n=95$)	前六大 事务所 ($n=280$)
V1	影响审计判断的不恰当收费	18.2	21.1	22.1	28.8*
V2	财务利益会不恰当地影响审计判断	1.8	2.3	5.3	7.2**
V3	审计师的亲属或者依靠审计师生活的人与被审计客户有一定的联系，这会不恰当地影响审计判断	0.9	3.1	4.2	6.1*
V4	向客户提供了管理咨询服务会不恰当地影响审计判断	11.9	8.1	12.8	16.4**
V5	审计师与被审计客户有经济利益关系	1.8	4.6	6.3	12.6***
V6	配偶或者依靠审计师生活的人与被审计客户有财务利益关系	0	5.0	8.4	17.4***
V7	不依靠审计师生活的亲属与被审计客户有重大的、可知的财务利益关系	0	6.0	9.5	16.1***
V8	在被审计客户那里有受到禁止的贷款	0.9	0.4	2.1	4.0***
V9	与被审计客户有不动产或者信托方面的财务利益关系	1.8	4.3	7.5	5.4
V10	从被审计客户那里获得受到禁止的贷款	0	0.8	4.2	9.4***
V11	配偶或者依靠审计师生活的人处在“重要的”或者“审计敏感性”的职位上	0	1.5	9.5	9.8***

（续表）

违反伦理行为的编号	描述	所发生的违反伦理的活动占受访者的百分比			
		2—9事务所 ($n=110$)	10—99事务所 ($n=261$)	100＞事务所 ($n=95$)	前六大事务所 ($n=280$)
V12	审计师是被审计客户的创办者、担保者或者雇员等等	0	1.5	4.2	3.6**
V13	审计师是为被审计客户服务的养老金或者分享利益的托管者的受托人	0.9	2.3	4.2	2.5
V14	不依靠审计师生活的人处在“重要的”或者“审计敏感性”的职位上	0.9	3.8	10.5	9.1***
V15	合伙人或者经理的不依靠他们生活的人处在对于审计有“重要影响”的岗位上	0	5.0	9.5	16.7***

注：* 卡方的 P 值低于 0.10；
** 卡方的 P 值低于 0.05；
*** 卡方的 P 值低于 0.01。

对于 15 种违反伦理的活动中的每一种活动，使用卡方检验去检验原假设 1。对于第 13 种违反伦理的活动来说，统计上的显著性差异是 0.1 的水平。因此，与描述性统计分析相独立的差异受到了支持。

表 9.3 列示了进一步分析的结果，这个分析是为了区分整体的统计显著性的特定来源。该表描述了产生统计显著性差异的各种对比的结果。⑤对于 15 种违反伦理的活动中的每一种活动，两种比率之间差异的联合置信区间对于所有可能的公司规模分组来说都适用。为了防止第一类错误比率的上升，对于每一种违反伦理的活动来说，使用熟悉的波法罗尼(Bonferroni)调整，整个的 α 风险设定在 0.5 的水平上。

表 9.3　以事务所规模为基础的 Bonferroni 配对比较
(Bonferroni pairwise comparisons)

违反伦理行为的编号	描　述	所发生的违反伦理活动占受访者的百分比所产生的差异间距*		
		对　比	LCL	UCL
V2	财务利益会不恰当地影响审计判断	2—9—Big 6	−10.6	−0.1
		10—99—Big 6	−9.6	−0.1
V4	向客户提供了管理咨询服务会不恰当地影响审计判断	10—99—Big 6	−15.6	−0.9
V5	审计师与被审计客户有经济利益关系	2—9—Big 6	−17.0	−4.5
		10—99—Big 6	−14.7	−1.7
V6	配偶或者依靠审计师生活的人与被审计客户有财务利益关系	2—9—10—99	−8.6	−1.4
		2—9—100>	−17.4	−1.5
		2—9—Big 6	−22.0	−10.2
		10—99—Big 6	−18.0	−4.2
V7	不依靠审计师生活的亲属与被审计客户有重大的、可知的财务利益关系	2—9—10—99	−8.6	−1.4
		2—9—100>	−15.9	−0.9
		2—9—Big 6	−23.3	−11.4
		10—99—Big 6	−19.5	−5.4
V8	在被审计客户那里有受到禁止的贷款	10—99—Big 6	−6.9	−0.3
V10	从被审计客户那里获得受到禁止的贷款	2—9—Big 6	−14.0	−4.8
		10—99—Big 6	−13.5	−3.8
V11	配偶或者依靠审计师生活的人处在“重要的”或者“审计敏感性”的职位上	2—9—100>	−17.4	−1.5
		2—9—Big 6	−14.5	−5.1
		10—99—Big 6	−13.3	−3.1
V12	审计师是被审计客户的创办者、担保者或者雇员等等	2—9—Big 6	−6.5	−0.6
V14	不依靠审计师生活的人处在“重要的”或者“审计敏感性”的职位上	2—9—100>	−18.3	−1.0
		2—9—Big 6	−13.3	−3.0
V15	合伙人或者经理的不依靠他们生活的人处在对于审计有“重要影响”的岗位上	2—9—10—99	−8.5	−1.4
		2—9—100>	−17.4	−1.5
		2—9—Big 6	−22.6	−10.7
		10—99—Big 6	−18.6	−4.8

注：* 百分比差距有显著差异的(intervals with significant difference)(总体水平为 0.05)才列示。

在发现由前六大事务所的审计师们所报告的、与独立性相关的、在他们自己所在的事务所内违反伦理活动所产生的巨大的统计显著性差异中，α 事后分析确定了描述性数据分析的结果。此外，在公司规模和正在发生非伦理行为的不同审计师之间存在的正相关关系也可以使用 α 事后分析来确定。具有统计显著性的所有的对比活动包括来自于两类事务所(用于比较的)中更大的一个事务所中的更大份额的审计师，他们相信在自己的事务所里，违反伦理的活动是发生过的。

以受访者级别为基础进行分析

进行对比的那些受访者都是拥有一般审计员、高级审计员、经理(或者同等职位)头衔的人，结果列示在表 9.4 中。描述性统计的分析表明一般审计员、高级审计员、经理的认知能力相对来说是一致的，但是有两点要指出。与其他级别的审计师相比，高级审计员会考虑更多的违反伦理的活动，一般审计员会表现出最低水平的对于违反伦理的活动的认知能力。对于一般审计员来说，涉及 15 种违反伦理活动中的 12 种，而高级审计员则涉及 15 种违反伦理活动中的 11 种。

表 9.4　根据受访者级别进行分析

违反伦理行为的编号	描　述	受访者占比		
		普通员工 ($n=33$)	高级审计员 ($n=187$)	经理 ($n=525$)
V1	影响审计判断的不恰当收费	12.1	28.9	22.6*
V2	财务利益会不恰当地影响审计判断	6.1	6.5	3.6
V3	审计师的亲属或者依靠审计师生活的人与被审计客户有一定的联系，这会不恰当地影响审计判断	3.0	5.4	3.6
V4	向客户提供了管理咨询服务会不恰当地影响审计判断	9.1	12.9	12.4

（续表）

违反伦理行为的编号	描　述	受访者占比		
		普通员工（$n=33$）	高级审计员（$n=187$）	经理（$n=525$）
V5	审计师与被审计客户有经济利益关系	6.2	10.3	6.5
V6	配偶或者依靠审计师生活的人与被审计客户有财务利益关系	3.1	9.2	9.8
V7	不依靠审计师生活的亲属与被审计客户有重大的、可知的财务利益关系	3.1	8.7	9.4
V8	在被审计客户那里有受到禁止的贷款	3.1	3.2	1.5
V9	与被审计客户有不动产或者信托方面的财务利益关系	3.2	5.5	4.6
V10	从被审计客户那里获得受到禁止的贷款	0	6.5	3.8
V11	配偶或者依靠审计师生活的人处在“重要的”或者“审计敏感性”的职位上	0	4.3	6.1
V12	审计师是被审计客户的创办者、担保者或者雇员等等	0	4.8	1.7**
V13	审计师是为被审计客户服务的养老金或者分享利益的托管者的受托人	3.0	3.2	2.1
V14	不依靠审计师生活的人处在“重要的”或者“审计敏感性”的职位上	3.0	8.0	5.6
V15	合伙人或者经理的不依靠他们生活的人处在对于审计有“重要影响”的岗位上	3.0	8.6	9.8

注：* 卡方的 P 值低于 0.10；
** 卡方的 P 值低于 0.05。

在不同级别之间所进行的一个整体性的分析性评论表明，最通常的非伦理行为是以下几种：执业费用不恰当地影响了审计判断（第 1 种违反伦理的活动）；MAS 不恰当地影响了审计判断（第 4 种违反伦理的活动）；执业雇员（或者他们的配偶或者依靠他们来生存的人)与被审计客户有直接的或者重大非直接的财务利益关系(第5种和第6种违反伦理的活动)。

从描述性数据的分析中得出的两个其他的观察现象值得指出。第一,总体来说,意识到与独立性相关的错误活动的一般审计员所占比例比拥有同样意识的高级审计员和经理的人数要少。第二,大量的高级审计员和经理报告了他们违反第7种、第14种、第15种伦理活动,这三种违反伦理的活动是处理与审计师的非独立生存的近亲之间的关系的。这些非独立生存的亲属或者与被审计客户有重大的财务利益关系或者以下面的方式与审计客户相联系,这种方式就是他们可以对被审计客户的运营、财务或者会计政策施加“重大影响”或者在被审计公司拥有一种被称为“审计敏感性”的雇员地位。

一般审计员、高级审计员、经理在认知能力上的相对一致性获得了假设H2的卡方检验的支持。统计显著性差异在0.1水平上,表明只违反15种伦理活动的两种。

表9.5报告了对于审计师从不同级别来看的,使用Bonferroni共同置信区间的α事后分析的结果。这张表包括表明统计显著性差异的对比。应该指出来的是,在三个级别中的任何两个级别的对比中,那些表现出统计显著性差异的对比中,高级审计员表现出更大比例的对于违反伦理活动的认知能力。

表9.5 以事务所规模为基础的Bonferroni配对比较

(Bonferroni pairwise comparisons)

违反伦理行为的编号	描述	所发生的违反伦理活动占受访者的百分比所产生的差异间距*		
		对比	LCL	UCL
V1	影响审计判断的不恰当收费	一般审计员—高级审计员	−32.5	−1.0
V12	审计师是被审计客户的创办者、担保者或者雇员等等	一般审计员—高级审计员	−8.6	−1.1
		一般审计员—经理	−3.1	−0.4

注:* 百分比差距有显著差异的(intervals with significant difference)(在0.05水平)才列示。

总结、结论和未来研究

本研究项目的结果对于注册会计师行业来说是有好有坏的消息。好消息是这些分析表明:大量的从事实务的审计师认为在他们自己所在的事务所中执业的雇员并没有参与大量本研究所调查的受到禁止的、与独立性相关的活动。不好的消息是数据分析也表明注册会计师行业的记录离完美还有很大差距。

在所有已发现的可认知的违反伦理的活动中,问题最突出的领域是:审计师对于参与可能的财务利得活动而影响他们审计独立性的认知能力。对这个广泛存在问题的领域可以进行细分:第一,关于审计收费的"商业性问题"的认知能力和提供对于审计客户的 MAS 的认知能力;第二,对于因为审计师卷入到一些受到禁止的财务交易中去所产生的危及审计师独立性的认知能力。

这两种行为均相当普遍,但数据分析指出带有"商业性问题"的违反伦理的活动更加普遍。例如,本研究中所关注的 15 种违反伦理的活动中,最通常的行为(占受访者的 24%)是从被审计客户那里收取的执业费用不恰当地影响了对于相关客户的审计判断。处于第二位的行为(占受访者的 12%)是提供给被审计客户的 MAS 正在不恰当地影响着与审计相关的判断。通过公司规模所做的对比和通过受访者级别的对比也均表明了审计收费和 MAS 问题在影响审计独立性中是排在第一和第二位的。这些发现支持了已经建立的假设,即审计收费的大小和向被审计客户提供的 MAS 可以导致审计师独立性的丧失。对于这个问题的严重性以及审计师的思想状态进行进一步分析也许会对这个问题有所贡献。通过一位参加调查的审计师在其问卷中所做的解释就可见一斑。这位在超过 100 名 CPA 的事务所中工作的高级审计员指出:"世界上所有的规则和制度都不能达到独立性,原因是明显的——我们直接从被审计客户那里获得报酬。这就是最重要的一点!其他的东西都是形式上的!不要让其他人告诉你有任何的不同。记住,商业就是商业!"

违反伦理活动的第二个突出的部分包括与审计师、审计师的配偶、依靠审计师生活的人、不依靠审计师生活却是审计师的近亲等人之间的受到禁止的金融交易。例如，据调查，7%的审计师相信：去年在他们自己所在的事务所中，有执业雇员与被审计客户拥有受到禁止的、直接的、或者重大的非直接财务利益关系，9%的审计师相信这些执业雇员的配偶或者依靠审计师生活的人在被审计客户那里拥有受到禁止的投资。公司的规模大小和审计师的级别总体上证实了这些发现。

通过进一步分析公司的规模和受访者的级别可以对这个问题有进一步的了解。看一看公司规模对比，描述性数据表明了两个具有普遍性的特点。第一，在公司规模和认识到与独立性相关的违反伦理活动的审计师的数量之间呈正相关关系。在本研究中所调查的15种违反伦理的活动中有9种存在这种现象。第二，对于违反独立性活动的认知能力在前六大事务所的审计师之间更为普遍。在与其他三类事务所中所存在的违反独立性活动的认知能力进行比较时，前六大事务所里所存在的对于违反独立性活动的认知能力的水平的确是较突出的。

统计学的分析也支持所观察到的对审计独立性认知水平与所属会计师事务所规模之间的关系。首先采用卡方检验计算统计显著水平，在显著水平为0.1或更低的情况下，15种行为中的13种均具有显著性。进一步分析，区分整个统计显著性的特定来源，产生结论证实在违反独立性的活动和公司规模之间存在正相关关系。此外，事后分析确认了下面的事实，即前六大事务所的审计师所报告的问题更加重要。这些发现是令人费解的，这是因为更大的事务所(特别是前六大事务所)有更多实施正式的质量控制程序的资源，并且因为它们广泛地介入到了美国证券监督管理委员会(SEC)所监管的客户之中去，它们面临着更加严厉的调查。

总体来说，这个研究中所发现的内容清楚地表明了有大量的正在会计事务所就职的审计师相信近期内已经发生了违反美国注协职业行为准则101规则的活动。尽管美国注协、许多独立执业的注册会计师事务所，大量的其他类型的会计专业的有威望的会员等等已经颁布了详细的与独立性相关的质量控制指南,以提高审计师的独立性,但这个令人不安的事实依然存在。在大量的从事实务的审计师相信与独立性相关的违反伦理活动的行为在他们自已的事务所中是不存在的情况下,本研究所指出的那些违反伦理的活动必须受到广泛重视。审计独立性对于外部审计职能的重要性以及对于丧失审计独立性的严厉的社会惩罚,对于违反美国注协职业行为准则 101 规则所设置的非常低的重要性门槛提供了理由。

未来的研究人员应该在此研究的基础之上努力解决在审计师独立性中所存在的问题。本研究的主题集中在受到禁止的、正在发生的、特定种类的活动所达到的程度,未来的研究项目应该关注伦理下降和在伦理控制中存在的潜在原因,这些潜在原因在处理问题时应该得到有效的实施。这个重要的观点可以与一个特定的例子进行区分。这个研究项目已经表明了大量的审计师相信从被审计客户那里收取的审计费的数量以及向被审计客户提供的 MAS 在某种情况下,都不恰当地影响了审计判断(因此降低了审计独立性)。为了有效地使用这个发现,必须认识到从被审计客户那里收取的审计费用和提供创造利润的 MAS 服务是生活中所存在的事实,在注册会计师事务所现在所运营的商务环境没有巨大变化的情况下,这种实际情况不可能改变。由于绝大多数会计职业的成员相信注册会计师事务所应该在自由竞争的企业环境中保持自由运营,注册会计师事务所必须有效地解决商务环境中所存在的对于审计师独立性所特有的威胁。

未来的研究人员应该努力理解人口统计概况以及因为审计收费数额大小和向被审计客户提供的 MAS 的数量多少而产生的、潜在的降低独立性的个人激励。研究人员也应该检验 AICPA 现在推荐的、与独立性相关的质量控制流程的有效性。有了这些知识,研究人员可以开发并且检验其他的、更加具有创新精神的质量控制流程,这些流程是设计用来缓和那些对于审计师的独立性来说特定的“商业”(commercial)威胁。

总之,必须强调当前的研究关注审计人员的认知能力并且这些认知能力与实际情况有所不同。这一点是有效的,它并不否认本研究项目所发现内容的重要性。大量的从事实务的审计师对于审计师独立性问题的认知能力是非常重要的,这是因为注册会计师职业要求审计师在实质与形式上要保持独立性的事实。

附录 9.1

违反伦理的活动

1. 从被审计客户那里收取的执业费用不恰当地影响了对于相关客户的审计判断。
2. 审计师和被审计客户(或者被审计客户的官员)拥有共同的财务利益(例如,投资、贷款)会不恰当地影响对相关客户的审计判断。
3. 审计师对相关客户的、与审计相关的判断被下面的事实不恰当地影响,这个事实就是审计师的亲属或者依靠审计师生活的人与被审计客户有一定的联系(例如,是被审计客户的雇员)。
4. 审计师所在的事务所向客户提供了管理咨询服务(MAS),当本所的审计师审计同一客户时,MAS会不恰当地影响与审计相关的判断。
5. 一个职业雇员与被审计客户有任何数量的直接财务利益关系和重大的非直接财务利益关系。直接财务利益的一个例子就是拥有被审计客户的股权,重大的非直接财务利益的一个例子是在某个共同基金里的重大投资,而这个共同基金投资在被审计客户那里有重大投资。
6. 职业雇员的配偶(或者同居者)或者依靠审计师生活的人与被审计客户有任何数量的直接财务利益关系和重大的非直接财务利益关系。
7. 参与对某一客户审计的一个职业雇员有不依靠审计师生活

的(nondependent)近亲,这个近亲与被审计客户拥有对于他来说至关重要的财务利益关系,并且该职业雇员了解这个重要的财务利益关系。不依靠审计师生活的(nondependent)近亲包括不依靠审计师生活的儿童、妻与前夫(或者夫与前妻)生的孩子、兄弟或者姐妹、祖父(外祖父)和祖母(外祖母)、父母、岳父和岳母以及上述这些人各自的配偶。

8. 一个职业雇员向被审计客户、被审计客户的官员、被审计客户的董事及其主要的股东借出任何数量的钱。该职业雇员也许收到或未收到书面的、证明这笔贷款的字据。
9. 一个执业雇员是任何旨在从被审计客户那里获得直接的或者重大的非直接财务利益的产业(estate)的经理、管理者或者委托人(trust)的受托人(trustee)。
10. 一个职业雇员从被审计客户那里收受无抵押的贷款,这笔贷款不是住房的分期付款,这笔贷款对于该执业雇员的净财富(net worth)来说是至关重要的。
11. 参与对某一客户审计的一个职业雇员的配偶(或者同居者)或者依靠审计师生活的人是被审计单位的雇员,并且这些人处于"审计敏感性的职位"或者处于对于被审计客户的运营、财务或者会计政策有"重大影响"的职位。如果一个人的活动是重要的内部会计控制的一个正式的组成部分或者他或她服从重要的内部会计控制,那么这个人的活动一般就会被认为是"对于审计来说是敏感性的"。"审计敏感性"的职位的例子包括出纳员、内部审计员、会计监督员(accounting supervisor)、采购代表以及存货仓库的监督员。可以施加"重大影响"的处于这些职位的人包括企业的创办者(promotors)、担保者、具有投票权的理事、普通合伙人、董事、首席执行官、首席财务官、首席运营官或者首席会计官(chief accounting officers)。
12. 一个职业雇员与被审计客户相联系的方式有如下几种:企业的创办者(promotors)、担保者、具有投票权的理事、董事、官员,或者具有与上述管理层成员或者雇员一样的权利。

13. 一个职业雇员是为被审计客户服务的任何的养老金或者营利性的信托基金机构的受托人。

14. 参与审计的职业雇员有不依靠审计师生活的近亲,这些人可以对于被审计客户的运营、财务或者会计政策施加“重要影响”,或者某个不依靠审计师生活的近亲在被审计客户那里作为雇员,并且处于一个“审计敏感性”的职位。

15. 被确定为被审计公司的所有者、合伙人、股东或者管理者(或者具有同等地位的人)的职业雇员在会计师事务所中供职,并且在对于被审计单位的审计中担任重要的职位。该职业雇员并未被安排为被审计客户提供任何的职业服务,但是他或她有不依靠自己生活的近亲,这些近亲可以对被审计客户的运营、财务或者会计施加“重大影响”。

注:问卷受访者被问及在一个时间段内 15 种活动中的每一种活动发生的时间,这个时间段包括违反 AICPA《专业行为规范》101 规则的行为。在问卷中包括对于时间段的特别描述。

注 释

① 本章并未利用所获得的有关受访者遵守与独立性相关的质量控制程序的数据。

② 问卷由三位大学审计学正教授或者副教授以及 12 位从事审计实务的审计师进行了预测试(pretest)。以审计学教授和实务人士的反馈为基础,对于调查做出了一些微小的变化。

③ 未应答问卷的误差率利用 Oppenheim(1966)的研究结果予以解释。受访者被区分为“较早”或者“较晚”两类,并且对这两类受访者进行对比。分析结果表明两类受访者的描述性特征是非常明确的。此外,对于 12 个与独立性相关的质量控制程序中的每一个实施逐项对比(较早收到的问卷与较晚收到的问卷进行对比),并且对于 15 种违反伦理活动的每一种活动,使用卡方检验进行独立性检验。在较早收到的问卷与较晚收到的问卷所进行的对比中,只有两项质量控制程序并且只有

一种违反伦理的活动在 0.05 的水平上服从统计显著性差异。未应答问卷的误差并未对描述性特征的相似性以及本研究中所做出的推论所使用的其他应答问卷产生重大影响。

④ 本样本计划包括向那些第一次没有应答的个人第二次发出问卷。第二次问卷不包括调查控制的数量。从 136 名受访者那里收到的问卷中，无法从调查的描述性部分确定受访者的姓名。为了防止这些人中的大部分做出第二次的应答问卷，尽管这种事件发生的概率较小(remote)，在本章中所报告的所有分析在匿名的情况下或者进行或者未进行这 136 份第二次问卷。第二次问卷的缺乏对于本章中所报告的所有结论有无关紧要的影响。

⑤ 在表 9.2 中列示的有显著的卡方值的两种违反伦理的活动(即 V1 和 V3)并未产生显著的对比。这是因为对于多种 Bonferroni 置信区间的 α 水平所进行的必要调整所导致的。

参考文献

American Institute of Certified Public Accountants (AICPA), Quality Control Standards Committee. 1979. *Statement on Quality Control Standards 1.* New York: AICPA.

American Institute of Certified Public Accountants, Quality Control Standards Committee. 1980. *Quality Control Policies and Procedures for CPA Firms: Establishing Quality Control Policies and Procedures.* New York: AICPA.

American Institute of Certified Public Accountants (AICPA). 1992. *Code of Professional Conduct.* New York: AICPA.

Commission on Auditors' Responsibilities (Cohen Commission). 1978. *Report, Conclusions and Recommendations.* New York: AICPA.

Farmer, T.A., L.E. Rittenberg, and G.M. Trompeter. 1987. An investigation of the impact of economic and organizational factors on auditor independence. *Auditing: A Journal of Practice and Theory* 7(Fall): 1-14.

Mautz, R.K., and H.A. Sharaf. 1961. *The Philosophy of Auditing.* Sarasota, FL: AAA.

Oppenheim, A.N. 1966. *Questionnaire Design and Attitude Measurement.* New York: Basic Books.

Pearson, M.A. 1987. auditor independence deficiencies & alleged audit failures. *Journal of Business Ethics* 6: 281-287.

Schulte, A.A. 1965. Compatibility of management consulting and auditing. *The Accounting Review* XL(July): 587-593.

Shockley, R.A. 1981. Perceptions of auditors' independence: an empirical analysis. *The Accounting Review.* LVI (October): 785-800.

10

会计中的公司社会责任——回顾与展望*

Bernadette M. Ruf
Krishnamurty Muralidhar
Karen Paul

摘　要

社会投资者数量的增长，社会中会计角色的扩展，以及公司管理层对多种利益相关者团体的侧重点的变化使我们需要更为社会化的报告。已有的研究指出，社会信息的使用者已对财务报告所提供的信息产生了不满。本章总结了文献中普遍提到的八个公司社会绩效(corporate social performance，以下简称CSP)的问题，并且调查了社会信息的提供者(管理会计师)与信息的使用者(社会投资人)在看待这些问题上的差异。结果显示，会计和社会投资者对CSP问题的重视程度不同。

* 本文的前一版本于1994年在得克萨斯州圣安东尼奥举行的ABO会议上提交。

我们将要讨论这些发现的道德含义。

导 论

社会基金投资的增长和环境报告规则的增加使研究人员开始重新审视公司社会责任这样一个长期争论的话题。从20世纪70年代早期开始,由于在如何界定CSP、如何测量CSP以及提供社会信息的成本方面缺乏共识,社会报告的反对者对社会信息的强制性披露(Rockness and Williams, 1988)提出了异议。今天,社会投资基金组织和特殊的利益团体开始对CSP进行评估,并通过它们的评估来审查股票,倡导公司政策和治理方面的改变。(Domini et al., 1992)

对于社会信息有用性的研究考察了CSP、社会披露以及经济或股票市场绩效之间的关系(见Ullmann, 1985; Mathews, 1987; Pava和Krauz将出版的专著)。这个研究的一个主题思想就是,公司的社会报告只是财务报告的延伸,为追求利益的投资者服务(Gray et al., 1988)。这样,投资者对CSP的关注仅限于社会绩效与财务绩效的相关程度或前者对后者的表现程度。Owen(1990)这样论述道:

> 这样的关注焦点对于一些人而言是非常堪忧的,因为他们认为超出单纯财务行为的公司行为也值得关注,并且公司的社会报告在提升公司对于广大的投资者而不仅仅是投机性投资者的责任方面也发挥着潜在的主要作用。

那些关注单纯财务绩效之外公司绩效的投资者通常是指社会投资者或道德投资者。调查的结果已经显示,虽然在这些报告中存在比较明显的社会信息疏漏,社会投资者通常会在进行投资决策时参考公司报告(Rockness and Williams, 1988; Owen, 1990; Harte et al., 1991)。在美国,1991年的社会投资达到8 250亿美元,而1985年仅仅为400亿美元(Shapiro, 1992)。在加拿大与美国社会投资同样出现了增长(Sousa-Shields, 1992; Miller, 1992)。这样,我们就可以设想,相关社会信息的需求在未来将有所增长。

对于增长的社会报告的需求也受到其他因素的影响。为了应对全国或世界范围内商业丑闻公布数量的不断增长,会计行业已经扩大了会计的职责范围,要求他们不但对自己服务的机构负责,而且也要对他们的行业和公众负责[Institute of Management Accountant (IMA), 1984]。对会计人员的公众责任和社会责任越来越高的重视引发了这样的论点,即认为会计人员在道德上有责任为内部和外部投资者提供社会信息。另外,公司管理者也逐渐意识到:"公司的成功将不仅取决于管理者满足其投资者和雇员的能力,而且也取决于他们满足构成社会整体利益的能力。"(Aoi, 1994, 26)当多种利益相关者、利益和价值观念发生冲突,法律规定不明确并且公司的社会责任也不明晰时,经常会引发道德的问题(Trevino, 1986)。当公司意识到满足多种利益相关者的重要性时,会计人员会愈加陷入报告什么社会信息以及怎样报告的困境。

本章试图通过明确对某些社会绩效问题的重视以及明确报告编制者(管理会计师)和使用者(社会投资者)看待各种社会问题的差异来推动我们在公司社会报告方面的进程。对于在社会绩效方面提供相关信息的管理会计师来说,明确公司各利益相关者的社会信息需求是非常重要的。考虑到提供社会信息有一定的成本,还需要了解公司对这些社会问题的重视程度。因为管理会计师将对收集和报告今后的社会信息负责,因此他们如何看待各种公司问题具有重大意义。而且,管理会计师不仅有责任为他们服务的机构,也应该为他们的行业及公众提供明晰完整的报告(IMA, 1982)。

最后要提到的一点是,明确会计人员和社会投资者在这些社会问题重要性上的看法存在怎样的差异有以下几点意义。第一,这两个团体看法的一致之处表明,所需求的信息和所提供的信息是一致的,以往的研究中没有提到过这种联系(Rockness and Williams, 1988)。第二,这两个团体之间看法不一致的地方则表明,会计人员应该在哪些方面更多地参与,以便更好地为公司的利益相关者提供社会信息。

本章的组织结构如下。下一节对文献中确定的公司社会绩效标准(corporate performance criteria)作历史回顾,接下来的一节论述所采用的研究方法,再下一节给出研究结果,最后一节作出结论。

公司社会绩效问题

虽然从业者和学院派都同意企业应该对社会负责,但如何定义社会责任却已众说纷纭。测量 CSP 的尝试起于 20 世纪 60 年代。Abt Associates 公司是第一批从事社会审计服务的一家管理咨询公司。社会审计的目的是要测量给雇员、公众、客户和普遍大众所带来的社会利益和社会成本。审计在健康、安全、平等、环境等等领域进行了客观和主观测量(Abt, 1972)。David Linowes 提出一种与 Abt 类似的社会披露形式,但他将信息的披露限制在公司为提高雇员和公众福利、改善产品安全系数和环境条件的自愿支出范围之内(Belkaoui, 1984)。

在 20 世纪 70 年代,好几个行业组织发起了旨在明确 CSP 问题的研究项目。Ernst and Ernst (1978)(现在是安永会计师事务所)基于对财富 500 强中 100 家公司年度报告中所披露的社会参与数据的调查确定了六个 CSP 常规问题。这些问题包括:环境、能源、公平的商业实务、人力资源、公众参与以及产品。经济发展委员会下的研究和政策委员会(Committee for Economic Development, 1971)提出了 10 个 CSP 问题,包括经济增长和效率、教育、雇佣和培训、公民权利和平等机会、城市再建和开发、减轻污染、资源的节约和再生、文化艺术、医疗保健以及政府。在 1974 年,全国会计师协会(National Association of Accountants)(现为管理会计师协会,Institute of Management Accountants)在公司社会绩效会计委员会

(Committee on Accounting for Corporate Social Performance)的一份报告中提出了社会责任的另一个分类法。它确定了社会职责的四个主要领域:公众参与、人力资源、资源和环境贡献,以及产品或服务贡献等等。这些问题以使四个团体受益为基础:大众、雇员、消费者和环境。

AICPA于1977年提出了一个最为全面的CSP问题清单。社会关注的重要领域包括:环境、不可再生资源、所购买的产品及服务的供应者、产品、服务和顾客,以及公众。清单对于要为每一个这样的社会领域提供哪些具体信息以及信息的来源进行了详细的分类说明。

近期更多的一些CSP评估主要是为了满足大学、教会团体和投资公司在这方面的需要。社会投资公司最广泛地开发和使用了CSP评估。对美国最大的社会责任共同基金7个管理者的描述性调查确立了在公司CSP评估中使用的11条社会标准(Rockness and Williams, 1988)。① Rockness and Williams发现,虽然大多数调查对象都列出了其中的7条社会标准,但没有哪一条社会标准是被所有调查对象都列出来的。这7条确定的社会标准,按出现频率排序,依次为:环境保护,平等的雇佣机会——特别是妇女和少数民族成员的工作机会,雇员的待遇,与受压迫地区(特别是南非)的商务活动,产品或服务的革新/质量,对公众的社会贡献,以及防御合同(defense contract)。

表10.1 社会问题概要

当前研究	Harte等 (1991)	Rockness等 (1988)	AICPA (1977)	NAA (1974)	COEP (1971)	Ernst & Ernst (1970)
公众关系	对公众的贡献	对公众的贡献,慈善活动	公司的公民权	公众参与	城市再建和发展 文化艺术教育,资源节约和再生	公众参与
雇员关系	提高雇员福利	雇员待遇	人力资源	人力资源	雇员培训,医疗	人力资源

（续表）

当前研究	Harte 等 (1991)	Rockness 等 (1988)	AICPA (1977)	NAA (1974)	COEP (1971)	Ernst & Ernst (1970)
环境	环境记录和环境意识	环境保护	环境 不可再生资源	资源和环境贡献	减少污染	环境 能源
产品/责任	造福社会的产品和服务	产品或服务的革新/质量 对消费者的保护和产品清洁	产品 物品和服务的供应者 顾客服务	产品或服务的贡献	经济增长和效率	产品
妇女/少数民族成员	平等的雇佣机会	平等的雇佣机会	雇佣机会和公平		民事权利和 EOP	公平的商业实务
核动力		参与核动力				
军用	制造武器	防御条约				
南非	受压迫地区制造或销售烟酒和赌博 参与毛皮贸易，动物	受压迫地区				

作为 Rockness 和 Williams 研究的补充，Harte 等(1991)调查了 11 位英国的社会基金管理人员，来确认基金管理者对 CSP 问题的重视。当作社会投资决策时，8 个社会问题被确定为预选问题(qualifiers)，8 个为非预选问题(disqualifiers)。调查对象将每一个 CSP 问题定级为“不怎么重要或不重要”，“重要”，“关键或非常重要”。由基金管理者定义为“非常重要的”社会问题包括：环境意识、雇员关系、对公众的贡献、造福社会的产品和服务的生产，以及平等的雇佣机会。这个研究洞察了社会绩效问题的重要性，但没有对这些问题的重要性进行比较。

社会数据库评级服务(social database ratings services)也会用到

CSP评估。在美国，社会数据库可以由各种来源获得，这些来源包括重大经济问题委员会(Council on Economic Priorities)、投资者责任研究中心(Investor Responsibility Research Center)、数据中心(DataCenter)、跨宗教公司问责中心(Interfaith Center on Corporate Responsibility)，以及美国核安全组织(Nuclear Free America)等。在英国可以获得的社会数据库包括道德投资研究信息服务(EIRIS)和Merlin研究单位。最近在加拿大成立的社会投资组织(SIO)是一个全国性的社会投资信息交流中心。

虽然文献中确认了许许多多的CSP问题(见表10.1)，自20世纪70年代起5个最普遍的问题分别是：公司对消费者、雇员、公众、环境、公民权利或平等机会的责任。另外还有3个社会绩效问题——军用问题、核动力问题和南非——在20世纪80年代已经非常普遍并经常用于社会投资基金的股票审查。基于这种情况，我们选出了CSP的8个问题作为当前研究的对象，它们是：社会关系、雇员关系、环境绩效、产品开发和产品责任、妇女/少数民族政策、军用产品收入、核动力和南非②。这8个社会问题的界定是以Kinder、Lydenberg、Domini & Company(KLD)的社会评估服务为基础的。于1984年建立的KLD先后为800个从事公开贸易的公司在这8个CSP问题上提供了评估服务。③其评估系统以诸如重大经济问题委员会对美国公司的道德评估等测量CSP的早期尝试为基础(Lydenberg, Marlin and Stub, 1986)。基于KLD的定义，当前研究使用了以下几个定义：

- **公众关系**指公司通过捐赠、对经济劣势人群的捐助以及支持工作培训等活动对公众的影响。
- **雇员关系**指不解雇计划、雇佣和提拔残疾人、现金利润分红以及良好的协会关系等公司政策。
- **环境**指公司开发、加工、使用对环境破坏程度最小或对环境无害的产品或服务。
- **产品/责任**指公司在研究和开发、树立高质量产品的声誉，以及避免生产有害的产品等方面的努力。

- **妇女/少数民族**指公司对于女性雇员和少数民族雇员的雇用和提拔,包括解决诸如照顾小孩和老人等家庭问题。
- **核动力**指利用核能工厂的能源的比率。
- **军用**指公司在武器制造中的收入。
- **南非**指在南非的股东权益或资本所有权。

方　法

为了评估这8个社会问题的相对重要性,我们对管理会计师和社会投资者进行了调查。之所以选择管理会计师作为调查对象是因为他们代表了当前和未来潜在的社会信息提供者。管理会计师负责协调数据的收集和准备被提议的预算。接受调查的管理会计师是从管理会计师协会(Institute of Management Accountants)的东南地区会员中随机选出的。

我们选出了两组社会投资者:Interfaith Center on Corporate Responsibility(以下简称ICCR)的成员和Domini Social Equity Fund的投资者。虽然这两组投资者都希望通过他们的投资影响公司行为,他们所采用的方法却不同。ICCR组通过发布股东决议以积极的方式影响公司行为。④ ICCR是发起社会股东决议的第一个组织,已经活跃了25年之久。⑤

Domini Social Equity基于多米尼社会指数(Domini Social Index)来选择股票。⑥这个团体在影响公司行为方面扮演了更为被动的角色。投资以财务和社会绩效为基础。投资者通过避免社会效益低的公司股票或通过投资社会绩效良好的股票来影响公司行为。因此,出于一定的需要,在本章中ICCR成员被视为社会激进分子,Domini Social Equity Fund的投资者被视为社会投资者。

工　具

调查的工具是由层级分析法(Analytic Hierarchy Process,简称

AHP)发展而来的。这个决定公司社会绩效不同问题相对重要性的方法是在 Arrington 等人(1982)、Wokutch 和 Fahey(1986)以及 Ruf 等人(1993)的专著中提出的。由 Saaty(1980)开发的 AHP 运用了两两比较(pairwise)的比较过程,这个过程在标准最初定性时为量化决策者提供了认识的系统方法(Saaty, 1980)。AHP 已经成功地用于各种多决策环境之中,如运用于政府、会计、管理信息系统等等(参见 Shim, 1989; Apostolou and Hassell, 1993)。

参与者需要完成一份包括两个部分的调查问卷。问卷的第一部分是要从调查者那里获得对 8 个 CSP 问题的加权测评值(weighted estimation)。这些问题包括:公众关系、雇员关系、环境、产品开发和责任、妇女/少数民族、核动力、军用以及南非。为了确保调查对象理解这些社会问题代表什么,在问卷调查的一开始就给出了每一个问题的定义。为了建立每个属性的权数,问题是以 AHP 的权数生成方案(weight generation scheme)为基础进行设计的。进行每个两两比较时,调查对象被要求首先明确是否这两个社会问题同等重要,或者点明哪一个社会问题更为重要。如果调查对象认为一个社会问题比另一个更加重要,他们就被要求根据 Satty(1980)的九点量表来评估这个更重要问题的相对重要性。问卷的第二部分收集了调查对象的人口信息和描述性信息。这个调查问卷在前一个研究中被证实是有效的(见 Ruff et al., 1993)。

参与者

此次调查对管理会计师发放了 200 多份问卷,对社会激进分子发放了 73 份问卷。给每位调查者的后续信件在两周后发出。在给管理会计师的 200 份问卷中,有 5 份由于地址错误而被退回,4 份作为无效回复被退回,42 份(26%)获得有效答复。在对 400 名社会投资者的调查中,有 8 份调查问卷不完整地返还,6 份由于地址错误而被退回,还有 194 份(49%)获得了有效答复。在寄给 73 名社会激进分子的问卷中,2 份无效退回,41 份(59%)获得有效答复。

表 10.2 提供了关于调查对象的描述性统计资料。调查对象中

有 145 名是女性,132 名为男性。调查对象的年龄在 26 岁到 77 岁之间,平均年龄为 46 岁。其中有 22%的人完成了高等学院的学习,42%的人已经开始攻读或取得了硕士学位,30%有学士学位,6%修过一些大学课程。关于调查对象的家庭年均收入,其中 24%的人自称高于 7.5 万美元,25%的人在 5 万美元到 7.5 万美元之间,37%的人在 2.5 万美元到 5 万美元之间,14%的人低于 2.5 万美元。注意社会激进分子小组成员的年龄偏大,受教育更多,因此比管理会计师和社会投资者收入低。而且,社会激进分子小组中的女性成员比其他组更多。社会投资者小组的人员构成与管理会计师小组相比,女性成员更多,收入水平较低。

表 10.2　描述性统计数据(descriptive statistics)

	范例总数	管理会计师 ($n=42$)	社会投资者 ($n=194$)	社会激进分子 ($n=41$)
平均年龄(年)	46	45	45	52
性别				
男	52%	24%	56%	63%
女	48%	76%	44%	37%
教育程度				
肄业	6%	5%	8%	2%
学士	30%	31%	34%	10%
硕士	42%	48%	36%	61%
进修	22%	16%	22%	27%
收入				
＜25 000	14%	2%	11%	39%
25 001—50 000	37%	30%	41%	29%
50 001—75 000	25%	21%	26%	25%
＞75 000	24%	47%	22%	7%

结　果

为了计算社会特征权数(social dimension weights),每名参与者的回复都被列入一个矩阵之中。矩阵的特征值用数据统计程式库(IMSL)计算得出(IMSL, 1989)。与最大的特征值相关的特征向量也被计算出来。这个特征向量被标准化,从而特征向量的和为1.0。为了评估参与者答复的一致性,通过 Saaty(1980)提出的几何学方法,被调查者的输入信息矩阵被合并为一个单独的输入信息矩阵。不一致的比率为 0.01,完全在可接受的范围之内。通过将个人对每个社会问题的权数进行算术平均计算得出每个社会问题总的相对重要性。⑦这些平均权数就代表了本次调查的参与者眼中每个社会问题的相对重要性。

表 10.3 列出了所导出的每个社会问题的权数。管理会计师认为,产品/责任是最重要的问题,其权数为 25%;第二重要的问题是雇员关系,权数为 19%。其次重要的三个问题为:环境(14%)、妇女/少数民族(13%)和公众关系(11%)。管理会计师在评估 CSP 时认为最不重要的三个社会问题为:核动力(7%)、军用(6%)以及南非(5%)。这三个最不重要的社会问题的权数总和比两个最重要的社会问题(产品/责任和雇员关系)的任何一个的权数都小。这表明管理会计师可以很明显地区分这些社会问题的重要性。

表 10.3 统计结果

社会问题	管理会计师		社会投资者		社会激进分子	
	权数	排名	权数	排名	权数	排名
公众关系	0.11	5	0.08**	7	0.08**	7.5
雇员关系	0.19	2	0.12**	5	0.14**	4
环境	0.14	4	0.2**	1	0.15	2
产品/责任	0.25	1	0.15**	2	0.12**	6
妇女/少数民族	0.13	3	0.14	4	0.16	1
核动力	0.07	6	0.1*	6	0.08	7.5
军用	0.06	7	0.14**	3	0.14**	4
南非	0.05	8	0.07	8	0.13**	4

注:* 在 0.05 水平上与管理会计师有显著差异的权数;
** 在 0.01 水平上与管理会计师有显著差异的权数。

对社会投资者而言，最重要的问题是环境(20%)。其次重要的三个问题的相对重要性分别为：产品/责任(15%)、妇女/少数民族(14%)以及军用(14%)。其次是雇员关系(12%)和核动力(10%)。最不重要的问题是公众关系(8%)和南非(7%)。像管理会计师一样，社会投资者在对各个社会问题的重视上也存在差别。

对于社会激进分子，最重要的社会问题是妇女/少数民族和环境，其权数分别为16%和15%。两个其次重要的问题是雇员关系和军用。这两个问题的权数都为14%。仅次于这两个问题权数的是产品/责任(12%)和南非(13%)。最不重要的问题是公众关系(8%)和核动力(8%)。与管理会计师相比，社会激进分子对不同社会问题的重视程度相差不大。

为了判断管理会计师对这些社会问题的重视是否不同于社会投资者和社会激进分子，我们进行了统计分析。表10.3显示的结果表明，除了妇女/少数民族问题和南非问题，管理会计师在其他所有社会问题上的权数都与社会投资者有明显的不同。社会投资者更加重视环境($t=3.6$, $p<0.01$)、军用($t=4.7$, $p<0.01$)和核动力($t=2.23$, $p<0.05$)，而管理会计师则更为重视产品/责任($t=-4.75$, $p<0.01$)、雇员关系($t=-4.73$, $p<0.01$)和公众关系($t=-3.45$, $p<0.01$)。测试统计数值中的负数值表明管理会计师的平均权数比社会投资者的平均权数要高。

社会激进分子与管理会计师存在明显差别的社会问题包括：公众关系、雇员关系、产品/责任、军用和南非。与社会激进分子相似，管理会计师比社会激进分子更为重视产品/责任($t=-5.20$, $p<0.01$)、雇员关系($t=-2.87$, $p<0.01$)和公众关系($t=-2.86$, $p<0.01$)。社会激进分子比管理会计师更重视军用($t=4.74$, $p<0.01$)和南非($t=4.22$, $p<0.01$)。在这些调查群体之间，环境、妇女/少数民族与核动力的权数差别不大。

考察社会问题重要性的另一个方法是考察不同问题的排序。每一个问题的权数能够被用来判定其排序。表10.3包括社会问题的排名。管理会计师、社会投资者和社会激进分子的排名的一致程度是由斯皮尔曼等级相关系数(Spearman's Rank Order Correlation,简称 r_s)所决定的(Daniel, 1985)。等级相关系数(r_s)是样本观察排名一致程度的计量单位。会计师和社会激进分子的修正(corrected for ties)r_s 值相对较低,为 0.15。对上表作一假设检验:

假设 0:两组排名是相互独立的。
假设 1:两组排名成正相关关系。

假设 0 没有被推翻($p > 0.1$),这说明没有足够充分的证据证明管理会计师和社会投资者以及管理会计师和社会激进分子在排名上有什么关系。⑧

使用者和提供者在具体社会问题上的意见差异可以帮助我们洞察被调查小组之间的不一致。管理会计师更加重视组织内部或管理者直接控制的问题,诸如产品/责任和雇员关系等。社会投资者更为重视环境问题。这也许与环境条例的增加以及威胁公司未来负债、从而威胁未来利润的法律诉讼案的增加有关。另一个可能的解释是,这些结果反映了每个小组的社会导向。虽然社会激进分子对各个社会问题的重视程度差异不大,他们比管理会计师更加重视与人权问题有关的诸如军用和南非等问题。

调查结果还显示了管理会计师比社会投资者和社会激进分子更加重视公众关系。由金达,多米尼和莱登伯格公司的 Steven Lydenberg 提供的解释是:社会投资者将慈善活动视为一种广告而非纯粹的利他行为。另一个有趣的发现是,这三个调查对象小组对妇女/少数民族的权数非常相近。这可能是因为我们处在一个有平等机会意识的时代。⑨

讨 论

会计人员的责任已经从过去主要对股东负责转变为对各利益

相关者群体负责。这种责任重心的转变有以下几个原因。第一，迫于商业丑闻增加的压力，会计行业主动采取了一定的措施来增加公众对于行业的信任。例如，IMA 要求管理会计师不仅对他们服务的组织负责，而且还要对其行业和公众负责，以维护道德行为的最高准则。AICPA 将 CPA 的责任扩展到保护公众利益。英国特许管理会计师协会(CIMA)(这个组织包括 CPA 和管理会计师)[⑩]与加拿大的加拿大特许会计师协会(CICA)[⑪]也已经采取了类似的举措。这些变化对于会计师对其角色的理解或者道德决策有什么影响还尚未可知。当前研究没有直接涉及对于会计社会角色的理解这个问题。然而，会计人员对组织内部的社会问题极为重视这一点可能表明，会计人员并不认可他们在社会中担任着更重要的角色。

第二，公司管理者正逐步意识到，为了保持竞争力，公司必须要平衡股东和其他利益相关者团体，比如雇员、顾客、公共利益群体，以及公众等团体之间的需要。对于会计人员在公众责任或社会责任方面的加强，提出了这样一个问题：会计人员为内部和外部使用者提供社会信息应该具备什么样的道德责任？Ruf(1997)谈到，为了适应社会需要，会计人员首先要认识到当前的社会问题以及各个社会问题对于利益相关者团体的重要性。本章在管理会计师和两个利益相关者团体(社会激进分子和社会投资者)如何看待 8 个社会问题的重要性方面提供了初步的证据。会计人员对于组织内部社会问题的重视可能正显示了他们对于其他相关利益群体的需要缺乏关注。加强会计对各种社会问题的了解能够使他们更清晰地定义公司的社会责任并为内部和外部使用者提供更加相关的信息。Ruf(1997)认为，为了适应社会需要，会计人员首先要认识到当前的社会问题以及各个社会问题对于利益相关者群体的重要性。

由于利益相关者群体常常利用公司的年度报告来作社会投资决策，会计行业需要重新评估哪些社会信息对于各种利益相关群体是重要的(Rockness and Williams, 1988; Harte et al., 1991)。

调查的结果很有力地证明,会计人员和两个社会投资小组对 CSP 的态度各异,这种差异既体现在某个社会特征的重要性程度上,又体现在重要性次序上。这些调查结果表明,管理会计师必须更加明确对于各利益相关团体哪些问题更为突出。

调查结果也显示管理会计师对环境问题的重视程度远远不如社会投资者。而且,管理会计师对环境问题的重视权数与公众关系和妇女/少数民族问题的权数近似。考虑到解决环境问题的花费估计将超过 2 000 亿美元(Garvin, 1993),清除有毒废物场所和供应清新空气的费用估计分别为 1 000 亿美元和 190 亿美元(Rittenberg et al. , 1992),对公共侵权行为的索赔正在开始威胁公司的生存(Dupree and Jude, 1995),这些调查结果值得引起我们的注意。虽然一些诸如 IMA 的机构正在贯彻测量和报告环境绩效的自愿方针,会计人员对商业不断变化的环境需求的反应还是较慢的。正如 Skalak 等人(1993/1994)所说的,公司需要及时告知公众他们在保护环境上除了遵守行业准则,还取得了哪些成绩。

结　论

本章所提供的更多的是一个用于提出问题,而非解决问题的论坛。社会报告发展遇到阻力很大程度上是由于难以在哪些社会问题是重要的,且值得公司为制造相关信息支付额外成本上达成一致意见。为了适应变化的商业环境,会计人员需要扩展他们的角色,“为社会、环境和道德影响,以及为公司治理和经管责任提供服务”(Epstein, 1993, p. 26)。而且,会计人员必须意识到各种利益相关者的社会信息需要,从而承担他们对社会的道德责任。

本章研究了社会问题对两个社会投资者小组的重要性,同时关于社会投资者和社会激进分子的调查结果所显示的差异也表明了管理者在处理多重社会问题的时候所必须应对的两难困境。理解各种利益相关团体的信息需要将有助于管理者有效的分配资源,并且提供给使用者更为相关的信息。为了判定是否其他的利益相关者团体,比如说债权人和顾客,在对社会问题的重视上存在不同,我们还需要进行进一步的研究。

最后,公司社会绩效的报告也许对公司会有不可预见的积极影响。如果一个公司在一个或多个社会问题上表现良好而公众却尚未意识到这一点,公司也许会因此丧失一些潜在利益,比如潜在雇员、潜在消费者和/或投资者。虽然很难估测由于缺少披露而造成的利益损失,但可以证明披露信息有潜在的利益。例如,Blacconiere 和 Patten(1993)的研究显示,进行环境方面广泛披露的化学品公司对 1984 年发生在印度波帕尔的 Union Carbide 公司化学品泄漏事件的市场负面反应比那些披露较少的公司要小。社会信息披露潜在利益的评估还有待进一步的研究。

注 释

① Rockness 和 Williams 在他们的文章中列举了 12 条社会标准。由于他们所列标准中的两条——慈善和对公众特殊的经济或社会贡献,看起来概念相同,我们就把它们结合为一条标准了。

② 当 1992 年进行此项调查时,在南非的投资仍然被看作是主要问题。此后南非发生了政治变动。

③ 这个数据库当前被许多大的投资公司使用,这些公司投资于一些社会审查资金(socially screened funds),如 TIAA-CREF 和 Merrill Lynch 等。

④ 如要提出一个股东决议,提出者必须持有价值最少为 1 000 美元的股票一年。决议提交给 CEO 或者公司秘书,并需出示所有权证明。

⑤ ICCR 代表了 25 个新教教派以及 230 个罗马天主教修道会和教区。

⑥ 多米尼社会指数(Domini Social Index)由 KLD 社会测评服务机构(KLD social rating service)提出。这是美国第一个综合性的市场股票指数(broad market stock index),用来监督基于多种社会约束的公司社会绩效(Kurtz et al., 1992)。

⑦ 这些权数也是使用几何方法从单输入(single input)矩阵中导出的。这两套权数之间不存在统计差别。由于使用单输入矩阵不包括统计分析,所以使用了从个体中导出的权数的平均值。

⑧ 当没有使用相关修正(correction for ties)时，r_s 的价值为 0.16。这个值仍然不显著。

⑨ 注意当前的政策改变包括鼓励雇佣妇女和少数民族成员等赞助性行为，这样的政策改变会对妇女/少数民族问题的权数产生影响。

⑩ CIMA 声称会计的职责是为“公众和行业所服务的机构的集体福利”服务(CIMA，1992)。

⑪ CICA 在定义会计人员的角色变化上采取了更为坚定的立场。他们在特许会计师使命声明中声称，会计将要“提供服务，帮助制定关于有效分配和利用资源的决策……CA 利用专业知识和内行判断发挥着作用，在从业中正直、客观、负责，致力于履行他们对公众的责任”(CICA，1986，p. 19)。

参考文献

Abt, C. 1972. Managing to save money while doing good. *Innovation* 27(January): 38-47.

American Institute of Certified Public Accountants (AICPA). 1977. *The Measurement of Corporate Social Performance.* New York: AICPA.

Apostolou, B., and J. Hassell. 1993. An overview of the analytic hierarchy process and its use in accounting research. *Journal of Accounting Literature* 12: 1-27.

Aoi, J. 1994. To whom does the company belong?: A new managment mission for the information age. *Journal of Applied Corporate Finance* (Winter): 25-31.

Arrington, C.E., R.E. Jensen, and M. Tokutani. 1982. Scaling of corporate multivariate criteria: Subjective composition versus the analytic hierarchy process. *Journal of Accounting and Public Policy* 1(1): 95-123.

Blacconiere, W.G., and D.M. Patten. 1994. Environmental disclosures, regulatory costs, and changes in firm value. *Journal of Accounting and Economics* 18(3): 357-377.

Belkaoui, A. 1984. *Socio-Economic Accounting.* Westport, CT: Greenwood Press.

Canadian Institute of Chartered Accountants (CICA). 1986. Long-range strategic palnning committe. Toronto, Ontario: CICA.

Committee for Economic Development (CED). 1971. *Social Responsibilities of Business Corporations.* New York: CED.

Council of the Chartered Institute of Management Accountants (CIMA). 1992. *Ethical Guidelines.*, London, UK: CIMA.

Cossette, G. 1994. Ethics under the gun. *CMA Magazine* (March): 23-26.

Daniel, W.W. 1985. *Applied Nonparametric Statistics.* Boston, MA: Houghton-Mifflin.

Domini, A., P. Kinder, and S. Lydenberg. 1992. What is social investing? Who are social investors? In *The Social Investment Almanac,* eds. P. Kinder, S. Lydenberg, and A. Domini, 5-7. New York: Henry Holt.

Dupree, C.M., and R.K. Jude. 1995. Coping with environmental and tort claims. *Management Accounting* (March): 27-31.

Epstein, M.J. 1993. The expanding role of accountants in society. *Management Accounting* (March): 22-26.

Ernst and Ernst. 1978. *Social Responsibility Disclosure.* New York: Ernst & Ernst.

Garvin, A.O. 1993. The 12 commandments of environmental compliance. *Industrial Engineer* (September): 18-22.

Gray, R.H., D.L. Owen, and K.T. Maunders. 1988. Corporate social reporting: Emerging trends in accountability and the social contract. *Accounting, Auditing, and Accountability* 1(1): 6-20.

Harte, G., L. Lewis, and D. Owen. 1991. Ethical investment and the corporate reporting function. *Critical Perspectives on Accounting* 2: 227-253.

IMSL Stat/library. 1989. *Problem Solving Software Systems*, Vol. 3: *Fortran Subroutines for Statistical Analyses*. Houston, Tx: IMSL.

Institute of Management Accountants (IMA). 1982. *Statement of Management Accounting No. 1B: Objectives of Management Accounting*. Montvale, NJ: IMA.

Kurtz, L., S. Lydenberg, and P.D. Kinder. 1992. The Domini social index: A new benchmark for social investors. In *Social Investment Almanac*, eds. P. Kinder, S. Lydenberg, and A. Domini, 287-322. New York: Henry Holt & Company.

Lydenberg, S.D., A.T. Marlen, and S. Stub. 1986. *Rating American Corporate Conscience*. Reading, MA: Addison-Wesley.

Mathews, R. 1987. Socially responsibility accounting disclosure and information content for shareholders: A comment. *British Accounting Review* 19(2): 161-167.

Miller, A. 1992. Social investment in the United Kingdom. In *Social Investment Almanac*, eds. P. Kinder, S. Lydenberg, and A. Domini, 660-668. New York: Henry Holt & Company.

Owen, D.L. 1990. Towards a theory of social investment: A review essay. *Accounting, Organizations and Society* 15(3): 249-265.

Pava, M.L., and J. Krausz. Forthcoming. The association between corporate social-responsibility and financial performance: The paradox of social cost. *Journal of Business Ethics*.

Rittenberg, L.E., S.F. Haine, and J.J. Wegrandt. 1992. Environmental protection: The liability of the 1990s. *Internal Auditing* (Fall): 13-25.

Rockness, J., and P.F. Williams. 1988. A descriptive study of social responsibility mutual funds. *Accounting, Organization and Society* 13(4): 397-411.

Ruf, B.M. 1997. Corporate social responsibility: The role of the accountant. In *The Blackwell Encyclopedia on Management*. Oxford, UK: Blackwell.

Ruf, B.M., K. Muralidhar, and K. Paul. 1993. Eight dimensions of corporate social performance: Determination of relative importance using the analytic hierarchy process. In *Academy of Management Best Paper Proceedings*, 326-330, Atlanta, GA.

Saaty, T.L. 1980. *The Analytic Hierarchy Process*. New York: McGraw Hill.

Saaty, T.L. 1986. Axiomatic foundation of the analytic hierarchy process. *Management Science* 32: 841-855.

Shapiro, J. 1992. The movement since 1970. In *Social Investment Almanac*, eds. P. Kinder, S. Lydenberg, and A. Domini, 8-23. New York: Henry Holt & Company.

Shim, J.P. 1989. Bibliographical research on the analytic hierarchy process (AHP). *Socio-Economic Planning Sciences* 23(4): 161-167.

Skalak, S.L., W.G. Russell, M. Robinson, G. Miller, and D. Casey. 1993/1994. Proactive environmental accounting and world-class annual reports. *Journal of Corporate Accounting and Finance* (Winter): 177-196.

Smith, T. 1992. Shareholder activism. In *Social Investment Almanac*, 108-114. New York: Henry Holt & Company.

Sousa-Shields, M. 1992. Social investment in Canada. In *Social Investment Almanac*, eds. P. Kinder, S. Lydenberg, and A. Domini, 638-643. New York: Henry Holt & Company.

Trevino, L.K. 1986. Ethical decision making in organizations: A preson-situation interactionist model. *Academy of Managment Review* 11(3): 601-617.

Ullmann, A. 1985. Data in search of a theory: A critical examination of the relationships among social performance, social disclosure, and economic performance of U.S. firms. *Academy of Management Review* 10(3): 540-557.

Wokutch, R.E., and L. Fahey. 1986. A value explicit approach for evaluating corporate social performance. *Journal of Accounting and Public Policy* 5(3): 191-214.

11

CPA 价值分析
——更好地理解职业动机和职业道德态度

Thomas E. Wilson
Jr. , Dan R. Ward
Suzanne Pinac Ward

摘　要

也许会计对他们自己、对个体客户以及对总体社会在其法律职责和道德责任方面的信心没有哪个时期比现在更差了。本章调查了从业 CPA 的个人价值系统，将其作为理解他们的个人动机，了解他们与社会道德观念的兼容程度，最终评价和改善道德风气和职业观念的基本步骤。洛基奇价值量表(Rokeach value survey)被用来评估调查对象的价值观念。工具性价值观念组合(instrumental values profile)显示，CPA 认为"诚实"、"负责"和"有爱心"是个人和社会都赞同的品行。终极性价值观念组合(terminal values profile)则表明，CPA 拥有"自尊"和"家庭安全感"等个人导向型价值观而非诸如"社会认可"和"美好世界"等社会导向型价值观。当前研究的一些发现提供了有关从业 CPA 成就导向型价值体系的补充证据。许多人口方面的特征很大程度上影响了终极性价值观和工具性价值观的排名。调查对象的性别、职位、经验、年龄和收入都与几个价值观的排名相关。至于个人价值观与包括本章所讲到的一些人口特征之间的关系，我们还需要对此进行进一步的研究。

导　论

作为经验和学习的独特结合，人类行为要求个人内部动机和外部动机的平衡。由此产生的行为模式与个人本身一样的独特和多样。作为一个人内部动机的一部分，价值能给个人的行为、态度和自我形象静态的和持久的影响与指导。对于行业个体成员个人价值系统的认识和理解不仅可以洞察他们的个人行为，而且还可以帮助我们深入了解这个行业总体行为方向和道德态度的共同特征和不同之处。

个人、技术、组织及社会价值系统的复杂结合经常使会计专业人员面对涉及道德困境和价值判断的情况。20 世纪 80 年代和 90 年代被普遍宣扬的白领犯罪和各种丑闻使涉及会计人员的诉讼案空前增多，而且使许多人对会计行业的自我监管能力产生质疑。随着社会对那些担任负责职务的人员的道德行为准则提出了更高的要求，对于行业过去的行为在道德方面的信心也不断遭受打击。也许会计人员对他们的法律责任以及他们对自己、个别客户和整体社会的责任方面的信心没有哪个时期比现在更差了。本研究的主要目的是调查从业 CPA 的个人价值系统，将其作为理解和评估他们的个人动机以及他们与社会道德观念的兼容程度，最终评价和改善道德风气和职业观念的基本步骤。

价值观念

价值被定义为“关于存在的首选终极状态的深入人心的持久看法”(Rokeach, 1973)。Brockhaus 和 Horwitz(1986, p. 32)不仅将价值视为生活的控制内驱动,他们还提出:“价值观是对自然有组织的概念。”与态度相比,价值从本质上讲更为概括,与具体项目发生联系的可能性较小(England, 1967)。Rokeach(1968)从等级分类的角度对价值和态度进行分类,将价值分为两组:终极的和工具性的。这种构成像一个倒金字塔,终极性价值的数量最小,态度/看法的数量最大。Rokeach(1968, p. 17)这样说道:

> 一种工具性的价值观念由此被定义为一种单纯的看法,总是以如下形式出现:我相信某某行为模式(比如:诚实、勇气)对所有对象在所有情况下都是个人和社会应该选择的。终端价值观念以类似的形式出现:我相信某某存在的最终状态(比如:获得拯救,和平的世界)是个人和社会值得为之奋斗的。只有那些有意义的可以放入第一句话的词或短语才代表了工具性价值观念,而只有那些有意义的可以放入第二句话的词或短语才是终端价值观念。

由于价值观念与哲学类似并且性质稳定,它常常根深蒂固,并且是一个人内在自我中相对持久的部分(England, 1967)。对价值观念的忠诚程度取决于价值观念在怎样的环境中被检验;结果,机能不良或偏离正轨的价值观念可能会被修正(Baker, 1976)。一个人的价值观念会影响他或她的行为,并且相应地影响他们所属组织的行为(England, 1967; Coye, 1986)。行业在这方面好比是商业组织,每个成员的价值观念影响整个行业的行为。反过来,这也决定了呈现给公众的行业形象(Swindle and Phelps, 1984)。公众会评价行业形象并且评估行业的可信度。

尽管价值观念对个人、组织和行业而言非常重要,个人经常不知道他们所持的具体价值观念。而且,这些人经常不按照已知的或公布的价值观念行事(Cochran, 1983; Wrench, 1969)。因此发生的冲突可能产生价值观念焦虑(value anxiety)(比如:争吵或内疚),降低了个人的决策效率(Hall, 1973)。最终,个人效率不足将反映在组织能力下降和行业形象受损等现象上。

本章的其余部分是这样安排的。下一节有选择地回顾了在价值观念方面前人的研究。接下来,将介绍本章的研究方法,然后介绍研究结果。本章的结尾将做一个总结,并讨论研究结果的意义。

被选的已有研究

价值观念问题是许多研究的主题。然而,关注专业人员的价值观,特别是会计人员价值观的研究却相对很少。Liedtka(1989)发现,当面对明确的组织价值观,但不能确定那些价值观与自己的价值观是否一致时,管理者经常会陷入冲突。Posner 和 Schmidt (1993)发现,对个人和组织的价值观概念清晰的管理者能够乐观地对待他们的工作以及他们同事和顾主的道德行为。

Fagenson(1993)在对男性和女性企业家和管理者个人价值系统的研究中进行了洛基奇价值观念调查。研究发现,性别对个人价值观系统的影响很小,虽然女性"平等"的价值排名更高,而男性"家庭安全感"的价值排名高于女性。然而,研究发现,管理者和企业家的个人价值观系统却存在很大差异。

在对初级/高级会计专业的学生和企业经理的价值观念组合图研究中,Swindle 和 Phelps(1984)通过洛基奇价值观念调查发现,这两个价值观念组合整体上有很重要的联系。然而,他们也发现,这两组人有几乎一半以上的个人价值排名明显不同。他们断定,会计专业学生和商业经理主管有着不同的价值观体系,这给新被雇用的会计带来了一些潜在问题。

通过态度和意见调查问卷法,我们的研究所得出的结果强化了这样的论断:会计人员和非会计人员具用不同的性格和特点(Baker, 1976)。然而,性格测试法研究断定,这些差异在统计学上并不明显(Baker, 1976)。Thielens(1966)为 AICPA 所做的有关会计专业学生特点的早期研究表明,大多数从事会计专业的人来自低收入的天主教家庭,父母最多受过高中教育。当问起他们具有哪些与一般学生不同的特点时,很多会计专业的学生都认为他们更善于与人合作,更安静。然而,DeCoster 和 Rhode(1971)的研究并不支持会计这种老套的形象,即把他们视为疏离社会、顺从、缺乏感情和冷漠的人。Baker(1976)通过洛基奇价值观念调查比较了会计专业学生与非会计专业学生的价值观念,结果发现研究所包含的 36 个价值项目中有 8 个项目存在统计差异。虽然他认为不能就此断定这两组人具有不同的价值观念体系,但他也提到这种可能性确实存在。

Swindle, Phelps 和 Broussard(1987)所进行的研究是为数不多的几个调查职业层次上会计人员个人价值观念体系的研究中的一个。他们通过洛基奇价值观念调查来检测从业注册会计师(CPA)的个人价值观念体系。这个研究认为,CPA 具有个人导向的价值观,而不是社会导向的价值观,并没有强调“一些权威所认同的这些价值观具有当今社会的特征这样的说法”(p. 6)。作者为这些研究结果提供了三种可能的解释:(1)CPA 的个人价值观和社会价值观没有重合;(2)对社会价值观的描绘并不准确;(3)研究涉及的调查对象不代表整个 CPA 群体。

方　法

本研究的主要数据是通过对 733 名在美国公共从业的注册会

计师的调查得来的。回复来自 195 个主体,回复率为 26.6%。在接受调查的 CPA 中,有 59 名为女性,136 名为男性。

洛基奇价值观调查测量了多种情况中的价值观,其被用来评估调查对象的价值观。工具性价值观包括达到目标的方法和个人相信个人和社会都认可的行为模式(Baker, 1976)。终极性价值观关注一般的目标或者一个人认为个人和社会值得为之努力的终极存在状态。在个人价值系统的测量中,洛基奇价值观调查被认为是一个既有效又可靠的测量手段。这种价值观调查方法已经被广泛地用于社会学、心理学、管理学和其他学科(例如:Fagenson and Coleman, 1987; Feather, 1984)。

参加者被要求将每一组价值项目从 1 至 18 排序,1 代表最重要的,18 代表最不重要的。因为排名构成了一个测量的顺序等级,集中趋势的对应测度就是中位数(Siegel, 1956)。每一个价值项目的中位数等级被用来构建每个小组的价值观侧面图。

中位数测试用来确定是否女性 CPA 的价值项目排名与男性 CPA 的价值项目排名不同。另外,我们还选择了其他一些影响价值项目排名的人口因素(在公司的职位、经验、年龄和收入)用中位数测验进行了测试。整个研究使用的是 0.05 显著水平。

结　果

表 11.1 显示了作为调查对象的公共执业 CPA 的人口统计数据。女性综合调查对象是当地一家 CPA 公司的经理。30 岁时,她已经做了 6.3 年的 CPA,年收入在 40 000 美元到 49 999 美元之间。而男性综合调查对象是当地一家 CPA 公司的合伙人(或独立经营者),30 多岁,做了 11.8 年的 CPA,年收入为 50 000 美元到 59 999美元。

表 11.1　调查对象的特征

特　征	女　性[a]	男　性[b]
公司类型		
国际	28.8%	17.9%
国有	0.0%	1.5%
地区	10.2%	14.2%
当地	61.0%	66.4%
职位		
合伙人/独立经营者	23.7%	69.4%
经理	52.5%	20.1%
高级	16.9%	7.5%
职员	5.1%	3.1%
其他	1.7%	0.7%
CPA 从业时间(年)	6.3	11.8
年龄(岁)	30—39	30—39
收入(美元)	40 000—49 999	50 000—59 999

注：[a] $N=59$。
[b] $N=136$。

工具性价值观念组合

表 11.2 列出了本研究调查对象的工具性价值观念组合。CPA 认为“诚实”、“负责”和“富有爱心”这些价值项目是最重要工具性价值项目。最不重要的是“干净”、“有勇气”和“顺从”等价值项目。

表 11.2　工具性价值观念组合(中位数相对排名)

排序	工具性价值	中值
1	诚实	2.0
2	负责	4.0
3	有爱心	6.0
4	能干	7.0
5	肯帮忙	9.0
6	独立	9.0
7	宽容	9.0

（续表）

排序	工具性价值	中值
8	自控	9.0
9	心胸开阔	10.0
10	高兴	10.0
11	智力发达	10.0
12	有雄心	10.0
13	有逻辑头脑	10.0
14	礼貌	11.0
15	有想像力	11.5
16	干净	13.0
17	有勇气	14.0
18	顺从	17.0

根据所选人口因素，分析工具性价值观念组合可以发现一些有趣的现象。男性和女性调查对象之间仅存在一项重要的差别，那就是“独立”价值的排名不同。女性 CPA 不如男性 CPA 重视这一项价值。

我们又接着对回复进行了分析，来确定是否工具性价值项目的排名因调查对象的地位不同而异。我们发现在“宽宏大量”和“服从”这两个价值项目上，职位和排名具有明显的关系。那些作为合伙人或独资经营者的 CPA 并不像其他职位的同事那样重视这两项价值。对“自控”这一工具性价值的重视程度也因调查对象的职位不同而明显不同；经理层以下的 CPA 比职位更高的同事更轻视这一项价值。

接下来我们又分析了工具性价值观念组合，用以明确调查对象作为 CPA 的从业年数是否会影响排名。这种联系在“宽宏大量”和“自控”两项价值上表现得很明显。对有十年以上从业经验的 CPA 来说，“宽宏大量”没有经验较少的 CPA 所认为的那样重要。而从业经验低于 10 年的 CPA 并不如经验更丰富的 CPA 那么重视“自控”这一项价值。

工具性价值观念组合没有受到调查对象收入的影响。当从调查对象年龄的角度对价值重要性的排名进行分析时，只有在“宽宏大量”上年龄和排名的关系明显，40 岁以上的调查对象没有比他们年龄小的 CPA 重视这项价值。

表 11.3 显示了调查对象的终极性价值观念组合。CPA 将“自尊”、“家庭安全感”和“幸福”列为最重要的三项终极性价值。排名最低的价值包括“美丽世界”、“社会认可”以及“激动人心的生活”。这样的排名显示了 CPA 重视个人导向的价值而非社会导向的价值，这与 Swindle、Phelps 和 Broussard(1987)报告的结果是一致的。

表 11.3 终极性价值观念组合(中位数相对排名)

排名	终极性价值	中值
1	自尊	4.0
1	家庭安全感	4.0
3	幸福	5.0
4	自由	7.0
4	成就感	7.0
4	内心和谐	7.0
7	成熟的爱	8.0
7	真挚的友情	8.0
7	智慧	8.0
7	舒适的生活	8.0
11	获得拯救	10.0
12	和平的世界	12.0
13	平等	13.0
13	高兴	14.0
15	国家安全	15.0
16	精彩的生活	15.0
16	美好的世界	15.0
16	社会认可	15.0

当根据调查对象的性别来分析结果时，三个终极性价值排名明显不同。女性 CPA 对“社会认可”和“智慧”的排名比男性 CPA 要高。奇怪的是，对于男性 CPA“平等”更为重要。通过分析终极性价值排名是否因调查对象的职位而异，我们发现，“愉快”和“社会认可”的排名受到调查者职位不同的影响。对于高级会计师或

更低职位的 CPA，这两项终极性价值的重要性较低。

有两项终极性价值的排名受到调查对象作为 CPA 从业年数的影响。“成熟的爱”对于有 11 年至 20 年从业经验的 CPA 来说，没有它对于有更多或更少经验的 CPA 那样重要。价值“愉快”的排名有时让人费解，因为比起经验相对丰富（>20 年）和经验较少的 CPA（<5 年），有适中经验的 CPA（5—20 年）认为这项价值更为重要。

当针对调查对象年龄来分析终极性价值时，我们发现了一个相似的模式。最年长（>50 岁）和最年轻（<30 岁）的 CPA 没有三四十岁的 CPA 那样重视“家庭安全感”这样一项价值。最年长和最年轻的 CPA 比其他 CPA 更加重视“自尊”。未满 40 岁的 CPA 比 40 岁以上的 CPA 更看重“成熟的爱”。样本中 50 多岁的 CPA 最重视“社会认可”。

接下来我们又分析了终极性价值观念组合，来明确调查对象收入对价值排名的影响，结果发现了两个重要的关系。年收入在 5 万美元或 5 万美元以上的 CPA 没有收入较低的 CPA 重视“平等”这一项价值。而且，“社会认可”的排名与收入成正增长关系，收入较高的 CPA 比收入较低的 CPA 更重视这项价值。

总结和讨论

本研究深入考察了 CPA 的价值观体系。工具性价值观念组合表明，CPA 将“诚实”、“负责”和“有爱心”看作个人和社会都崇尚的行为类型。终极性价值观念组合表明 CPA 拥有诸如“自尊”和“家庭安全感”等个人导向的价值观念，而非“社会认可”和“美好的世界”等社会导向的价值观念。这与 Swindle、Phelps 和 Broussard（1978）构建的 CPA 价值侧面图类似。当前研究的这些成果为从业 CPA 成就导向型价值观念体系提供了补充证明。有几个人口特征明显地影响了终极性价值和工具性价值的排名。调查对象的性别、职位、经验、年龄和收入都与数个价值的排名有关。至于个人价值观与包括本章提到的一些人口因素的关系，还需要进一步的研究。

明确CPA的价值项目的相对重要性对于理解从业CPA的基本动机非常重要。对于CPA，“诚实”和“负责”的排名很高，这表明CPA应该更倾向于依据这样的价值要求行事。而且，CPA的个人导向提供了有关从业者“个人”观点和宗旨的信息。因而，认识CPA潜在的价值观体系可以提供一个必要的框架，将个人、行业的价值观念和与之经常发生冲突的社会普遍的价值观念结合起来。对于现存价值观体系不同点和相似点的理解能够帮助我们改善道德培训，改变会计人员的行为，从而提高会计行业的地位。会计行业的未来将最终取决于个人、行业和社会价值观念的协调和整合。

参考文献

Baker, C. 1976. An investigation of differences in values: Accounting majors vs. nonaccounting majors. *The Accounting Review* (October): 886-893.

Brockhaus, R., and P. Horwitz: 1986. The psychology of the entrepreneur. In *The Art and Science of Entrepreneurship*, 25-48. Cambridge, MA: Ballinger.

Cochran, L. 1983. Implicit versus explicit importance of career values in making a career decision. *Journal of Counseling Psychology* 30(2): 188-193.

Coye, R. 1986. Individual values and business ethics. *Journal of Business Ethics* 5: 45-49.

DeCoster, D., and J. Rhode. 1971. The accountant's stereotype. *The Accounting Review* (October): 651-664.

England, G. 1967. Personal value systems of american managers. *Academy of Management Journal* (March): 53-68.

Fagenson, E. 1993. Personal value systems of men and women entrepreneurs versus managers. *Journal of Business Venturing* 8: 409-430.

Fagenson, E., and L. Coleman. 1987. What makes entrepreneurs tick: An investigation of entrepreneurs' values. In *Frontiers of Entrepreneurship Research*, eds. N. Churchill, J. Hornaday, B. Kirchhoff, O. Krasner, and K. Vesper, 202-203. Wellesley, MA: Babson College.

Feather, N. 1984. Masculinity, femininity, psychological androgyny and the structure of values. *Journal of Personality and Social Psychology* 47: 604-620.

Hall, B. 1973. *Value Clarification as a Learning Process*. New York: Paulist Press.

Liedtka, J. 1989. Value congruence: The interplay of individual and organizational value systems." *Journal of Business Ethics* 8: 805-815.

Posner, B., and W. Schmidt. 1993. Values congruence and differences between the interplay of personal and organizational value systems. *Journal of Business Ethics* 12: 341-347.

Rokeach, M. 1973. *The Nature of Human Values*. New York: Free Press.

Siegel, S. 1956. *Nonparametric Statistics for the Behavioral Sciences*. New York: McGraw-Hill.

Swindle, B., and L. Phelps. 1984. Corporate culture: What accounting students are not taught. *Northeast Louisiana Business Review* (Fall/Winter): 37-43.

Swindle, B., L. Phelps, and R. Broussard. 1987. Professional ethics and values of certified public accountants. *The Woman CPA* (April): 3-6.

Thielens, W. 1966. *Recruits for Accounting: How the Class of 1961 Entered the Profession*. New York: AICPA.

Wrench, D. 1969. *Psychology: A Social Approach*. New York: McGraw-Hill.

12

政治压力和环境披露——EPA 和超级基金案例

Martin Freeman
A. J. Stagliano

摘　要

本章分析了在《全面性环境应变补偿及责任法》(Comprehensive Environmental Response Compensation and Liability Act，简称 CERCLA)下 SEC 的 Form 10-K 的责任披露。本章评估了作为超级基金(Superfund)潜在负责方的 SEC 注册公司的披露水平。本章对比研究了在环境保护部门促使 SEC 实施有毒废物场所清除成本报告前后两个静止状态中的披露。由于未来的获利水平和现金流量在很大程度上会受到清理有毒废物场所有关责任的影响，因而对有关超级基金场所的性质和程度的披露对每个公司利益相关者都很重要。本章使用的分析方法是根据披露内容对 140 家参与超级基金的公司进行分类。这些披露的重要性程度根据它们对报表使用者的有用性而定。我们将1987年(也就是在EPA试图确保披露的前一年)的披露与1989年和1990年的披露作了比较。

分析的结果显示,关于在被研究期间内不存在披露差异的零假设是不成立的。虽然有许多可能的理由可以解释所观察到的披露增长,但EPA威胁要促进SEC的执行活动这一点也许是一个主要的动因。此研究的一个意义在于表明:报表的制作者、审核者和读者都必须在要求全面披露超级基金和其他环境法规的财务影响方面付出更多的努力。

导　论

在1989年,美国环保署(EPA)向美国证监会(SEC)提交了一份名单,名单列出了那些对清除有毒废物场所负有潜在责任的公司。显然,EPA对SEC抱有期望,希望SEC将会更努力地实施相关的披露法令来保证这些公司报告他们在超级基金下的责任(Marcus, 1989)。我们并不知道具体为什么EPA要起带头作用并希望保证信息的披露,但此举重要的社会意义和政治意义却是显而易见的。为了使财务报表的读者获取有用信息,SEC当然应该贯彻要求这种披露的相关规则,因为超级基金将要求美国公司花费5 000亿美元以上的资金来清理危险废物场所(Eisner & Company, 1991)。不仅公司个体会受到超级基金很大的影响,清理还会给有毒废物场所附近的公众带来重大的社会影响。

本章分析了SEC Form 10-K对受到超级基金影响的公司的披露。这个研究是以EPA向SEC提交公司名单前后为对比情景作出的。本章的结构安排如下。第一,首先结合对一些相关会计文献的回顾提出背景,包括适用法律的详细内容。接下来阐述了研究方法。第二,介绍并分析了实证结果。最后,提出了本研究的研究结论、局限性和研究意义。

环境法规和财务披露

《全面性环境应变补偿及责任法》(CERCLA)于 1980 年开始实行。1986 年,《超级基金修正及再授权法》(Superfund Amendments and Reauthorization Act,简称 SARA)强化了 CERCLA。将这些法律归在联邦法规集的第 40 条(标题为"环境保护"),就是更为熟知的"超级基金"。这些法律要求对废物负有责任的公司应该清除危险废物场所。责任方包括废物的制造者和运输者,也包括这些场所以前或当前的所有者或经营者。所有这些潜在的责任方都被严格要求承担场所的清除成本。这些需要清除的场所在 EPA 每年公布的全国首要工作清单(National Priority List)中列出。为了保证获得恢复,Superfund 中各方的责任是共同的和多方的。

EPA 能够命令责任方进行清除工作,并要求他们补偿由 EPA 承担的任何补救成本,或者责任方也可以自愿地要求联邦政府承担他们所分担的清除费用。根据超级基金法案,责任方特定场所的清除成本所带来的个人责任限制在 5 000 万美元以内。对于受危险废物场所伤害的个人提出的损失索赔所引起的民事诉讼,其引发的成本没有额度限制。

进行公开报告的公司在向 SEC 提交的年度文件中必须披露任何环境支出的重大潜在责任。SEC 法规 S-K(Reg. Sec. 229. 103)规定,Form 10-K 的诉讼部分应该包括对于排放材料的披露,只要:

> 假如性质相仿的诉讼被进行一般性分组与描述,那么,政府机构就是每起诉讼的一方当事人,并且这些诉讼包括金钱处罚,除非注册者有理由相信这些诉讼将不会引起金钱处罚,或者所引起的金钱处罚低于 10 万美元(不含 10 万美元)的利息和成本。

基于财务会计准则公告(Statement of Financial Accounting Standards)第 5 条(FASB, 1975)的规定,如果一个重大责任的存在

是“可信的”并且它的金额是可以合理地估算出来，这个重大责任就必须计量(例如，给予会计认可)。这将责任写在了资产负债表上，将伴随发生的费用写在了损益表上。如果引起了一项重大责任，但是无法作出合理的评估，这必须要在财务报表披露的补充说明中加以描述。

对于美国许多的危险废物场所(例如，Maxey Flats, KY; Operating Industries, CA; Mountain View, CA)，成百上千的公司被指定为潜在的责任方。这些公司很难确定它们精确的责任限度。然而，由于许多情况下有毒废物场所的花费总共在 0.5 亿到 1 亿美元，确认和识别大约一部分花费，或者向所有当事人描述潜在责任并估算总费用，这些好像并非是繁重的披露要求。公司不报告它们的潜在责任，或者作出的报告无法令 EPA 满意，这种情况会影响财务报表使用者的利益。其他利益相关者也有权利被告知公司财务健康状况和商业活动的外部性产品。

有关有毒废物场所清除工作公司参与程度的披露对财务报表的使用者很重要。当一个公司受到，或者可能受到有毒废物场所清除工作的严重影响时，投资者、债权人、雇员、顾客和供应商都会受到牵连。即使一个公司当前所受的影响还没有达到“严重”的程度，它对废物场所负有责任这样的事实也会改变公司和它的利益相关者之间的关系。而且，那些对公司的社会责任特别感兴趣的利益相关者希望知道公司在有毒废物场所清除中所扮演的角色，以及公司如何有效地清除了它所负责的环境破坏。超级基金场所所在的社区也有兴趣了解问题的实质以及清除工作的进展状况——特别是在社区成员的健康和安全受到威胁之后。

文献中充斥的大量论文只讨论了一般的社会披露(例如，Ingram, 1978; Anderson and Frankle, 1980; Trotman and Bradley, 1981)。当然也不乏一些更为具体的考察环境披露的研究(Belkaoui, 1976; Freedman and Jaggi, 1986; Ingram and Frazier, 1980; Shane and Spicer, 1983; Wiseman, 1982)。然而，在会计领

域实证研究的文献里,看起来只有一篇文章涉及了危险废物处理的问题(Rockness, Schlachter and Rockness, 1986)。

Rockness、Schlachter和Rockness的研究中考察了21家化学品公司在1980年到1983年的年度报告中所作的披露。这些作者的结论是,很少有公司作出有关有毒废物处理的披露,在这方面一般性的披露或具体有关CERCLA清除的披露都很少。因为此项分析是在刚刚通过CERCLA,还没作出1986年SARA修正案的时候完成的,公司(或者它们的审计师)可能还没有意识到危险废物清除要求对未来财务绩效的潜在影响。还有一种情况也并非完全不可能,那就是,这些公司有意忽视报告财务影响,直到它们得到SEC的明确指令。

SARA是在1986年颁布的,所以1987年是超级基金全面实施的第一年。依赖1987年法案的全面实施,法规上的变化也不再可能影响这种责任。因此,在超级基金的影响之下,披露应该在1986年后的会计期就已经开始了。然而,EPA在1989年的诉讼中提出,它对于超级基金下所作披露的数量和/或质量都不满意。至少EPA认为,公司好像并没有遵照披露要求的精神行事。

研究方法

本章对1987 Form 10-K关于公司参与超级基金清除工作的披露作了分析。我们将这些披露与同一公司在1989年和1990年所作的披露进行了比较。

给出了以下的零假设:

假设1:1987年SEC Form 10-K的超级基金披露与1989年和1990年的这些披露相比没有差别。

以上所描述的EPA行动将会是扩展超级基金披露的促进因素之一。因此,1989年和1990年的披露应该比1987年的更多。这一点很重要,因为零假设被推翻将显示出,政治压力能够影响公司在处理有争议的财务披露事件中的判断立场。

样　本

EPA提供给SEC一份名单,列出了已经作出超级基金报告的公司,但此名单没有公诸于众。要产生一个由1987年与超级基金有牵连的公司(例如:潜在责任方)组成的样本需要多个步骤。第一,取得1987年的全国首要工作清单(NPL);这个清单登记了770个非政府超级基金场所。NPL提供的信息还包括确认站点当前的所有者。根据这个数据,我们有可能确定48家公开报告的公司是一个或多个NPL所列站点的所有者。

站点的所有者仅仅是许多可能责任方中的一个。任何在场所制造废品或向场所运送废品的公司都是潜在的责任方。为了确认场所所有者之外的其他牵连方,我们搜索了1987年SEC Form 10-K的所有文档。此项电子搜索是在NEXIS数据库中进行的,目的是为了得到了报告过任何有关超级基金和CERCLA信息的公司的列表。搜索的结果是,可以确认有169家公司在它们的年度SEC文档中提及了有关超级基金的内容。为了确定披露的内容,我们审查了这些公司和其他48个场所所有者中一些公司的Form 10-K。通过审读Form 10-K,一些公司被排除出外,因为它们没有牵涉Superfund责任(例如,环境服务公司),而一些公司被添加进来(比如埃克森),因为它们被其他公司认作潜在责任方。

这个样本中的一些公司特别具有代表性。将来自化学、炼油、电器和电子学产业的公司的Form 10-K加入分析似乎是有用的。1987年的样本包括对超级基金成本负有潜在责任的140家公司。这140家公司1989年和1990年的年度报告也被加以分析。

内容分析

本章所运用的分析方法是根据披露的内容将披露分类,然后根据其对于使用者的重要性来评价这些披露的重要性。

这种方法不同于通过列举词、词组或句子来量化披露的标准内容的分析技术。说了多少没有说了什么重要。将社会披露划分为已经确定的范畴能够促进我们更好地理解报告所传达的信息。内容分析的这种变体已被成功地用于以往同种性质的分析(见Wiseman, 1982; Freeman and Wasley, 1990)。

基于对这些披露的分析,它们可以用以下标准分类:

1. 对公司是超级基金的潜在责任方(PRP)的披露。

2. 对公司负潜在责任的具体超级基金场所和/或场所数量的提及。

3. 对公司是否或将会受到场所清理成本严重影响的提及。

4. 关于场所清理预期成本的资金披露。

选择的种类是以一系列披露变化现象为基础的,这些披露变化实际上是在对Form 10-K中的研究中发现的。由于EPA介入前后披露的广度是本章考虑的重要变量,所以有必要给这些披露加权。一种可能的做法是给每个披露项目相同的权数,这是因为不可能达成一个无偏的加权系统(unbiased weighting scheme),所以对每一种披露都应该平等视之。然而,很明显有的披露比另一些披露为使用者提供了更多的信息,而平等加权在这种情况下显得不公平。披露的好处不但在于它的存在,而且在于它为利益相关者提供了有关决策的信息。

我们所选的加权系统考虑了以上给出的不同类别的披露对于使用者不同的潜在益处。权数如下:

类别1:有关超级基金的披露(分数:2)

类别2:对场所数量的披露(分数:3)

对具体场所方位的披露(分数:3)

类别3:对严重程度的披露(分数:1)

类别4:对资金方面的后果的披露(分数:4)

指出公司是超级基金潜在责任方可以给出一定的信息,但这并不能使读者知道这是一个仅涉及少数几个场所的小问题还是涉及大笔潜在支出的大问题。对场所数量的披露为可能涉及多少诉讼提供了信息,但没有具体说明潜在清除的广度(或者成本)。通常,当公司提供关于具体场所的信息时,它也会作出一个程度适度的披露,公开问题的本质以及公司是主要责任者还是次要责任者。最后,以美元计量的潜在责任的披露以及公司是否重视这种责任可以帮助读者判断公司 PRP 身份对于公司未来发展的相对重要性。

这种加权系统是适用于这些披露的许多可能的加权系统中的一种。建立一个不同的加权系统并证明它的适用性是可能的。我们的研究考察了一个事件发生前后的披露广度,所选取的方法为量化披露广度提供了有用的测量标准。它的优点在于便于建构和解释,几乎不受评分者偏见的影响。

结　果

表 12.1 至表 12.4 给出了每家公司 1987 年、1989 年和 1990 年的披露分数。为了便于识别一段时间内的披露变化,这些表格基于公司 1987 年归入的披露类别进行分类。除了那些在 1987 年作出具体场所量化披露的公司(表 12.4)外,很明显,从 1987 年到 1990 年,所有公司都增加了它们的披露。

表 12.1　1987 年未披露 PRP 身份的公司的指数

公　　司	1989 年	1990 年
America Petrofina	0	0
Amoco	3	0
Burlington Northern	9	0
Chrysler	6	10
Circle K	0	6
Diamond Shamrock	0	0

（续表）

公　司	1989年	1990年
DuPont	7	7
Exxon	6	0
General Mills	0	0
Holly Corp.	0	0
Litton Industries	0	3
Lockheed	2	2
Morton Industries	12	12
Murphy Oil	0	3
Phillips Petroleum	0	0
Rockwell International	0	9
Southern Company	0	2
Teledyne	0	5
Tesoro Petroleum Corp.	6	0
Thiokol	0	0
Union Electric	6	0
Whitehall Corp.	0	0
平均值 ($n=22$)	2.6	2.7

表12.2　1987年没有披露PRP场所的公司的指数

公　司	1987年	1989年	1990年
Allied Signal	6	3	9
Amerada Hess	3	3	3
American Electric Power	2	6	6
Ashland Oil	3	3	6
Bethlehem Steel	3	10	6
Browning-Ferris Industries	3	6	6
Cooper Co.	3	6	0
Digital Equipment	3	3	3
Dominion Resources	2	2	3
Dover Corp.	3	3	3
Duke Power	3	6	9
Eastern Utilities Associates	3	2	12
Echo Bay Mines	3	3	3
Ecolab	3	6	6

（续表）

公　　司	1987 年	1989 年	1990 年
FMC Corporation	3	6	0
Freeport-McMoRan	3	3	7
Fruit of the Loom	3	3	2
Lowa-lllinois Gas & Electric	3	3	6
Kaneb Services Inc.	2	2	2
Kraft General Foods	3	3	3
Maxus Energy	3	8	10
Merck & Co.	3	3	0
Mobil Corp.	3	3	3
Millipore Corporation	3	3	10
Quantum Chemical	2	2	3
SPS Technologies Inc.	6	0	0
United Technologies	3	3	6
Valhi Inc.	3	6	5
Waste Management	3	6	6
Westinghouse Electric	3	3	6
Whirlpool Corporation	3	3	3
平均值 ($n=31$)	3.1	3.9	4.7

表 12.3　没有提供数量数据的 1987 年 PRP 场所披露者的指数

公　　司	1987 年	1989 年	1990 年
Advanced Micro Devices	5	0	3
Amax Inc.	9	13	13
American Cyanamid	8	9	9
AMR	9	9	6
Baker Hughes	9	9	9
Borden Inc.	5	6	6
Boston Edison	5	6	6
Centerior Energy	6	6	9
Central & Southwest	8	8	9
Chemical Waste Management	6	6	6
Cincinnati Gas & Electric	6	6	6
Consolidated Edison	6	6	13
Crane Co.	9	9	13
Dexter Corp.	6	6	9
Duquesne Light	6	7	8

（续表）

公　　司	1987年	1989年	1990年
EMHart	6	6	9
Ford Motor Co.	6	2	2
General Publilc Utility	5	13	13
Gulf States Utilites	8	9	12
Hecla Mining Co.	6	6	5
Hinderliter Industries Inc.	6	10	10
Homestake Mining	8	9	9
IMO Industries Inc.	6	3	6
Inland Steel	8	6	9
Kerr-McGee Corporation	5	5	10
Keystone Consolidated Industries	8	9	12
KN Energy	8	13	12
Knight-Ridder Inc.	5	6	9
LTV	5	12	13
Long Island Lighting Co.	5	5	13
Martin Marietta	9	9	6
Metropolitan Edison Co.	6	8	12
Monsanto	6	2	10
Newmont Mining	8	12	13
Occidental Petroleum	5	9	10
Oklahoma Gas & Electric	6	6	13
Pacifi Corp.	6	6	6
Pacific Power & Light	5	9	5
Public Service Enterprise Group	9	9	9
Public Service of Colorado	8	8	8
Questar Corp.	6	6	13
Raytech	9	0	0
Raytheon	9	0	8
Rohr Industries	6	6	9
San Diego Gas & Electric	5	5	12
Stepan Co.	6	5	8
Tacoma Boatbuilding Co.	9	9	9
Tosco Corp.	6	6	8
TRW Inc.	6	3	3
UNC Inc.	5	5	13
Union Pacific	8	5	5
Univar Corp.	5	10	10
Witco	9	7	3
平均值 ($n=53$)	6.7	6.9	8.7

表 12.4 提供数量数据的 1987 年 PRP 场所披露者的指数

公　　司	1987 年	1989 年	1990 年
AO Smith	9	9	0
ARCO Chemical	13	9	10
Armco	9	10	13
Atlantic Richfield	13	13	13
AVX Corp.	9	12	10
Baltimore Gas & Electric	9	9	10
Beard Oil	13	0	0
Berry Petroleum	12	6	0
Buckeye Partners	9	10	2
Cabot Corp.	12	6	2
Carolina Power & Light	9	9	10
Central Louisiana Electric	9	10	6
Charter Co.	12	12	10
Compudyne Corp.	8	13	13
Consolidated Rail Corp.	10	6	13
Ferro Corp.	12	2	0
General Electric	9	10	6
General Motors	10	10	10
Green Mt. Power	10	10	13
Grumman Corp.	12	6	6
Hercules Inc.	9	3	7
Kaiser	9	6	13
Manville Corp.	10	5	6
National Presto Industries	12	5	2
Northrop Corp.	10	10	10
Olin Corp.	10	10	10
Plymouth Rubber Inc.	12	12	10
Philadelphia Electric Co.	12	12	13
Publicker Industreis Inc.	10	10	12
Smith International Inc.	12	13	13
SmithKline Beecham	13	6	6
UGI Corp.	10	10	3
USX	10	12	13
Winn-Dixie Stores Inc.	13	13	13
平均值 ($n = 34$)	10.6	8.8	8.1

参数(t检验)和非参数[威氏配对符号秩次检验(Wilcoxon matched-pairs signed-rank test)和弗里德曼二元方差分析(Friedman two-way ANOVA)]步骤都被采用,来检测在特定期限内平均披露的任何统计差异(由上述指数决定)。由于没有在结果中发觉任何差异,表12.5显示了更强的t测试结果。

表12.5　指数平均值差异的t测试

	1989年与1987年	1990年与1987年	1990年与1989年
	A栏:所有公司		
t-统计值	0.47	1.96	1.48
概率	(0.56)	(0.05)	(0.14)
样本规模	140	140	140
	B栏:1987年披露最少的公司		
t-统计值	3.45	3.90	0.81
概率	(0.001)	(0.001)	(0.42)
样本规模	53	53	53

对于整个样本,1989年和1987年的平均披露没有显著统计差别。然而,1987年和1990年在0.05水平上却存在显著统计差别。1989年与1990年的平均值差异的t值(t-score)为0.14的概率水平。

基于对完整样本的检验结果,关于特定期限内披露不存在差异的一般零假设是不成立的。虽然与1987年相比,1989年的披露水平并没有高出多少,但1990年的披露水平却比1987年的明显提高了很多。这种明显的差异使零假设暂时被否定。

为了确认那些在1987年所作披露最少的公司,我们将样本分割。在计算出这个子群的平均披露水平后,这个平均水平与后两年的披露指数作了对比。表12.5的B栏显示了测试的结果。很明显,那些在1987年所作披露最少的公司在1987年到1989年间以及1987年到1990年间都明显增加了它们的披露。从1989年到1990年,披露没有明显的增长,所有的大变化都发生在

1989年。

虽然对于样本整体和那些在1987年所作披露最少的公司,其披露的增长会有许多可能原因,但主要的原因还是因为EPA扬言说要促进SEC实施披露法规。好像确实是这么回事,因为那些披露最少的公司在它们的披露广度上作出了最显著的改变。

也有可能是因为那些披露最少的公司意识到披露得更多的公司好像不会受到任何惩罚。由于披露没有负面的结果,而不披露却会有负面结果,因此许多这些公司可能已决定改变它们对于披露的姿态。在1987年无披露的22家公司中,有13家在1989年也没有披露,12家在1990年还是处于无披露的状态。显然这些公司对EPA和SEC关于它们披露不充分的意见毫不惧怕。积极的一面是,31家公司在1987年披露它们是潜在责任方但没有描述它们为之承担责任的场所,在1989年其中12家公司提供了关于场所的信息或至少说明了场所的数量。在一些政治影响的帮助下,环境披露正在取得一定的进展。

结　论

对公司的利益相关者而言,提供有关公司对有毒废物所负责任的信息是很重要的。虽然有这样的信息需求,而且事实上法律也要求公众持股公司披露这些信息,一些公司还是很少或根本不作披露。可能正是由于缺乏披露,EPA提供给SEC一个清单,列出了那些不遵守有关有毒废物披露法规的公司,并要求SEC贯彻这些法规。

本章的研究结果显示,那些在EPA诉讼之前很少提供或不提供披露的公司已经明显地增加了它们关于有毒废物的披露。还无法定论这是不是EPA的行动所带来的结果。最基本的一点是,公司已经增加了它们的披露,而且在某种意义上,承认了它们对于环境的责任。

但有一点也要引起注意，那就是尽管披露增多了，许多公司仍然没有在它们的年度财务报表中做出有关有毒废物的报告。而且，许多提供信息的公司没有提供足够的信息，甚至一个很有经验的财务报表读者都不能通过公司所披露的信息对有关有毒废物和环境破坏的公司风险作出有意义的评估。

最后，本章的数据也显示，那些在环境清除责任中处境相似并且受到超级基金法案相同影响的公司，报告这一事件的方式却多种多样。假如法规和行业对报告的要求更为明晰，就不会出现如此不同的报告了。研究结果表明，报表的制作者（管理者）、审核者（独立审计师）、接受者（SEC）和读者（股本所有者和其他利益相关的人）必须在要求全面披露超级基金和其他环境法规的财务影响方面付出更多的努力。

参考文献

Anderson, J., and A. Frankle. 1980. Voluntary social reporting: An iso-beta portfolio analysis. *The Accounting Review* (July): 167-179.

Belkaoui, A. 1976. The impact of the disclosure of the environmental effects of organizational behavior on the market. *Financial Management* (Winter): 26-31.

Eisner & Company. 1991. Trends and developments. *Newsletter* (January): 1-3.

Financial Accounting Standards Board (FASB). 1975. *Statement of Financial Accounting Standards No. 5: Accounting for Contingencies*. Stamford, CT: FASB.

Freedman, M., and B. Jaggi. 1986. An analysis of the impact of corporate pollution disclosures included in annual financial statements on investors' decisions. In *Advances in Public Interest Accounting*, Vol. 1, eds. M. Neimark, T. Tinker, and B. Merino. 193-212. Greenwich, CT: JAI Press.

Freedman, M., and C. Wasley. 1990. The association between environmental performance and environmental disclosure in annual reports and 10-Ks. In *Advances in Public Interest Accounting*, Vol. 3, eds. M. Neimark, T. Tinker, and B. Merino. 183-194. Greenwich, CT: JAI Press.

Ingram, R. 1978. An investigation of the information content of (certain) social responsibility disclosure. *Journal of Accounting Research* (Autumn): 270-285.

Ingram, R., and K. Frazier. 1980. Environmental performance and corporate disclosure. *Journal of Accounting Research* (Autumn): 614-622.

Marcus, A. 1989. Firms ordered to come clean about pollution. *Wall Street Journal* (November): B1, B8.

Rockness, J., H. Schlachter, and H. Rockness. 1986. Hazardous waste disposal, corporate disclosure, and financial performance in the chemical industry. In *Advances in Public Interest Accounting*, Vol. 1, eds. M. Neimark, T. Tinker, and B. Merino. 167-192. Greenwich, CT: JAI Press.

Shane, J., and B. Spicer. Market response to environmental information produced outside the firm. *The Accounting Review* (July): 521-538.

Trotman, K., and G. Bradley. 1981. Association between social responsibility disclosure and characteristics of companies. *Accounting, Organizations and Society* 6(4): 355-362.

Wiseman, J. 1982. An evaluation of environmental disclosures made in corporate annual reports. *Accounting, Organizations and Society* 7(1): 53-63.

13

CMA 的道德发展——聚焦美国非公共会计*

Lois Deane Etherington
Nancy Thorley Hill

摘　要

本章通过考察道德环境和注册管理会计师(以下简称CMA)大型样本的道德发展水平来填补会计道德研究的一个空白。以往关于CPA的研究表明,那些道德推理水平高的会计最初不会选择职业会计行业,也可能自愿离开这个职位,还可能因为得不到提升而被迫离开。本章假设那些不从事公共会计的职业注册会计CMA,比从事公共会计的CPA拥有更高的道德推理能力。然而本章的结果显示,从事非公共会计的CMA的道德推理能力(ethical reasoning ability)与CPA一样

* 作者感谢加拿大社会科学和人文学科研究委员会和英国哥伦比亚特许会计师协会的资助。

低。以前在公共会计行业工作过的 CMA 与从没在公共会计公司工作过的 CMA 相比,在道德推理方面没有明显的区别。本章还考察了道德推理能力与性别、社会信仰以及公司职位的关系。结果显示,比起女性和那些把自己归为自由派或温和派的人,男性和把自己归为保守派的人的道德推理水平要低得多。比较美国 CMA 与加拿大 CMA 的道德推理,后者的水平更高。本章还考察了 CMA 遇到道德困境的频率并报告了当他们遇到困境时所求助的对象。

导　论

近几年社会和商业各方面的道德问题引起了公众越来越多的关注。关于会计道德的研究分成几个流派,其中包括“吹口哨”(whistle-blowing)(Arnold and Ponemon, 1991; Finn and Lampe, 1992),审计(Lampe and Finn, 1992; Loeb, 1971, 1984; Ponemon, 1990; Shaub et al., 1994)和会计教育(Armstrong, 1987; Cohen and Pant, 1989; Loeb, 1988, 1990)。一些道德研究考察了道德准则遵守程度的测量方法,主要侧重于影响会计道德行为的因素(Coreless and Parker, 1987; Farmer et al., 1987)。

另一部分的研究利用了认知—发展心理学(cognitive-developmental psychology)来考察公共从业会计的道德推理和判断(例如,Armstrong, 1987; Ponemon, 1988, 1990, 1992; Ponemon and Gabhart, 1993)。这一研究工作是以 Kohlberg 的道德推理理论为基础的,此理论提出了一个道德发展的阶段结构,包括三个层次和六个阶段(Kohlberg, 1976)。基于 Kohlberg 的理论,James Rest (1979)开发了界定问题测试(DIT),研究者可以通过这个测试来评估个人的道德推理能力。DIT 依据 Kohlberg 的道德推理阶段给每个人的答复进行分类。这个称为 P 值的测验测量结果能够在相关样本的内部和相关样本之间进行比较。

本章的首要目的是:通过在产业、政府或非营利组织工作的CMA组成的大样本来测量道德推理;将CMA与公共执业CPA的道德推理能力作对比,来探讨是所有的美国会计还是只有美国的公共会计的道德推理水平较低;并且还比较了产业部门那些离开了公共业务和从未从事过公共业务的CMA与从事公共业务的CPA的道德推理水平。本章的第二个目标是考察回复问卷的CMA与道德推理相关的特征,这些特征包括性别、社会信仰和公司职位等。

除了以上提到的分析,我们还利用了以往有关加拿大CMA的研究并在国际范围内进行了两个对等小组(peer groups)间的比较。这两个国家CMA的工作环境非常相似,而且在这两个国家CMA只是职业注册,而职业注册并没有带来"业务许可"。Etherington和Schulting(1995)关于加拿大CMA的研究,通过Rest的DIT,显示出他们具有与加拿大公共会计相似的道德发展水平(Ponemon and Gabhart, 1993),其水平大大高于美国CPA的水平。当前研究注重的是,美国CMA和加拿大CMA的道德推理水平是否存在一定差异,文化差异是否是造成这种差异的一个因素。

我们还取得了工作环境中道德问题的有关数据。这些调查的结果对于管理部分在设计改善公司道德行为的政策方面会有意义,在处理道德问题方面对于会计人员有意义,并且对会计教育者也有一定的意义。

动　因

本研究的主要研究对象是在产业、政府和非营利组织执业的美国注册管理会计师(CMA)。虽然已有大量有关公共执业CPA的研究,关注非公共执业的CMA的研究却还很少。Jeffrey和Weatherholt(1995)以及Etherington和Schulting(1995)属于考察过非公共执业会计道德推理的少数几个专家。以往Jeffrey和Weatherholt(1995)在从三家公司抽取的美国公司会计的非随机样本中发现,公司会计的道德推理能力没有公共会计样本的高。相反,Etherington 和 Schulting(1995)通过考察加拿大 CMA,发现这些从业者的道德推理能力比美国 CPA 要高。关注 CMA 是必要的,这由于以下两点原因。第一,CMA 在产业、政府和非营利组织中(此后称为“在产业中”)发挥着重要的作用。而且,与公共会计不同,产业会计通常并不独立于他们做会计工作的组织。De Fond 和 Jiambalvo(1991),Bruns 和 Merchant(1990),Merchant 和 Rockness (1994)以及 Mihalek 等(1987)都证明产业会计容易陷入道德困境,特别在他们对雇主的忠心和他们自己的意愿与职业准则发生冲突时。道德冲突的结果,比如处理财务结果或者伪造记录等会影响会计人员自身、股东、董事会成员、高层管理者以及他们组织的名誉。

第二,有关非公共执业会计道德推理能力的信息可以提供一些相关信息,从而支持或否定以往研究对于美国公共会计道德推理水平低下所给出的解释。例如,如果产业 CMA 的道德推理水平与会计行业外相似教育水平的对等小组的 CMA 相似(因此其水平高于 CPA),那么对于公共会计的业务和公共会计的社会化就需要进行进一步的研究,从而理解和解释 CPA 较低的道德推理能力。然而,如果产业中的 CMA 显示出与 CPA 一样低的道德推理水平,那么美国会计人员较低的道德推理能力也许可以通过全面考察会计教育、会计业务或者为什么个别学生自己选择进入这个领域得到解释。我们下面将讨论这种探究的重要性。

背　景

尽管许多研究都用到了 DIT,Armstrong(1987)首先在会计研究中用到 DIT。运用 DIT 的以往研究表明,受过更多教育的人通常具有更高的道德推理水平(Rest, 1986b)。然而,在 1984 年和 1985 年的 CPA 样本中,Armstrong 发现 CPA 不具备与教育背景相似的样本相当的道德推理水平。相反,CPA 表现出来的道德推理能力仅仅相当于高中毕业生的水平。她指出:“他们的大学教育并没有提高其道德水平。”(Armstrong, 1987, p. 33)

以后的研究得出了相同的结果并且还发现对于合伙人与经理,这两类处在公共会计公司最高职位上的人,其道德推理水平比公司中职位低一些的员工的道德水平要低(Ponemon, 1988, 1992; Ponemon and Gabhart, 1990; Shaub, 1994),其中合伙人的道德水平最低。我们已经作出这样的假设,即公共会计的竞争性中存在一种因素,阻碍了此教育水平(平均 1.1 年的研究生教育)的人道德推理水平的提升(Ponemon, 1992; Ponemon and Gabhart, 1993)。有相当的研究都证明,那些职位高的人倾向于提拔与他们类似的人(Chatman, 1991; Maupin and Lehman, 1994; McNair, 1991; Ponemon and Gabhart, 1993)。由此断言,这导致了那些道德水平较高的人自动退出公共会计行业(Ponemon and Gabhart, 1993)或者无法获得提升,而成为大型公共会计公司中严格的“升职或退出”政策的牺牲品(McNair, 1991)。

这些研究成果涉及公共从业 CPA 所关注的一些问题,比如他们证实财务报表的责任,对公众的信任所负的责任,以及间接对政府的信任所负有的责任,因为政府授权他们证明财务报表的代表性和其进行审计的公司的财务现状。他们的道德以及与他们审计服务的公司(和政府)的相对独立应该是无须争辩的。虽然道德推理并非能够完全预言道德工作行为,许多专家已经发现道德推理与会计人员的道德行为有关(Arnold and Ponemon, 1991; Bernardi, 1991; Ponemon, 1992a, 1992b; Ponemon and Gabhart, 1993; Ponemon and Glazier, 1990; Rest and Narvaez, 1994)。

有关加拿大和爱尔兰会计人员的其他研究考察了是否美国公共会计人员道德水平低的现象在其他国家也存在。Hill 等人(1998)考察了爱尔兰的公共会计人员并发现爱尔兰特许会计师,与美国 CPA 一样,其道德推理水平明显低于同等教育水平上的人应该具有的道德水平。相反,Ponemon 和 Gabhart(1993)考察了加拿大的公共会计(CA),发现了他们的道德推理与其教育水平相当。也就是说,与美国的CPA不同,加拿大CA的道德推理水平明显高于高中毕业生,并且公司中较高职位的CA的道德水平并不比其他员工低。虽然Ponemon和Gabhart的研究不能确定其中的原因,但他们提出文化差异和/或教育的差异可能导致了两个国家公共会计人员道德水平的不同。这种结论当然很有意义,特别是因为加拿大和美国的大学会计课程极为相似,两国都曾有六大会计师事务所,而且大型事务所中有些内部培训也是相同的(Etherington and Schulting, 1995)。

也有一种说法是,会计专业吸引了道德推理水平较低的学生(Shaub, 1994; Lampe and Finn, 1992; St. Pierre et al., 1990),但其他研究(Ponemon and Glazer, 1990)发现从人文学院毕业的学生和CPA具有较高的DIT的P值,而且Jeffery(1993)还发现会计专业的学生比同一学校其他专业的学生具有更高的DIT的P值。Icerman等人(1991)发现,虽然会计专业的学生DIT值较低,但他们的DIT值还是高于商科的其他学生。考虑到这些矛盾的研究结果,我们仍旧无法回答会计领域是否对那些道德水平较低的人更具吸引力。

以往的研究也确定了一些可能正面或负面影响DIT的P值的特征。本章考察了以往研究所包括的三个变量:性别、社会信仰和公司职位,以往研究对其结论不一,它们也许对我们研究CMA非常重要。首先,关于道德推理和性别的早期研究认为,男性和女性的道德推理水平差别不大(Rest, 1979, 1986b; Thoma, 1984)。然而,会计方面的大多数后期研究发现,女性的分值明显比男性的高(Etherington and Schulting, 1995; Lampe and Finn, 1992; St. Pierre et al., 1990; Shaub, 1994)。本章考察了CMA的性别和道德推理能力。

第二,也有一些证据显示,那些认为自己更具“自由”社会观点的人比那些自视为“保守派”的人具有更高的道德推理能力(Rest, 1986b; Sweeney, 1995)。Sweeny认为,这可能是由于,保守的政治教条强调服从规则和权威，而自由主义哲学则倾向于平衡利益冲突(Sweeny, 1995, p. 218)。确实，已有说法认为会计行业是一种吸引保守的、以规则为行为导向的个人的职业(Ponemon, 1990, 1992)。Eynon 等人(1996)在最近对爱尔兰和美国学生的调查中发现，当报告的社会信仰保守主义上扬的时候，P 值就会单调下降。虽然比起普遍大众，公共会计师的规则导向性与社会信仰还不清楚，但 Davidson 和 Dalby(1993)通过对加拿大的公共会计师进行复杂的性格测试，发现加拿大 CA 明显比普遍大众更缺乏规则导向性，更实际自利。与“保守，尊重传统思想”相反，他们明显比普遍大众更“自由、苛刻、容易改变”(Cattell et al., 1970)。我们的研究考察了美国 CMA 样本的社会信仰和道德推理。

最后，以往研究指出了道德推理能力和公司职位的不一致性。Ethrington 和 Schulting(1995)对加拿大 CMA 的研究测试了由于公司职位不同(职员、中层或者高层管理人员)P 值的差异。研究结果显示，在所在职位和 P 值之间没有明显的差异。这与前面引用的研究形成对照，以往研究发现，美国公共会计公司中职位高的 CPA，其道德推理能力反而低。美国 CMA 的道德推理水平是否像加拿大 CMA 一样在公司各层次都相同，还是因公司职位高低而异，能够表明关于 CPA 公司职位高道德水平低的理论解释是否成立。

以往研究的结论存在矛盾之处，这表明，我们有必要对会计人员进行补充研究。虽然“会计学位”可以视为一个通称，会计执业常常是非常具体的。分析从事各种业务的会计人员(如产业中的会计人员、前六大会计师事务所执业人员、税务会计师、小公司中的审计人员等等)的道德水平可以洞察道德发展水平，从而更好地为改进大学课程和/或继续职业教育的道德培训提供指导。另外，研究还能够提供一些关于道德推理能力正相关和负相关的关键变量的信息。这些信息也可以指导教育和业务方面的变革。

假 设

以往关于CPA的DIT值的研究显示了与特定年龄和教育水平不符的道德推理水平。就是说,各种研究都发现,受过大学教育的成年人具有比CPA的平均DIT更高的DIT值(Armstrong, 1987; Ponemon, 1992; Rest, 1986)。然而,一些研究也显示,道德水平高的会计人员最初不会进入公共会计行业,也可能自愿或被迫离开这个行业。这可以解释CPA为什么具有低于常人的道德分值。如果这些断言成立,那么CMA(那些选择非公共会计的人)可能比以往研究中作为样本的CPA具有更高的道德推理能力。因此我们会作出这样的假设:

假设1:产业、政府和非营利组织中CMA的道德发展水平明显高于美国公共会计行业中的CPA。

据此推理,我们假设那些离开了公共会计行业,正在产业、政府或者非营利组织工作的会计人员和那些从未在公共会计部门工作过的会计人员应该比公共会计部门的CPA具有更高水平的道德推理能力。①

假设1a:那些离开了公共会计行业的CMA的道德发展水平明显高于公共会计行业的CPA。

假设1b:从未在公共会计行业工作过的CMA的道德发展水平明显高于公共会计行业的CPA。

上面讨论到的以往研究,已经研究了各种变量以及它们与道德推理能力的关系。我们的研究收集了有关这三个变量的数据,并验证了以下假设。第一,最近有关性别和道德推理的会计研究已经发现,女性的道德发展水平高于男性。假设2验证了CMA的这种关系。

假设2:根据统计数据,女性CMA的道德发展水平比男性高。

第二,以前的研究者发现,在社会和经济政策上具有自由主义倾向的人比自视为保守派的人具有更高的道德推理能力。因此，我们可以得出以下假设：

假设3:道德推理水平与CMA的保守水平呈反比。

最后，由于到此为止只有在对美国CPA的研究中发现公司中不同职位等级道德推理水平不同，我们可以做出以下假设：

假设4:高级管理层、中级管理层和作为一般员工的CMA具有相似的道德发展水平。

方　法

调查对象

样本取自美国管理会计师协会(AIMA)的当前成员名单，由协会向研究者提供。样本包括1万多个人名、地址、头衔以及职业注册。这个样本是从拥有CMA头衔的群体中选取的，目的是为了考察在产业、政府和非营利组织工作的会计人员，并与以往对CPA和加拿大CMA的研究作个对比。根据职位头衔，CMA可以被预先分为高级管理人员、中级管理人员和会计职员②，然后再从以上每组中随机抽取大约500人。调查问卷也要求这些调查对象给自己按照职员、中级或高级管理人员分类。那些教育人员、咨询人员、为公共会计公司服务的人员以及失业人员都不包括在样本之内。

为了保证匿名性，调查没有使用任何可能确认身份的编码。这使我们无法对未回复问卷的调查对象进行跟踪调查，但38%的回复率已经表明道德对于调查对象的重要性。③表13.1提供了有关这个样本的一些数据。虽然研究者不想将公共会计公司的CMA作为样本内容，但是却收到34份此类CMA的调查反馈。这也许是成员名单上的职位名称不准确造成的。他们的分值没有包括在分析之中(如表13.1所示)。

表 13.1 样本信息

	寄出	收到	不完整调查	从事公共会计	不一致或无意义的评分	具有有效P值的回复
职员	514	202	15	14	11	162
中层管理者	498	183	16	8	0	159
高层管理者	535	199	28	12	12	147
总计	1 547	584	59	34	23	468

工 具

研究使用了Rest DIT的三层版本(three-story version)④。Rest(1986a)的DIT是以Kohlberg的道德发展六阶段为基础的分析手段,并被视为是认知道德发展观最重要和最可靠的客观测试(Gibbs and Widaman, 1982)。它设想一个人能同时在一个以上的阶段上工作,并测量某个道德推理阶段上的理解和偏好。DIT中最常用到的指数是"P"值,P值代表原则性的道德观。DIT在对40多个国家几十万调查对象的1 000多个研究中已经得到证实(Rest and Narvaez, 1994)。研究调查表也收集了人口统计及其他方面的数据,以及有关调查对象所在组织的一些数据,还对他们在工作中所遇到的道德困境提出了进一步的问题。DIT由明尼苏达州大学道德发展研究中心评分。记分包括M分(代表那些回复无意义的人),以及确定了那些评分太不一致,无法接受的人。这些人被排除在外。表13.2包括调查对象的人口统计数据图表,以及有关调查对象所在组织的补充数据,还包括预备的和现在/实际的调查对象在组织中的职位。

表 13.2 样本的人口数据

变 量	*n*	(%)	*n*	(%)	*n*	(%)
性别	343	73%				
男	125	27%				
女	468	100%				

（续表）

变　量	*n*	(%)	*n*	(%)	*n*	(%)
年龄			男		女	
24—35 岁	157	33%	108	31%	49	39.2%
36—45 岁	186	40%	133	39%	53	42.4%
45—67 岁	125	27%	102	30%	23	18.4%
	468	100%	343		125	
平均年龄＝40 岁						
会计从业时间						
2—10 年	166	36%	113	33%	53	42.4%
11—20 年	217	46%	154	45%	63	50.4%
21—41 年	85	18%	76	22%	9	7.2%
	468	100%	343		125	
平均＝总计 14 年						
公共会计经验						
没有	350	75%	265	78%	85	69%
1—13 年	115	25%	76	22%	39	31%
	465	100%	341		124	
所获最高学位						
高中文凭	1	0%	1	0%	0	0%
学士学位	202	44%	138	41%	64	52%
硕士学位	258	56%	199	59%	59	48%
	461	100%	338		123	
职业证书						
CMA	282	60%	211	62%	71	57%
CMA 和 CPA	186	40%	132	38%	54	43%
	461	100%	343		125	
组织规模						
小(＜100)	89	19%	67	20%	22	18%
中等(101—500)	84	18%	58	17%	26	21%
大(＞500)	289	63%	215	63%	74	61%
	462	100%	340		122	
邮寄前职位			实际职位			
职员	162	35%	职员		104	23%
中层管理职员	159	34%	中层管理人员		219	47%
高层管理职员	147	31%	高层管理人员		140	30%
	468	100%			463	100%

（5 人没有对自己进行分类）

结果和讨论

表 13.3 显示了产业会计 CMA 样本以及曾经从事公共会计的 CMA 和没有公共会计经验的 CMA 的子集的平均 P 值。为了方便比较，表 13.3 也列出了美国公共会计 CPA 和加拿大产业 CMA 的平均 P 值，这些数值是从以往研究中得出的。美国 CMA 样本的道德推理平均水平 ($t = 0.45$, $p = 0.63$)，与预期相反，和美国 CPA 的差异并不大。考虑到调查对象的教育水平，平均 P 值 39.3 比预期的要低，而且它和美国 CPA 的平均 P 值一样，只达到一般成年人的水平。假设 1 不能成立。我们还将离开公共会计的 CMA 的平均 P 值与公共会计中的 CPA 的平均 P 值进行对比。平均值的差异也不明显 ($t = 1.52$, $p = 0.1545$)，假设 1a 不能被接受。那些没有公共会计经验的 CMA 的 DIT P 值与 CPA 的 P 值差异也不大，这同样不能支持假设 1b。由于道德推理的显著差异没有被证实，这对公共会计行业道德推理层次较高的会计主动或被迫离职是因为他们的道德推理水平与公司不一致的说法提出了一些置疑。研究结果也不支持这样的观点，即 CPA 道德推理水平较低是因为那些道德推理水平高的人最初选择了公共会计以外的会计职业。

表 13.3 也列出了以往研究中报告的加拿大 CMA 的平均 P 值。美国和加拿大 CMA 道德发展(分别为 39.3 和 43.5)的显著差异 ($p = 0.035$) 与 1993 年 Ponemon 和 Gabhart 研究中所观察到的美国 CPA 和加拿大 CA 的差异是一致的。

表 13.4 显示了方差分析的结果，P 值是因变量，性别、社会信仰类别以及职位等级层次为自变量。公共会计经验被作为控制变量(control variable)。表 13.5 显示了不同变量范畴的平均 P 值。如表 13.4 和表 13.5 所示，性别对于道德推理水平影响很大，因为女性的 P 值比男性的高很多。这支持了假设 2 以及近期其他一些

说明会计道德推理性别差异的研究。而且,这里发现的差别不能用教育差异来解释,因为拥有研究生学位的男性比率(59%)比女性(48%)高。

表 13.3 DIT P 值比较

	n	$\bar{\chi}$	σ
美国 CMA	468	39.3	(16.5)
离开公共会计职业	115	41.38	(16.6)
从未从事公共会计	350	38.7	(16.5)
美国 CPA	313[1]	38.9	(8.95)
加拿大 CMAs	76[2]	43.5	(15.7)*

注:[1] 从 Ponemon(1992)以及 Ponemon 和 Gabbart(1993)得出的加权平均数。

[2] 从 Etherington 和 Schulting(1995)中得出。

* 显著差异为 $p < 0.05$。

表 13.4 性别、社会观念、工作职位和公共会计经验的方差分析数据

	F	P
主要效果	9.45	0.002 2
性别	3.24	0.040 1
自由主义/保守主义	2.08	0.126 2
实际职位	0.00	0.989 5
公共会计(是/不是)		
相互作用		
性别* 自由主义/保守主义	1.68	0.188 0
性别* 职位	2.89	0.056 5
性别*	0.13	0.716 8
自由主义/保守主义* 职位	0.31	0.871 4
自由主义/保守主义*	0.10	0.905 3
实际职位* 公共会计	1.66	0.191 6
全部	3.32	0.000 1

表 13.5　DIT 平均 P 值以及平均差别测试

变　　量	$n=$	平均 P 值	标准差
全部	468	39.3	(16.5)
性别*			
男	343	36.6	(15.5)
女	125	46.7	(16.9)
教育程度*			
学士	202	41.1	(16.9)
硕士	258	37.9	(15.9)
分性别教育程度			
男:学士	138	38.4	(15.9)
硕士	199	35.3	(14.9)
女:学士	64	46.9	(17.9)
硕士	59	46.7	(16.2)
公共会计经验			
没有	350	38.7	(16.5)
1—13 年	115	41.4	(16.6)
邮寄前职位			
职员	162	38.8	(16.4)
中层	159	40.5	(16.8)
高级	147	38.7	(16.2)
实际职位			
职员	104	38.9	(17.1)
中层	219	40.1	(16.9)
高级	140	38.3	(15.4)
社会观念			
自由主义(1)	7	47.6	(18.2)
自由主义(2)	57	46.6	(14.2)
温和主义(3)	99	40.1	(16.7)
保守主义(4)	224	39.7	(15.7)
保守主义(5)	77	31.6	(17.4)
工作			
商业企业	410	40.0	(16.4)
非营利组织	29	34.4	(13.4)
政府或公共部门	29	35.3	(18.7)

注:* 在 t 测试中显著差别为 $p<0.05$。

方差分析的结果也有力地支持了假设3,即道德推理与保守程度成反向变化的关系。方差分析的结果显示,社会信仰变量在统计上是很重要的。表13.5中的数据显示当保守主义上扬时,平均P值会单调降低。研究结果显示那些自称有自由社会思想的人的道德推理水平明显较高。这是很重要的,因为样本中只有14%的人将自己描述为自由派,然而66%的人都认为自己属于支持保守观点的人。

表13.4中对调查对象职位分类的方差分析主要效果不能在常规水平0.05上被否定。表13.5列出了每个工作职位的平均P值。假设4,即不同职位上的人道德推理水平相似,得到了支持。⑤

其他结果

表13.5也报告了与CMA相关的其他变量的P值。令人惊讶的是,t测试的结果显示,那些具有硕士学位的人道德推理水平反而较低($p=0.04$在统计上显著)。当调查对象组合在一起时会出现这样的结果,但在同性别测试中结果却不同。出现这样的情况是因为调查对象中男性占绝大多数,不论是拥有学士学位还是拥有硕士学位,他们的道德推理水平都较低。与Rest的研究结果相反(Rest, 1986b),那些受过更多教育的人不论男女都没有表现出更高的道德推理水平。那些有硕士学位的男性平均P值较低($p=0.07$),而女性这方面的差别并不明显。结果显示,至少对于产业部门的会计,高学历并不意味着更高的道德推理水平。

问卷调查表还让调查对象确认他们当前的工作岗位是属于商业企业、政府/公共部门还是非营利组织。表13.5显示了这方面的数据。我们将当前职业作为方差分析中的自变量,结合以前提到的变量来分析(在这里没有报告方差分析)。我们并没有发现不同工作岗位上的人的P值具有统计差异,但这可能是由于来自非营利组织和政府组织的回复者数量较少。

利用一定的调查手段,我们也向CMA了解过去3年在工作中他们陷入或目睹道德困境的经常性。如表13.6所示,绝大多数人

(79%)最近都经历过这种困境。当被问及他们向谁咨询道德困境方面的问题时,58%的人表明他们将向没有卷入困境的高职位同僚咨询,50%的人会询问工作中的其他同事。这些数据并不意味着只有大约 50%的回复者会向他们的同事咨询。由于调查对象能够向一个以上的人咨询有关道德困境方面的问题,所以他们的答复有一些重叠。事实上,27%的调查对象表明他们既会向同事又会向高级同僚咨询。只有 19%的人说他们不会向同事咨询。然而,有一点很重要,虽然调查对象可以选择不向工作中的同事咨询,但这并不一定就表明工作场所的道德价值观没有发挥其重要作用。

表 13.6　与道德相关的数据

	n	美国 CMA	n	加拿大 CMA
最近 3 年中你经常卷入或目睹道德困境吗?				
从未	99	(21%)	26	(34.2%)
一次	82	(18%)	15	(19.7%)
一次以上	280	(61%)	35	(46.1%)
	461	(100%)	76	(100%)
你将向谁请教有关道德冲突的问题?				
工作中高职位的同事没有卷入冲突的人	273	(58%)	60	(79%)
家庭成员	234	(50%)	34	(45%)
工作中的其他同事	236	(50%)	33	(43%)
其他人	84	(18%)	16	(21%)
IMA/SMAC	68	(15%)	16	(21%)
没人	16	(3%)	3	(4%)

注:由于调查对象能够选择多种人进行咨询,所以数据总和大于 100%。百分率是从美国 468 名回复者和加拿大 76 名回复者中得出的。

表 13.6 显示了也有一半的 CMA 回复者将会向其家庭成员咨询。这表明许多 CMA 显然没有将与家庭成员讨论工作中的道德困境视为违反工作机密性原则(虽然很可能管理会计师面临的一些道德困境并不涉及保密信息)。我们也注意到,只有 15%的人表

明他们会向 IMA 咨询，这可能是受到道德困境性质方面的影响。给道德困境分类不属于本章的论述范围，有些困境可能涉及诸如性别或种族歧视等方面的问题，在这种情况下 IMA 不是最合适的咨询来源。

最后，表 13.6 还包括了一些 Etherington 和 Schulting (1995)对加拿大 CMA 的研究结果(1995)。⑥首先，值得注意的一点是，比起加拿大的 CMA，更多的美国 CMA 在近期工作中碰到了道德困境。这可能意味着，加拿大的商业环境道德风气更为良好。如果确是如此，那么这与加拿大会计师具有明显更高的道德推理水平是相符的。

我们还注意到，向不涉及冲突的高层同事咨询的加拿大 CMA 的比率大大高于美国 CMA 的比率(79%和 58%)。看起来，在处理道德冲突时美国会计人员没有加拿大会计人员那么愿意求助于高层管理层。这可能意味着，加拿大会计人员更有信心在组织内部的高层职位上找到符合道德准则的管理者。对于“你将向谁咨询”这样的问题，美国 CMA 与加拿大 CMA 给出的排名顺序相同，其他方面两国 CMA 回复所显示的比率也大致一样。

表 13.7 列出的数据来自多项 Logit 模型，以道德困境的发生频率为因变量，以 P 值、性别和当前职位为自变量。数据显示，那些 P 值较高的会计人员更可能卷入多个道德困境 ($p=0.05$)，这表明道德推理水平较高的会计人员可能更注意道德问题，或者可能将一些问题视为道德困境，而这些问题在道德推理水平较低者的眼中是不成为道德困境的。道德推理水平低的人更倾向于参照权威数据(Trevino, 1986)，不会将具体问题看作道德困境。

表 13.7 也表明，在过去的三年里，处在高级管理岗位的会计师比那些处在员工岗位(该组在表 13.7 中略去)的会计师更加有可能陷入到一个以上的伦理困境当中去 ($p=0.01$)。这意味着，从逻辑上看，决定进行诸如管理财务结果或者伪造记录这样的众多伦理困境更加有可能是受到高层管理者而非普通员工的鼓励而导致的。在性别方面没有差异，也就是说，在过去三年里，男性与女性在以下问题上没有统计差异，问题包括：没有遇到工作场所的伦

理困境、只遇到一次伦理困境、遇到过一次以上的伦理困境。

表 13.7　多项 Logit 模型

变　量	1个道德困境			1个以上道德困境		
P值	0.0072	(0.0096)	$p=0.4515$	0.0148	(0.0076)	$p=0.0508$
性别	0.4913	(0.3461)	$p=0.1558$	−0.1269	(0.2866)	$p=0.6579$
中层管理者	0.3681	(0.3706)	$p=0.3206$	0.3056	(0.2840)	$p=0.2819$
高级管理者	0.7417	(0.4284)	$p=0.0834$	0.8347	(0.3343)	$p=0.0125$
截距	−0.9766	(0.4615)	$p=0.0343$	0.1324	(0.3566)	$p=0.7103$
$n=461$; $df=10$						
卡方=252.22						

注:基础绝对因变量是“0”个道德困境,水平 1 是“1”个道德困境,水平 2 是“多于 1 个”道德困境。

职位等级被作为哑变量,职员职位是被忽略群体。

意义和结论

与以往研究中对美国 CPA 道德推理水平低的发现相结合,有关美国 CMA 具有较低的道德推理水平的研究结果引起了我们极大的关注。在相当长的一段时期内,会计行业有着强有力的道德准则并且相信不管是对于产业会计还是公共会计,公众对会计从业人员的职业道德都抱有信心。虽然从广泛证实和广泛运用的道德推理测试中得出的数值不能完全预言工作行为,但是会计研究可以证明这些数值和工作行为之间存在重要的联系(Ponemon and Gabhart, 1993; Arnold and Ponemon, 1991)。我们看到美国和加拿大的会计人员的 P 值差别巨大,但需要认识到并非所有美国会计人员的道德推理水平和 P 值都很低(Rest, 1979, 1986b)。虽然 Ponemon 和 Gabhart(1993)以及 Etherington 和 Schulting(1995)将文化差异作为造成两国会计人员差异的可能原因,这种国家文化差异却无法解释为什么会计人员的 P 值比具有大学文化水平的美国大众要低。较之加拿大,对“底线”的过分强调可能在美国的商业环境中更甚。也有可能是因为遵循“经济人”模型的做法在美国得到了更大的认可,这本身会削弱对道德问题的关注程度。⑦

研究发现一个人的社会观念越保守,其道德推理水平就越低。这个研究结果也让人感到不安,因为大多数(66%)的美国 CMA 宣称他们支持保守的社会观念。Ponemon 和 Gabhart(1993)以及 Lampe 和 Finn(1992)提出,可能其中一个原因是由于会计行业吸引了一些规则导向性强的人员。我们还不能确定美国会计人员是否真是这样,但是,正如前面所提到的,Davidson 和 Dalby(1993)发现加拿大会计人员比一般人更功利,更轻视规则,也更不趋保守。保守和规则导向性是相关的。对于两者之间是否存在种种联系的进一步探究会相当富有成效。本研究的发现以及 Gaa(1992)都表明,规则导向性与道德判断和道德行为是否相关可能是一个重要的研究领域。Jeffrey 和 Weatherholt(1995)也通过 DIT 研究了会计人员的规则导向性和他们的道德推理,但他们的分析没有直接考察两者之间是否存在联系,或者是否能够将会计人员和一般大众的规则导向性进行对比。

研究发现,公司不同职位等级上的平均 P 值不存在明显差别(见表 9.5),这表明那些道德推理水平高的人在产业组织、政府部门和非营利组织确实获得了高职。相反,美国公共会计公司道德推理水平高的人员却很少达到合伙人的职位层次(Ponemon, 1992; Ponemon 和 Gabhart, 1993; Shaub, 1994)。美国的商业社会条件和环境可能比公共会计行业存在更大的多样性,而后者正在同形模仿(DiMaggio and Powell, 1983)。

本研究的一个局限性是使用调查方法所共有的——回复者是那些“自愿”回复的人,无法确定回复者与未回复者之间的差别。然而,由于样本规模较大,调查对象又是从全国各地随机选出的,样本还是能够代表美国产业部门的 CMA 的。另一个局限性是本章没有包括对自由和保守概念的描述。回复者可能基于对这些术语不同的理解划分自己的派别。通过实行成熟确实的心理测试，我们可以在进一步的考察中收效显著，确定美国会计师和会计专业的学生是否有与一般人明显不同的特征，从而解释他们的 DIT 值为什么较低。这些认识有助于改善会计工作对于年轻学生择业的吸引力。这些调查的结果也有可能带来财务会计基础课程的改变。强调会计工作更富创造性和挑战性的一面可以吸引规则导向性和传统性较弱的学生——那些当前“拒绝”将会计职业作为职业选择的学生。

为了提高会计人员的道德推理水平，我们应该进一步探索和研究美国的大学教育和职业教育。对于以前讨论到的国际差异(美国和加拿大)，有可能是教育差异影响了道德推理。其中一个差异，一个并不具体与道德相关的差异，来自加拿大会计师的资格考试。CA 和 CMA 的考试都包括案例研究，而且要求大量的书面回答和解释。笔试所测试的可能是一种不同的思维方式，它所要求的思维也许涉及更少的“规则”，需要更多的判断。这样加拿大的考试也相应减少了对技术的一味强调。

总之，研究结果表明美国 CMA 的道德推理水平低于加拿大 CMA 和普通大学生。然而，正如 Rest(1986b, p. 60) 所说，道德推理只是个人构想和解决道德问题整体能力的一个方面。研究结果所显示的是，美国会计人员倾向于在常规水平思考问题(Kohlberg 的第三阶段)，而加拿大的会计人员的推理水平却更高(第四和第五阶段)(Kohlberg, 1976, 1984)。这意味着，美国会计人员的道德推理主要受到他们在试图解决道德问题时与同事或有关群体(如客户、公司管理层或事务所同僚等)交往需要的影响。Ponemon 和 Gabhart(1993, p. 106)在论述美国会计师事务所的管理者和合伙人时也提到了这一点。Trevino (1986, p. 612)也指出，对于那些认知道德的发展还没有达到一定原则性水平的个人，他们的“道德行为在很大程度上将会受到权威人物的需要的左右”。

我们的研究需要确定从商业道德教育到公司道德准则发展等

一系列可以改变会计道德行为的干预措施。也许对于高层管理者遵守规则的诺言也需要予以监督。美国的会计职业可能吸引了太多规则导向型的保守派个人,他们太乐意接受当权者的指导了。会计师群体自身已经通过各种行动作出了表率,这些行动包括:对道德问题表现出极大的关注和兴趣;在他们的会议议程中加入道德方面的话题;通过资助、提供成员名单和鼓励参与研究活动来帮助研究者从事研究工作。我们希望,从业者和学术界的这种合作能够有效地改善会计人员的道德行为,提高他们的道德推理水平,使之达到具有同等文化程度的一般大众的水平。

注 释

① 在 115 名自称有公共会计从业经验的(1 年到 13 年)CMA 中,89 名也是 CPA。

② 会计职员是指总会计师或者会计师(高级、税务、职员、工厂)。中级管理人员包括公司助理主计长、工厂主计长、经理和总经理。高层管理者包括 CFO、CEO/业主、公司主计长、副总裁等。

③ 如 Allreck 和 Settle(1985, p. 45)所说,对于主动提供的调查(unsolicited surveys),“邮件调查回复率超过 30%是相当罕见的”。

④ 对于包括 1 080 名调查对象的样本,缩略版本中的 P 值与基于六层版本(six-story version)的 P 值的相关系数为 0. 91(Rest, 1986a)。

⑤ 我们通过邮寄前分类(pre-mailing classification)和回复者的实际职位进行测试。由于两者都没有表现出显著性,我们只报告了对于实际职位的分析。

⑥ 研究者可以得到有关加拿大的数据。

⑦ 许多关于国别差别的会计研究都将重点放在研究披露实务和政策制定的不同效果上(例如,Gray, 1988; Nobes and Parker, 1991; Salter and Niswander, 1995)。其他一些研究在分析文化差异时常常把美国和加拿大归为一组(例如,Hofstede, 1980, 1991)。

参考文献

Alreck, P., and R. Settle. 1985. *The Survey Research Handbook.* Homewood, IL: Irwin.

Armstrong, M. 1987. Moral development and accounting education. *Journal of Accounting Education* (Spring): 27-43.

Arnold, D.F., Sr., and L.A. Ponemon. 1991. Internal auditors' perceptions of whistle-blowing and the Influence of moral reasoning: An experiment. *Auditing: A Journal of Practice & Theory* 10(2): 1-15.

Bernardi, R. 1991. Fraud detection: An experiment testing differences in perceived client integrity and competence, individual auditor cognitive style and experience, and accounting firms. Unpublished Ph.D. dissertation, Union College, Schenectady, NY.

Bruns, W.J., and K.A. Merchant. 1990. The dangerous morality of managing earnings. *Management Accounting* 72(2): 22-25.

Catell, R.B., H.W. Eber, and B. Tatsuoka. 1970. *Handbook for the Sixteen Personality Questionnaire.* Champaign, IL: Institute for Personality and Ability Testing.

Chatman, J.A. 1991. Matching people and organizations: Selection and socialization in public accounting firms. *Administrative Science Quarterly* 36: 459-494.

Cohen, J.R., and L. Pant. 1989. Accounting educators' perceptions of ethics in the curriculum. *Issues in Accounting Education* (Spring): 70-81.

Coreless, J., and L. Parker. 1987. The impact of MAS on auditor independence: An experimental study. *Accounting Horizons* (September): 25-30.

Davidson, R.A., and J.T. Dalby. 1993. Personality profiles of Canadian public accountants. *International Journal of Selection and Assessment* (April): 107-116.

DeFond, M.L., and J. Jiambalvo. 1991. Incidence and circumstances of accounting errors. *The Accounting Review* (July): 643-655.

DiMaggio, P.J., and W. Powell. 1983. The iron cage revisited: Institutional isomorphism and collective rationality in organizational fields. *American Sociological Review* 48: 147-160.

Etherington, L.D., and L. Schulting. 1995. Ethical development of management accountants: The case of Canadian CMAs. In *Research on Accounting Ethics,* Vol. 1, ed. L.A. Ponemon, 237-253. Greenwich, CT: JAI Press.

Eynon, G., N. Hill, K. Stevens, and P. Clarke. 1996. An international comparison of ethical reasoning abilities: Accounting students from Ireland and the United States. Journal of Accounting Education (Winter): 477-492.

Farmer, T., L. Rittenberg, and G. Trompeter. 1987. An investigation of the impact of economics and organizational factors on auditor independence. *Auditing: A Journal of Theory and Practice* (Fall): 1-14.

Finn, D.W., and J.C. Lampe. 1992. A study of whistleblowing among auditors. *Professional Ethics: A Multidisciplinary Journal* 1(3/4): 137-168.

Gaa, J. 1992. Discussion of a model of auditors' ethical decision processes. *Auditing: A Journal of Practice and Theory* 11(Supplement): 60-66.

Gibbs, J.C., and K.F. Widaman. 1982. *Social Intelligence: Measuring the Development of Sociomoral Reflection.* Englewood Cliffs, NJ: Prentice-Hall.

Gray, S.J. 1988. Toward a theory of cultural influence on the development of accounting systems internationally. *Abacus* 24(1, March): 1-15.

Hill, N.T., K.S. Stevens, and P. Clarke. 1998. Factors that affect ethical reasoning abilities of U.S. and Irish small-firm accounting practitioners. In *Research on Accounting Ethics*, Vol. 4, ed. L.A. Ponemon. Greenwich, CT: JAI Press.

Hofstede, G. 1980. *Culture's Consequences: International Differences in Work Related Values.* Beverly Hills, CA: Sage.

Hofstede, G. 1991. *Culture and Organizations: Software of the Mind.* Maidenhead, UK: McGraw-Hill.

Icerman, R., J. Karcher, and M. Kennelly. 1991. A baseline assessment of moral development: accounting, other business and non-business students. *Accounting Educator's Journal* (Winter): 46-62.

Jeffrey, C. 1993. Ethical development of accounting students, business students, and liberal arts students. *Issues in Accounting Education* (Spring): 86-96.

Jeffrey, C., and N. Weatherholt. 1996. Ethical development, professional commitment, and rule observance attitudes: A study of CPAs and corporate accountants. *Behavioral Research in Accounting* 8: 8-31.

Kohlberg, L. 1976. Moral stages and moralization: The cognitive-developmental approach. In *Moral Development and Behavior,* ed. T. Likona, 31-53. New York: Holt, Rinehart and Winston.

Kohlberg, L. 1984. *The Psychology of Moral Development.* San Francisco, CA: Harper and Rowe.

Kohlberg, L. 1989. Stages and Sequences: The cognitive developmental approach to socialization. In *Handbook of Socialization Theory and Research*, ed. D. Goslin, 347-480. Chicago, IL: Rand McNally.

Lampe, J.C., and D.W. Finn. 1992. A model of auditors' ethical processes. *Auditing: A Journal of Practice and Theory* 11(Supplement): 33-59.

Loeb, S.E. 1971. A survey of ethical behavior in the accounting profession. *Journal of Accounting Research* 9: 287-306.

Loeb, S.E. 1984. Codes of ethics and self-regulation for non-public accountants: A public policy perspective. *Journal of Accounting and Public Policy* (Spring): 1-8.

Loeb, S.E. 1988. Teaching students accounting ethics: Some crucial issues. *Issues in Accounting Education* (Fall): 281-94.

Loeb, S.E. 1990. Whistleblowing and accounting education. *Issues in Accounting Education* (Fall): 316-329.

Maupin, R.J., and C.R. Lehman. 1994. Talking heads: Stereotypes, status, sex-roles and satisfaction of female and male auditors. *Accounting, Organizations and Society* (19): 427-437.

McNair, C.J. 1991. Proper compromises: The management control dilemma in public accounting and its impact on auditor behavior. *Accounting, Organizations and Society* 16(7): 635-653.

Merchant, K.A., and J. Rockness. 1994. The ethics of managing earnings. *Journal of Accounting and Public Policy* 13(Spring): 79-94.

Mihalek, P.H., A.J. Rich, and C.S. Smith 1987. Ethics and management accountants. *Management Accounting* 69(6): 34-36.

Nobes, C., and R. Parker. 1991. *Comparative International Accounting,* 3rd edition. New York: Prentice Hall.

Ponemon, L. 1988. A Cognitive-Developmental Approach to the Analysis of Certified Public Accountants' Ethical Judgments. Unpublished Ph.D. dissertation, Union College of Union University.

Ponemon, L. 1990. Ethical judgements in accounting: A cognitive-developmental perspective. *Critical Perspectives on Accounting* (1): 191-215.

Ponemon, L. 1992a. Auditor underreporting of time and moral reasoning: An experimental-lab study. *Contemporary Accounting Research* (9): 171-189.

Ponemon, L. 1992b. Ethical reasoning and selection-socialization in accounting. *Accounting, Organisations and Society* (17): 239-258.

Ponemon, L. 1993. *Ethical Reasoning in Accounting and Auditing.* Vancouver: CGA Canada Research Foundation.

Ponemon, L., and D. Gabhart. 1990. Auditor independence judgments: A cognitive-developmental model and experimental evidence. *Contemporary Accounting Research* (Fall): 227-251.

Ponemon, L., and A. Glazer. 1990. Accounting education and ethical development: The influence of liberal learning on students and alumni in accounting practice. *Issues in Accounting Education* 5(2): 21-34.

Rest, J. 1979. *Development in Judging Moral Issues.* Minneapolis, MN: The University of Minnesota Press.

Rest, J. 1986a. *Manual for the Defining Issues Test.* Minneapolis, MN: The University of Minnesota Press.

Rest, J. 1986b. *Moral Development: Advances in Theory and Research.* New York: Praeger.

Rest, J., and D. Narvaez. 1994. *Moral Development in the Professions.* Hillsdale, NJ: Lawrence Erlbaum Associates.

Salter, S.B., and F. Niswander. 1995. Cultural influence on the development of accounting systems internationally: A test of Gray's [1988] theory. *Journal of International Business Studies* (Second Quarter): 379-397.

Shaub, M.K. 1994. An analysis of the association of traditional demoraphic variables with the moral reasoning of auditing students and auditors. *Journal of Accounting Education* 12(1): 1-26.

Shaub, M.K., D.W. Finn, and P. Munter. 1993. The effects of auditors' ethical orientation on commitment and ethical sensitivity. *Behavioral Research in Accounting* (5): 145-169.

St. Pierre, K., E. Nelson, and A. Gabbin. 1990. A study of the ethical development of accounting majors in relation to other business and nonbusiness disciplines. *The Accounting Educators Journal* (Summer): 23-35.

Sweeney, J.T. 1995. The moral reasoning of auditors: An exploratory analysis. In *Research on Accounting Ethics,* Vol. 1, ed. L.A. Ponemon, 213-234. Greenwich, CT: JAI Press.

Thoma, S.J. 1984. Estimating Gender Differences in the Comprehension and Reference of Moral Issues. Unpublished manuscript, University of Minnesota, Minneapolis.

Trevino, L. 1986. Ethical decision making in organizations: A person-situation interactionist model. *Academy of Management Review* 11(3): 601-617.

14

财务报告道德决策模型的实证发展——因素分析法

Thomas G. Hodge
Dale L. Flesher
James H. Thompson

摘　要

对商业道德行为的兴趣现在可能已经达到了历史最高水平。私营部门和公共部门都对道德问题感兴趣。行业组织和个体公司制定出许多道德准则,国会也就会计职业自我规范程序的运行召开了听证会,这些都证明了道德意识有所增强。本章的研究调查了管理会计师的决策行为,这些管理会计师都在财务报告方面面临道德困境。本研究使用的调查问卷包括两个阶段,试图建立一个财务报告方面的道德决策模型(ethics decision model)。调查对象包括具有管理经验的管理会计师。本研究属于第一批在道德决策情景中使用草案分析

(protocal analysis)的会计研究。

导 论

对商业道德行为的兴趣现在可能达到了历史最高水平。道德准则的发展也显示了人们对道德问题的兴趣。道德准则的实施旨在改进道德行为。许多会计公司及其他商业和非商业组织早在许多年前就采用了道德/行为准则,但也有许多商业公司现在才开始实施道德准则并开设道德培训课程。Murphy(1995)指出,在他的研究中有91%作出回复的公司已经采用了正式的道德准则。另外,一半的公司已发布了价值观声明,三分之一的公司有着自己的公司信条。

道德意识的提高不局限于私营部门。最近国会也就商业中的道德问题举行听证会。丁格尔委员会(Dingle Committee, 即众议院能源与商业委员会)的听证会调查了会计行业自我监管程序的运行情况以及SEC的监管职责。这些听证会之所以产生是因为存在不断增加的公司破产与公司舞弊劣迹、金融机构的倒闭、被指控的审计失误以及与著名会计公司名字联系在一起的诉讼案。丁格尔委员会的调查揭示了,管理会计参与了公司虚假财务报表的制作(Shultis and Williams, 1985)。本研究旨在调查研究在财务报表方面面临道德困境的管理会计的决策行为。

背 景

近几年来,研究者们建立了数个模型,用以描述商业领域的道德决策过程(Ferrell and Gresham, 1985;Trevino, 1986;Bommer et al., 1987;Ferrell et al., 1989;Cooper and Frank, 1992)。这些模型和其他一些论文指出了可能影响管理者在面对道德困境时进行决策的诸多因素。Fritzsche(1987)指出了与个人价值观、公司政策以及组织风气有关的许多因素，这些因素可能对管理者的道德行为产生明显影响。Bommer等人(1987)指出，与行业环境有关的因素可能对作为行业成员的管理者的道德行为有重要意义。例如，专业人员的行为可能受到职业道德准则的影响。

公司下属职员常常陷入道德困境。困境之所以存在，其中一个原因是，没有一个明晰的解决困境的根据。一个下属职员不能仅仅因为一个决定是其上级作出的就默认这个决定。但是，一个下属职员也会这样推理：由于没人能肯定解决问题的正确方法到底是什么，那么每种解决方案都同样好；也就没有什么充分的理由不去做上级决定应该去做的事了(Robison, 1991)。

Standford(1991)提出了三个问题，能够用来帮助管理者证实一个理由充分的解决方案是否可以被接受。第一，这种情形是合法的还是违反公司政策的？如果回答肯定，那么我们面对的是道德准则方面的问题，黑白分明。然而我们更多面对的情况是灰色的，存在进退两难的道德困境。第二，利益相关者的收入分配是否公平？要警惕的一点是，对此可能没有一个正确的答案；一个人是在所谓的"正确"答案之间进行选择，而"正确"答案本身就是模糊的、不确定的。第三，如果家人知道我的决策他们会为我而自豪吗？或者如果我的决策被刊登在报纸上，我会介意吗？当我们需要靠分析细节才能确定答案或者当我们身不由己地认为规则在某种情况下没有用时，这些立见分晓的测试可以帮助我们合乎道德地解决问题。

研究指出，管理会计师经常会碰到财务报告方面的道德困境。Merz和Groebner(1981)发现，假造利润的压力确实是管理会计师常常面临的道德困境。而且，Mihalek、Rich和Smith(1987)发现，大约50%接受调查的中级和初级会计都受到过大幅度修改申报利润的压力。Leung和Cooper(1995)对澳大利亚注册会计师协会的研究揭示，大约50%的调查对象对关于职业行为的协会准则了解很少或不了解。调查还发现，调查对象看起来平均面临四个与财务报告和职业特色有关的道德问题。

方 法

本研究使用了包括两个阶段的调查问卷,以建立一个财务报告方面的道德决策模型。问卷的第一阶段来自关于财务报告方面道德困境的报告。由于每个调查对象回复短文需要一段时间(大约两个小时),我们选取了一个由来自15个组织的30名管理会计师组成的便利样本(convenience sample)。

阶段1使用了一致的用文字表述的草案来收集数据。每个调查对象都被要求在作决策时"大声地思考"。草案用磁带录音,转录,并通过了验证。这些数据又被用于制作研究阶段2所使用的调查问卷。阶段2使用了阶段1所用短文的简短版本。调查对象被要求阅读短文并指出他们将采取哪种行动来解决困境。行动的选择范围基于调查对象在阶段1的文字表述的草案中采取的行动。

表14.1 因素列表

因素排号	因素名称
因素1	职业/个人道德准则和价值观
因素2	违反道德准则行为的个人后果
因素3	对当地管理者、雇员和家人之外人员的责任
因素4	遵守道德准则行为的个人收益
因素5	内部控制/威慑
因素6	对管理者的不信任
因素7	服从当权者/失业
因素8	账目的特点:当前的和以往的
因素9	对当地管理者和雇员的职责
因素10	内部控制/保护
因素11	提高利润的积极行动/来自母公司的压力
因素12	畅通的交流渠道
因素13	对家庭的职责
因素14	非道德行为的合理化

在选好他或她要采取的行动后，每个调查对象被要求指出他或她对一些说法的认同程度，这些说法来自从本研究阶段1中所获取的用文字表述的草案。这些说法是调查对象在阶段1作决策时用文字表述的推理陈述。调查问卷的这部分使用了一个包括六个程度的Likert等级表（a six-point Likert scale）。认同程度的选择包括很认同、认同、有些认同、有些反对、反对、强烈反对。为了明确调查对象决策程序的根本特征，我们对调查对象就这些说法的回复进行了因素分析。基于本研究的研究目的，我们使用了间接因素提取法。陡阶检验标准（the scree test criterion）被用来测定因素的最优数量。另外，因素负载（factor loading）等于或大于0.40的变量被视为显著的（Hair et al.，1979）。在阶段2，我们将调查问卷寄给485名CMA组成的随机样本。①

结　果

阶段2的调查问卷一共收到了144份可使用的回复，回复率为30%。我们进行了Bartlett球体测试（test of sphericity）和Kaiser-Meyer-Olkin（KMO）样本充分性的测量，用以明确这些数据是否适合因素分析。Bartlett球体测试的显著性达到0.000 01，而KMO测量为0.697 53。② 这两个测试都表明，这些变量适合进行因素分析。

如表14.1所示，因素分析结果产生了14个基于陡阶检验的因素。所有因素的特征值都大于等于1.0。这14个因素一共占数据总方差的68.2%。考虑到社会科学研究中数据的不精确性，这个比率是比较高的。占60%以下的方差的因素方法已经是很让人满意的了（Hair et al.，1979）。表14.2详细列出了每个因素的特征值和方差百分率。

表 14.2　不变基本组成因素方法中变量的特征值和百分数

因素	特征值	方差百分数
因素 1	9.59	17.8
因素 2	5.02	9.3
因素 3	3.53	6.5
因素 4	2.38	4.4
因素 5	2.22	4.1
因素 6	2.17	4.0
因素 7	1.99	3.7
因素 8	1.82	3.4
因素 9	1.76	3.3
因素 10	1.50	2.8
因素 11	1.29	2.4
因素 12	1.25	2.3
因素 13	1.16	2.2
因素 14	1.12	2.1
合　计		68.2

初始因素分析完成后，有六个变量被作为单变量因素。如 Sharpe 和 Smith 所建议的那样，这些变量在接下来的因素分析中被省略了(Hair et al., 1979)。表 14.3 列出了这些因素和它们各自的负载量(loadings)。

表 14.3　单因素

项目编号	项　　目	因素负载量
1	如果我拒绝做这个账目，我将得到主管的支持	0.764 9
6	如果你向公司报告这件事，涉及这事的人只会受到很轻责备	0.782 2
17	如果我做这个账目，工作可能可以保住	0.783 6
24	如果你知道母公司有内部审计部门，这会影响你的行为	0.772 3
28	这个账目不会解决问题	0.818 5
45	如果我拒绝做这个账目，主计长会被撤换	0.639 6

因素分析的一个好处是可能发现单靠观察个别变量所不能发

现的潜在特征。下面着重讨论数据反映出的这些潜在特征。

职业/个人道德准则和价值观

因素1定名为职业/个人道德准则和价值观(见表14.4)。我们发现职业价值观和个人价值观负载于同一个特征,同一个因素,但这一点并不奇怪。许多职业会计组织(如IMA、AICPA和IIA)都会为其成员的职业发展提供帮助。这些组织已经为成员开展了一些职业发展项目,提供了各种相关的出版物并设立了职业道德准则。

表14.4 因素1:职业/个人道德准则和价值观

项目编号	项　　目	因素负载量
14	一个职业人应该正直诚实	0.6637
26	这个账目会违背普遍接受的会计原则	0.4915
27	你有责任遵循职业会计准则	0.7357
31	你自己的道德准则应该指导你的行为	0.6817
33	如果我这样做,我晚上会睡不着的	0.5739
42	你必须始终遵守职业道德准则	0.6525
48	如果我做了这个账目,我会良心不安的	0.5092
53	你有责任进行准确的会计记录	0.6466
56	如果我做了这个账目,我的自我感觉会不好	0.6034
58	做这种账是违反道德准则的	0.6633

我们很难将个人价值观和职业价值观分开。如果没有正确的个人价值观,一个人也难以坚持正确的职业价值观。其中一个变量就表明,你自己的道德准则可以指导你的行动。也许,威慑力可以用于防止那些不依道德规范行事的个人进行非道德的行为。

结果预测中的成本/收益平衡

Jones(1982)按照每套可选行为所带来的成本和收益定义了这类道德困境。在财务报告短文中,调查对象强调了会影响他们个人的成本和收益。这两个因素是:因素2,违反道德准则行为的后果;以及因素 4,遵守道德准则行为的个人收益。

违反道德准则行为的个人后果

Trevino(1986)的个人—情景互动道德决策模型将对后果的责任归为一个缓和变量(moderating variable)。当个人需要对自己的行为后果负责时,个人的行为通常更符合道德要求。在用于本研究阶段 1 的财务报告短文中,管理会计负责制作和批准账目。当由主计长来制作和批准账目时,这些调查对象更易忽视账目并袖手旁观。

较高的因素负载量(the high factor loadings)证明,大多数后果来自做账的非法性(见表 14.5)。一个调查对象的非法行为会为他带来牢狱之灾、与政府机构的麻烦、丧失职业证书、个人负债或失业,而且他或她在今后还有可能被命令做相似的事情。意识到这些后果可以对非道德行为的发生产生威慑。

表 14.5 因素 2:违反道德准则行为的个人后果

项目编号	项 目	因素负载量
22	如果我做这个账目,我将遭受牢狱之灾	0.703 1
32	如果我做这个账目,我将会失去职业证书(比如 CPA, CMA 等)	0.657 7
37	做这样的账目是违法的	0.691 8
41	如果我做这个账目,我会失业	0.466 9
46	如果我做这个账目,我个人可能为此负责	0.609 9
52	如果我做这个账目,我会陷入与政府机构的麻烦	0.722 1
59	如果我做这个账目,可能今后我还会被要求干类似的事	0.453 6

遵守道德准则行为的个人收益

本因素最重要的负载(loadings)包括从母公司所获得的帮助(见表 14.6)。另一个可变情况显示,如果调查对象拒绝做这个账目,主计长可能进行重新考虑并不再要求做这个账目。主计长可能进行重新考虑是因为害怕调查对象会从母公司得到帮助。拒做假账能够得到别人的尊重,这种尊重也可能来自母公司的管理人员、同事、雇员和家人。

表 14.6　因素 4:遵守道德准则行为的个人收益

项目编号	项　　目	因素负载量
8	如果我拒绝做这个账目,我将得到母公司的支持	0.790 5
10	与公司商谈将于事无补	0.737 0
18	如果我拒绝做这个账目,主计长会重新考虑,不再要求我做这事了	0.530 1
54	如果我拒绝做这个账目,我将得到他人的尊重	0.614 6

职责冲突

为了划分与人们社会相互依赖性有关的道德困境,Jones(1982)的模型将职责冲突包括进来。这种社会相互依赖性引发了职责冲突,最终导致道德困境。因素分析确定了三类冲突的职责:因素 3,对当地管理者(local management)、雇员和家人之外人员的职责;因素 9,对当地管理者和雇员的职责;以及因素 13,对家庭的职责。

对当地管理者、雇员和家人之外人员的职责

除母公司,"当地管理者、雇员和家人之外人员"还包括一个组织的财务报表的众多外部使用者(见表 14.7)。这个因素最重要的负载(loadings)是对与组织无直接联系的群体的职责。对政府机构承担的重要职责可能是由向这些群体提供虚假财务报告所产生的后果带来的。社区内人员也可能是一个重要的财务报表使用者群体。当地的供应商和银行家显然也对他们提供信贷的当地组织的财务报表感兴趣。另外,财务报表的外部使用者也代表了潜在的第三方权利要求者。母公司与股东应该与财务报表的其他使用者区别对待。这两个群体能够对组织的各项活动施加影响,进行控制。它们也能要求一些其他群体觉得难以或不可能获取的信息。也许这个因素最重要的一个特征就是将母公司和股东作为财务报表外部使用者群体归为同一个群体之中。

表 14.7　因素 3:对当地管理者、雇员和家人之外人员的职责

项目编号	项　　目	因素负载量
36	我会对股东有强烈的责任感	0.583 0
39	我会对母公司有强烈的责任感	0.506 4
44	我会对政府机构(如 SEC, IRS, FTC)有强烈的责任感	0.710 4
50	我会对社区内人员有强烈的责任感	0.611 6
57	我会对财务报表的其他外部使用者有强烈的责任感	0.710 5

对当地管理者和雇员的职责

表 14.8 列出了因素 9(对当地管理者和雇员的职责)所负载的三个重要可变情况。虽然管理会计师应该对公司管理者忠诚,他们也有责任让上司知道那些不道德的行为。IMA 的管理会计师道德行为准则规定:“管理会计师不能有违反这些准则的行为,同时他们也不能宽恕组织内部其他人违反准则。”

表 14.8　因素 9:对当地管理者和雇员的职责

项目编号	项　　目	因素负载量
11	我会对公司的当地管理者有强烈的责任感	0.714 1
16	当上司犯错误时,你有责任让他们知道	0.546 8
21	我会对公司其他雇员有强烈的责任感	0.637 1

可变情况负载将对管理人员的职责和对雇员的职责联系在一起,这也许并不少见。这两个群体良好的财务状况都取决于组织的成功运营。更改财务数据可能受到管理会计师对这两个群体的责任感的驱动。

对家人的职责

个人对其家人的职责有许多种形式。道德困境可能与工作有关,失业会使一个人的家庭遭受经济损失。为了履行对家庭的经济责任,一个本会遵守道德规范的人可能作出不道德的事情(见表 14.9)。不道德的行为可能毁坏一个人的事业。最为严重的两个后果可能是,丧失职业证书和引起诉讼官司。如果一名管理会计师的事业毁于不道德的行为,今后他求职也会很困难。

表 14.9　因素 13:对家人的职责

项目编号	项　　目	因素负载量
5	如果我做了这个账目,这可能毁掉我的事业	0.407 2
7	我会对家人有强烈的责任感	0.737 6

上层的调子

Treadway 委员会指出,道德问题上"上层的调子"(tone at the top)对非道德行为能产生很大的威慑作用。我们发现了影响管理会计师和组织管理人员关系的四个因素。这些因素是:因素 6,对管理者的不信任;因素 7,服从当权者/失业;因素 11,提高利润的积极行动/来自母公司的压力;因素 12,畅通的交流渠道。

对管理人员的不信任

员工与管理者之间缺乏信任已不是新问题了。实际上,某些工会正是利用这种不信任的关系兴起并发展壮大的(Wren,1979)。虽然管理会计师实际上被视为管理人员队伍的一部分,因素 6 中所表现的不信任主要是针对管理结构中的上级领导(见表 14.10)。前两个可变情况实际上就显示出这种不信任的关系。第一个可变情况表达了对上级有时让雇员承担责备的担心,而第二个可变情况表达了更多的担心,担心雇员会既受谴责又被开除。第三个可变情况则从不同的角度表现了一种不信任感。人们可以从这个可变情况中推断出,如果雇员拒做假账,管理人员不一定会提供支持。

表 14.10　因素 6:对管理者的不信任

项目编号	项　　目	因素负载量
12	有时上司会让雇员来承担责任	0.783 9
25	这种情况,较低职位的雇员常常受到谴责并被开除	0.716 1
35	如果我拒绝做这个账,我在公司的前途堪忧	0.607 5

服从当权者/失业

因素7的根本特征与服从权威有关(见表14.11)。当一名管理会计的上司命令他或她做违反道德准则的事时,这个人将面临这样的抉择:去做或拒绝去做这样的事。对一些人而言,这样的情况与他们个人的价值观系统会发生道德冲突。这种冲突可能非常激烈,以至于个人不想再在这个组织中做事。这种举动可能表明,这个人相信他的上司不会再改变立场,采取符合道德准则的行为了。

表14.11 因素7:服从当权者/失业

项目编号	项目	因素负载量
2	大多数总裁都希望你认同他们的作法	0.5434
3	对你的老板提出质疑,可能会使你今后在公司处于不利的境地	0.5466
40	这个公司我不想再待下去了	0.7169
60	如果我拒绝做这个账目,我可能会失业	0.6278

对失业的畏惧在一个人关于非道德行为的决策中可能是一个非常重要的因素。当前研究中的一个调查对象说道:

> 现在公司里做事首先要听命于老板,道德行为和道德准则都是其次考虑的事情。外部和内部审计人员可能会查出我的非道德行为,可我宁愿冒这个险,也不愿意和与我朝夕相处的老板作对。

组织必须有畅通的交流渠道,鼓励雇员站出来报告他们上司的非道德行为。

提高利润的积极行动/来自母公司的压力

因素11包括的一种可变情况与篡改利润有关(见表14.12)。与以往研究结果一致,本研究也发现,阶段1的30名调查对象中有8名(27%)曾经经历或者目睹过与篡改上报利润相关的道德困境。Wilson(1983)提出,制止这种行为的一个方法是,设立不支持操纵财务数据的管理者鼓励项目(management incentive programs)。Carroll(1975)发现,接受调查的管理人员中有78%的人对以下说法表达了不同程度的赞同:“我能够想像出一种自上而下都严守道德规范的情况,但是,迫于上级对工作业绩的压力,下面的人会妥协违例。”

表 14.12 因素 11:提高利润的积极行动/来自母公司的压力

项目编号	项目	因素负载量
9	当地管理者可能受到来自母公司的迫使其提高利润的压力	0.671 3
34	管理会计师常常不得不为公司的利益进行通融	0.470 8
43	大多数总裁都是进取型的	0.730 6

这个因素包括的另一个可变情况涉及管理会计为他们公司利益进行的“融通”。选用会计原则提高利润或其他财务业绩的做法在会计行业中已不是才出现的现象了。这种做法通常被称为“篡改账目”(cooking the books),设立会计准则的团体为此颁布了许多声明。《会计原则委员会意见书》第 20 条(Accounting Principles Board Opinion No. 20)“会计变更”中要求公司确定,在对新的会计原则作出变更之前,这个新原则比旧原则更为可取。另外,当采用一种新的会计方法时,损益表中必须披露会计原则变更的累计影响。显然,所有“篡改账目”的机会都被去除了。而当前研究中的一名调查者却说:

> 我可以提出另外一种方法,完全合法,却可以达到相同的效果。我们并不一定非要采取非法行为。任何一名优秀的财务副主管都能利用灰色地带和观点创造出好几个月的利润,即使公司实际上是在亏损。

利用灰色地带更改财务数据以及为公司利益融通的做法都违背了职业道德准则。当会计问题的解决办法不是“黑白”分明时,会计人员必须发挥自己的职业判断力来决定如何解决这个问题。会计人员要公正客观地传达信息,这是他们始终必须担当的职业责任。

畅通的交流渠道

组织具有畅通的交流渠道,使雇员能够报告他们上级违背道德准则的行为,这一点非常重要。事实上,Waters(1978)提出,通过常规的行政管理系统报告违反道德准则的行为是不够的。他认为,雇员可能会感觉受到行政管理系统的阻碍,除非给予他们一定的指导。Waters 建议,也许一名意见调查员能够作为一个意见接收点,个人可以通过他来揭露情况。South Central Bell 的公司行为准则规定了一系列部门,其雇员可以选择通过其中任何一个部门揭露违反道德准则的行为。这些部门包括:安全部、法律部或者内部审计部门。

这个因素包括的可变情况说明了两点(见表 14.13)。除非可能的揭发人在公司的这些部门中有谈得来的人,他们一般不会报告违反道德准则的行为。第二个可变情况表明,个人是否决定向主管人员报告,取决于他们之间的关系如何。高层管理者必须采取恰当的态度来提倡符合道德准则的行为,而且他们也必须使可能的告发者相信他们会得到保护,不会遭到报复。

表 14.13　因素 12:畅通的交流渠道

项目编号	项　　目	因素负载量
4	只要我有合同,我就愿意向公司报告这事	0.712 2
51	我是否向总裁报告,取决于我与他的关系如何	0.558 6

内部控制

在欺诈性财务报告全国委员会(the National Commission of Fraudulent Financial Reporting)的 49 条建议中有一条特别讨论了行政内部控制(administrative internal control)在防范欺诈性财务报告中的作用:

> 公众公司应该具有能够充分防范和侦察欺诈性财务报告的内部控制机制(National Commission, 1987, p. 29)。

当前研究中的两个因素反映了内部控制的两个根本方面。这两个因素分别为:因素 5,内部控制/威慑;和因素 10,内部控制/保护。因素 5 代表了内部控制的威慑性的一面,而因素 10 则表现了内部控制能够保护陷入困境的个人。

内部控制/威慑

Treadway委员会意识到内部和外部审计功能的重要性后，发布了几条建议，内容涉及内部审计部门、董事会审计委员会以及外部审计人员的选择和审查程序等。显然，一个强大的内部控制系统，一个有效的内部审计部门和有能力的外部审计师都对一些非道德行为有威慑作用。因素5表明内部审计师和外部审计师都会调查账目(见表14.14)。

表14.14 因素5:内部控制/威慑

项目编号	项　目	因素负载量
13	如果我做这个账目，审计师会发现这个账目	0.8853
20	内部审计师会发现这个账目	0.7954
55	外部审计师会发现这个账目	0.8659

内部控制/保护

因素10包括三种可变情况(见表14.15)。其中一种情况是上司叫他的下属做维护其职位的事情。另外两种情况展示了为被逼违例者提供保护的手段:通过适当的控制来避免和发现违反道德准则的行为，并且在账目方面对内部审计部门诚实。

表14.15 因素10:内部控制/保护

项目编号	项　目	因素负载量
15	上司可能会让你做维护他们职位的事情	0.6244
19	公司应该有相应的控制手段，以防止这种事的发生，或在其发生时及时发现	0.6000
23	如果审计师问起我这个账目，我不该说谎	0.6892

Treadway委员会强调，防止公司雇员欺诈性行为的一个办法是组织和维持一个强有力的内部审计部门。在一些公司，内部审计部门要进行年度道德审查。这种审查重点是要测量对公司行为准则的遵循程度(Harrison, 1988)。也许这种审计还应该包括对

雇员提出的有关他们对组织内非道德行为认识的一些问题。

账目的特点:当前的和以往的

尽管财务报告短文包括误导性分录的制作,因素7所负载的可变情况可能涉及了个人在面对其他道德困境时所需要的各类信息。首先,这种情况是以往发生过的,还是第一次发生?如果它曾在过去发生过,那么现在的情况与过去的那些情况有多大的相似之处?第二,这种行为的意图是什么?第三,这种行为对别人和组织(例如,雇员、债权人、财务报表的其他使用者等)有何影响?

在因素7所负载的所有可变情况中(见表14.16),做账的意图可能是最重要的。也许过去也做过类似的账目,而且账目数额也不很大。但是,如果做某个账目是为了篡改财务报表,这种做账就是违反道德准则的。

表14.16　因素8:账目的特点:当前的和以往的

项目编号	项　　目	因素负载量
29	我想知道以往所做的相似账目的金额	0.783 8
38	我想知道这个账目的意图	0.738 1
47	我想知道这个账目的金额是否很大	0.569 3

非道德行为的合理化

合理化的过程是一种受自我保护需要驱使的心理机制。合理化过程经常发生在个人可能遭受严重的社会和物质损失的情景下。当一个人作出一个他或她知道不正确的决定时,这个人试图重新定义问题并加入不恰当的动机和目标。重新定义问题是为了掩饰问题不愉快的方面(Toffler, 1986)。因素14中的两个可变情况都是合理化的例子(见表14.17)。

表 14.17　因素 14:非道德行为的合理化

项目编号	项　　目	因素负载量
30	即使这个账目是我做的,最终负责的人还是主计长	0.525 2
49	如果我拒绝做这个账目,其他人也会做的	0.572 8

这些可变情况表明了一个人试图努力向其他人转嫁非道德行为的责任。当个人作出非道德行为后,他们通常会感到内疚和后悔。在心理学文献上这个过程被称为认知不一致(cognitive dissonance)。合理化可以减轻这种内疚和后悔(不一致),所以一个人会向这种决策妥协(Toffler, 1988)。

第三种可变情况表明个人如何重新定义一个问题。问题原本是要决定是否要做这个账目。现在,这个问题被再定义为确定由谁来做这个账目。虽然合理化的过程永远不能被完全废除,但个人和组织还是需要一直意识到它的存在。个人必须学会如何识别和处理合理化对决策过程造成的影响。个人常常在他们不能作出符合道德标准的决策的情况下被迫进行合理化。确实,如果组织能为雇员提供环境,使他们能够进行符合道德的决策,这将有利于削弱合理化的影响。

决策模型的发展

阶段 2 的最终目标是建立一个财务报告方面的道德决策模型。这个模型是通过因素分析(factor analysis)产生的因素来建立完成的(见图 14.1)。

这个模型描绘了一个决策环境,其中包括决策者、组织以及决策者所负责的其他方面。这个模型包括个人因素、组织因素、职责冲突以及情景因素等。个人因素包括个人的道德发展水平、职业道德准则和价值观、个人道德准则和价值观以及合理化等。

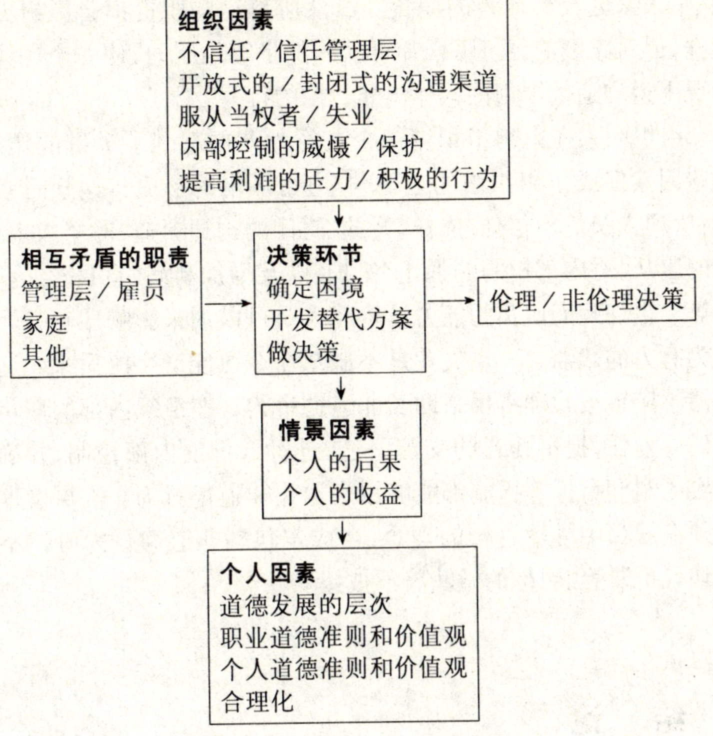

图 14.1　财务报告决策模型

本研究阶段 1 的发现为将道德发展水平归为一个因素提供了依据。③职业/个人道德准则和价值观是道德决策过程中的重要因素。然而,情景因素可能是重要的调试因素(moderating factors),它有助于解释为什么一个本应符合道德准则的人会作出非道德的行为。由于大多数决策选择都会为组织和决策者个人带来后果(成本)和/或收益,所以这些因素能够改变组织内部的决策者和其他雇员的行为。研究已发现,当个人要对他们的行为后果负责任时,个人行为通常更符合道德准则的要求。组织必须使他们的雇员意识到他们将对自己的行为负责。另外组织也必须提醒雇员,不论他们在组织内处于怎样的职位,他们都将因非道德的行为受到谴责。

职责冲突也能影响决策过程。决策模型包括了对管理者/雇员、个人家庭及其他人的职责。虽然所有这些职责都会影响决策过程,但对家庭的经济责任却可以施加足够的压力,使一个在其他情况下遵守道德准则的人作出非道德的行为。

组织因素在影响组织内部个人行为方面起到了关键的作用。这些因素促成了组织内的道德/非道德环境的形成。这些因素包括:管理人员的不信任/信任,开放/封闭的沟通渠道,对当权者/失业的服从,对内部控制的遏止/保护,以及增加利润的积极行为/压力等。也许解雇职员的能力是管理人员可以用来影响雇员行为的最为有力的武器之一。失业是不服从命令可能产生的后果。这个武器不应该被管理者用来助长非道德行为。在组织内部的雇员之间建立信任,提供畅通的交流渠道,进行合理的内部控制,并确定现实的利润目标等措施都能够用来遏止非道德行为。高层管理者必须在雇员中灌输这样的理念:当成本包括非道德行为时,“不惜一切代价”达到目标的做法将不被接受。

结　论

复杂的道德决策环境永远无法借助假设短文来再现。虽然这种局限性影响了研究成果的应用和普及,本研究还是得出了一些重要的结论。本研究是第一批在道德决策情景中使用草案分析(protocol analysis)的会计研究。所有这些草案资料(protocol data)都表现了调查对象在决策过程中的想法。这些想法由调查对象自由地表达出来,研究者没有予以干预。另外,这些数据又被用来制作阶段 2 的问卷。由于阶段 2 的问卷来自实际经验,这有助于增强阶段 2 研究成果的有效性。虽然本研究还属于试探性研究,但它所确定的因素为今后研究管理会计师进行财务报告所面临的道德困境提供了基础。

注　释

① 此样本取自管理会计师协会 CMA 资料库。

② 根据 Hair 等人(1979),在 KMO 测试结果大于 0.5 时才能确定因素分析是适当的。

③ 本章没有讨论此研究阶段 1 的一些研究成果。这些研究成果能够提供重要的证据证明:一个人的道德发展水平会影响此人在涉及道德准则的决策情形中所考虑的可变情况。

参考文献

American Institute of Certified Public Accountants (AICPA). 1988. News report. *Journal of Accountancy* (April): 18-19.

Bommer, M. 1987. A behavioral model of ethical and unethical decision making. *Journal of Business Ethics* 6: 265-280.

Carroll, A.B. 1975. Managerial ethics: A post Watergate view. *Business Horizons* (April).

Cooper, R.W., and G.L. Frank. 1992. Professionals in business: Where do they look for help in dealing with ethical issues? *Business and Professional Ethics Journal* 11(2): 41-56.

Ferrell, O.C., and L. Gresham. 1985. A contingency framework for understanding ethical decision making in marketing. *Journal of Marketing* 49: 87-95.

Ferrell, O.C., L.A. Gresham, and J. Fredrick. 1989. A synthesis of ethical decision models for marketing. *Journal of Macromarketing* 9: 55-64.

Green, P.E., and D.S. Tull. 1978. *Research for Marketing Decisions*. Englewood Cliff, NJ: Prentice Hall.

Guerrette, R.H. 1988. Corporate ethical consulting: Developing management strategies for corporate ethics. *Journal of Business Ethics* (May): 373-380.

Hair, J.H., Jr., R. Anderson, R. Tatham, and B. Grablowsky. 1979. *Multivariate Data Analysis*. Tulsa, OK: Petroleum Publishing Co.

Harrison, S.R. 1988. South Central Bell and the Treadway Commission Report. *Management Accounting* (August): 21-27.

Jones, D.G. 1982. *Doing Ethics in Business*. Cambridge, MA: Oelgeschlager, Gunn & Hain.

Leung, P., and B.J. Cooper. 1995. Ethical dilemma in accountancy practice. *Australian Accountant* (May): 28-33.

Mihalek, P.H., A. Rich, and C. Smith. 1987. Ethics and management accountants. *Management Accounting* (December): 34-36.

Murphy, P.E. 1995. Corporate ethics statements: Current status and future prospects. *Journal of Business Ethics* (September): 727-740.

National Commission on Fraudulent Financial Reporting. 1987. *Report of The National Commission on Fraudulent Financial Reporting*, Washington, D.C.

Robison, W.L. 1991. Subordinates and Moral Dilemmas. *Business & Professional Ethics Journal* 10(4): 3-21.

Shultis, R.L., and K. Williams. 1985. Accountants must clean up their act. *Management Accounting* (May): 21-23, 53-56.

Stanford, S.E. 1991. Ethics: The first fifty years. *Internal Auditor* (June): 102-104.

Toffler, B. 1986. *Tough choices-Managers talk ethics*. New York: John Wiley & Sons.

Trevino, L.K. 1986. Ethical decision making in organizations: A person-situation interactionist model. *Academy of Management Review* (July): 601-618.

Waters, J.A. 1978. Catch 20.5: Corporate morality as an organizational phenomenon. *Organizational Dynamics* (Spring): 3-19.

Wilson, G.T. 1983. Solving ethical problems and saving your career. *Business Horizons* (November-December): 16-20.

Wren, D.A. 1979. *The Evolution of Management Thought*. New York: John Wiley & Sons.

15

会计信息系统：商业道德案例——对雇员的监督

Alfred R. Michenzi

摘　要

会计和商务课程通过运用诸如讨论、发言或案例分析等技术来研究道德问题。通常会计专业的教科书中有一章是关于道德问题的，介绍解决审计方面道德困境的一些方法。财务会计课本会给出例证或者短文(vignettes)，让学生考虑与错误或误导性的会计业务陈述相关的道德问题。然而，当前大多数会计信息系统方面的教材没有将道德问题列为独立的一章或者列作案例供学生讨论。本章简略讨论了会计信息系统方面可能存在的道德问题，并为相关课程提供了一个案例。

导　论

随着计算机和网络技术在会计信息处理中的广泛应用，雇主有可能对雇员行为进行监督。对雇员行为的监督使管理者有机会发展雇员的技能,或者侵犯他们的隐私。但会计信息系统课程却缺乏解决这些问题的道德准则方面的讨论,这种状况应该引起我们的重视。

会计信息系统课程需要考虑将道德准则问题归为它的一个基本内容。道德准则问题涉及商业和会计教育的各个方面。课程必须将有关道德准则的讨论与所有塑造学生思想的主要领域结合起来。对普及性教材的一个简略调查表明,这些教材没有对道德准则问题进行实质性的讨论。本章介绍了一种使学生参与道德案例的方法,这种方法适用于会计信息系统课程。所有会计学课程对许多道德问题都只停留于泛泛而谈。内容常常涉及传统的报告、记录、审计和税收问题。会计信息系统课程提供了一个难得的机会,将计算机技术、会计和雇员关系纳入道德案例。计算机的功效及其在记录和处理信息中的应用,赋予了管理人员提高商业效率和盈利能力的手段。计算机能够监督所用计算机系统使用者的相互作用及行为。监督能够为雇员带来正面或负面的影响。

监督雇员相互作用的积极效果是可以将电脑作为一种培训设备。培训的基本内容包括监督错误率、键盘输入、处理一个交易所需的时间等等。管理人员能够通过开发个性化的培训项目来提高雇员的效率。监督雇员相互作用的负面效果是这种技术可能对个人施加控制,而且存在侵犯隐私的潜在可能。控制的例子包括监督键盘输入并且无视工作说明所规定的标准不断要求提速,或者监督空闲或个人时间。当管理者在雇员不知道的情况下阅读电子邮件或雇员自己建立的私人文档时也侵犯了雇员的隐私权。监督积极的一面能够改善技术,为雇员的进步创造机会。负面的后果来自对雇员的控制。这会引起士气低落,压制个人的权利,而且可能引起雇员对公司的起诉。

会计信息系统课程思考的道德问题涉及管理人员在进行监督时对成文或潜规则的违反或者对雇员隐私权的侵犯。对于大量文献的简要回顾可以说明管理人员对雇员的监督如何引起诉讼官司,导致士气低落。提起诉讼的基本原因是雇员的隐私权受到侵犯。联邦和许多州的法案(statue)都没有明确规定雇主和雇员在电子监督方面的权利、义务和职责。

方　法

由于雇员监督方面的法律模糊,存在多种可能情况(result in a vague set of possibilities),这个问题适合以案例的形式举出一些道德问题来加以探讨。自动信息系统包括多种选择,供管理人员监督雇员活动,比如:职员键盘输入,计算机及操作人员的闲散时间,雇员的电子邮件文档,以及与数据输入和处理有关的错误率。管理人员监督这些活动一般是为了履行责任,保证公司资源的有效利用。管理人员还会评估雇员对这些任务的了解程度并确定雇员的培训需求。

管理人员还有可能利用网络电脑系统的监督能力作出超出其法律权限的事情。管理人员可能挑选一个或者多个雇员,然后用这种手段进行骚扰并侵犯隐私。这种骚扰可能包括在未通知雇员的情况下阅读他们的电子邮件通信。管理者还可以对空闲时间和错误率进行记录,采取不利于雇员的行动,而不给他们再培训的机会。

案　例

Able公司是一家制造和出售运动服装的公司。它通过目录行销方式向全国的个人客户销售服装。随着不断增长,其订单输入(order entry)功能也需要一个全面的改进。Macc & Hensey公司是一家会计和计算机咨询公司。它与Able公司签订了合同,开发和安装改进订单输入功能急需的软件和硬件。这种改进工作进展顺利,及时完成,并且只稍许超支。管理人员和雇员接受了使用新系统的培训,他们都认为新系统可以增加效率,减少订货登记错误,并增加顾客的满意度。Macc & Hensey给管理者系统的全部说明并告诉他们这个系统包含不同的管理控制重载(management control overrides)和监督功能。这些功能成为帮助管理者提高当前雇员技能以及培训新雇员的手段。管理者没有告诉任何订货登记人员这个系统的监督功能。那时没人认为这样做是重要的。

八个月过去了,系统工作正常。一个名叫Sue Frost的雇员是一个聪明有活力的人,开始积极组建订货登记人员的工会。总的来说,雇员和管理人员的关系是令人满意的。管理人员对组建工会不是很理解,很快变得比较敌视。副总裁Bruce Young向你走来。他说,你作为管理员和订货登记人员的负责人,必须制止这种工会活动。你指出这种联盟活动在公司历史上还从未有过,而且你相信有权利进行这项活动。几天过去了,Bruce Young又走近你,对你说他知道订货登记系统有监视的功能,他建议你用这种功能来监督Sue Frost并收集信息找茬解雇她。他有强烈的意愿要阻止在Able公司组织内部建立工会。Bruce给了你一周的时间来制定一个计划,利用电脑系统的监督功能来解雇Sue Frost。你没有立刻给他答复,说需要时间好好想想Able公司可能利用的所有方法。

那天晚上你回到家中,仔细思考了这一天发生的事情。回想起你大学里关于会计道德问题的讨论,这个问题能够通过讨论中提到的一些或者所有技术来得以解决。与家人共进晚餐后,你开始找你大学里的笔记。找出笔记后,你好好读了一遍,希望能找到解决难题的办法。你意识到你的行动可能会使一个合格的雇员遭到解雇,工会和雇员可能提起诉讼;要么你自己因为不遵照副总裁的要求而被解雇,或者今后丧失他对你加薪晋升和获得其他可能收入的支持。

你的笔记为解决这个道德困境列出了六个步骤。这六步如下所列:

1. 收集相关事实。

2. 根据事实明确道德问题。

3. 确定谁会受到困境处理结果的影响,每个人或每个群体受到怎样的影响。

4. 明确对必须解决困境的人几种可能的选择。

5. 明确每个选择可能带来的结果。

6. 确定合理的行动(Arens and Loebbecke,1994, p. 69, 70)。

教学笔记

相关的事实包括:

1. 雇员不了解电脑系统的监督功能。
2. 在 Able 公司的试用期结束后,雇员不再注意公司所期望的"标准"错误率或效率比率(error or efficiency rates)。适用期为三个月。
3. Sue Frost 看起来是一位非常有能力的员工。
4. Sue Frost 希望成立工会,把同事组织起来。
5. 副总裁不希望工会组织任何 Able 公司的工人。

道德问题包括:

1. Able 公司在不通知所有订货登记雇员的情况下使用计算机系统的监督功能,这样做道德吗?
2. 由于某雇员对建立工会感兴趣,Able 公司就将她挑出来加以监督,这样做道德吗?

受影响的人和每人所受的影响:

1. Sue Frost 可能被开除。
2. Sue Frost 可能会继续受雇。
3. 管理员可能会被解雇。
4. 管理员可能会留职。
5. 管理员可能会留职,但失去晋升和加薪的机会。
6. 管理员可能会卷入 Sue Frost 和工会提起的诉讼。

7. 副总裁 Brue Young 可能因他的行为受到嘉奖。
8. Brue Young 可能卷入由 Sue Frost 和工会提起的诉讼。
9. Able 公司可能卷入由 Sue Frost 和工会提起的诉讼。
10. Able 公司可能成功抵制了其他组建工会的活动。
11. Able 公司可能成功,但结果却降低了员工的士气和效率。
12. Able 公司的员工可能变得开始怀疑管理人员的一切活动。
13. Able 公司的员工可能继续进行组建工会的活动。

管理员的选择包括:

1. 拒绝使用监督功能来解雇 Sue Frost。
2. 告知 Sue Frost 管理者的意图。
3. 停止为 Able 公司工作。
4. 将 Brue Young 的要求告知总裁和董事会,了解他们的意图。
5. 照 Brue Young 说的去做,收集解雇 Sue Frost 的证据。
6. 告诉 Sue Frost 你将监督她的电脑终端,记录错误并监督空闲时间,但不告诉她公司的反工会联盟意图。

以上选择可能带来短期或者长期的影响。短期的影响包括解雇管理者,因为他拒绝收集能用来解雇 Sue Frost 的信息。另一个可能的短期效应是管理者对这个雇员进行监督、收集证据,由于她的操作水平低于刚进公司的职员或者实习人员的水平,这些证据可以用于解雇她。长期效应包括从建立工会,改善管理人员和雇员关系到降低所有雇员的士气等一系列的影响。这可能造成销售额的下降并丧失顾客。另一个长期影响是管理者可能辞职并找到一个更好的工作。公司可能被卷入雇员和工会发起的冗长而昂贵的诉讼中,这场官司谁赢谁输都有可能。也不排除还有其他的选择和后果。

总　结

为了不使 Able 公司陷于这样的处境,管理者应该告知所有员工系统具有监督功能,并以书面形式传达这个信息。管理人员应该向外界公开他有权利检查公司设备上储存的电子邮件和其他个人文档。管理者还应该为所收集到的信息制定使用标准。这应该形成成文的规定,并且雇员和管理者之间应该进行充分的讨论。管理者应该公布其对于任何员工成立工会的看法;而且,管理者必须遵守保护员工权利的法律法规。管理者应该说明他如何用监督信息来提高雇员的生产力以及生产力低下带来的后果。如果管理者能够以书面形式明确地向员工传达公司的期望,那么就可以减少滥用监督信息的潜在可能,在一定程度上也可以避免雇主和雇员之间的冲突。

参考文献

Arens, A.A., and J.K. Loebbecke. 1994. *Auditing: An Integrated Approach*. Upper Saddle River, NJ: Prentice Hall.

16

学院的会计道德——法规并不是必需的*

Allen G. Schick
Lawrence A. Ponemon
Sharon H. Fettus
Robert J. Nagoda

摘　要

本章质疑了Loeb的关于需要针对会计教育工作者的道德法规的主张。我们对Loeb支持和反对相关法规的论点进行了批判性分析。我们得出这样的结论：他认为需要一个相关的道德法规的论点并没有表明，学院会计人员所面临的道德问题并非深刻或是独特到使人们相信为教授会计的人员制订单独的法规是合理的。他反对一个道德法规的论点表明，相关道德法规的存在可能产生一些无意识的负面影响。明确地

* 作者深深地感谢Bernie Bobal和Joan Grossman在其较早版本的作品中所提供的有帮助的评论。

说，道德法规的存在或许会阻碍而不是鼓励对道德的思考、分析和判断，因此可能导致更少而并非更多的道德行为。本章主要由三部分组成。第一部分介绍了道德法规在组织和职业协会中的作用和目的。第二部分分析了 Loeb 用以支持针对学院会计人员的道德法规的六项论点。第三部分评价了道德法规在鼓励道德行为方面的有效性。

介　绍

最近，美国的会计行业因为发生涉嫌道德堕落的案例而受到监管机构、财经新闻界和法律行业的严密关注。或许最引人注目的道德违法的案例是审计人员审查储蓄和贷款机构的财务状况时的玩忽职守以及可能发生的舞弊行为(Bacon and Berton, 1992)。一项虽不严重但却具有普遍性的在实务界常发生的活动就会涉及审计人员与客户间关系缺乏独立性的问题，在这种关系下审计人员默许客户管理当局在披露财务报告时采取一种过于大胆而有害的态度(Merchant and Rockness, 1994)。

会计、财务团体、政府法规制订委员会和会计教育者考虑到违反道德问题的存在，已经增强了他们在试图深入理解此类问题的性质和范围方面的注意。他们的目的是发现、防止并减少道德问题的发生。如果确实发生了问题，则寻找解决这些道德问题的方法。他们对此产生兴趣的原因，至少一部分，是建立在共同的理念或认识之上的，即不道德的行为由于会导致审计人员丧失声誉同时增加诉讼的风险，对于会计行业而言代价会是巨大的。

理解不同专业环境下的道德问题需要一个规范性框架以指导如何来确定“适当”的道德行为的分析(Scribner and Dillaway, 1989)。由认知发展观的心理学家所提出的框架属于个人道德发展的范畴。这一框架是与个人面对道德困境时的推理和决策过程相关的。根据 Kohlberg(1969), Rest(1979)和其他人的理论，人们作出规划,解决道德冲突的方法,其步骤和阶段是有顺序的。

道德发展模型的最低阶段是,当个人决定是否去按道德规范活动时关注的是其自身利益的最大化。比如,当一个具有较低道德理性的审计人员选择是否报告组织中的错误行为时可能采用成本效益的方法。具有中等的道德理性和技能的审计人员较少地关注自身利益而更多地关注的是能否成为社会团体、机构、协会中的一员。因此,当具有中等道德理性的审计人员决定是否按道德规范活动时,将以他们所属的组织最大利益的认知为指导。当处于最高的道德理性阶段的个人,作出一个关于道德问题的判断时,其具有将原则和法规相分离的能力。因此,当原则同法规发生冲突时,具有较高道德理性的个人可能违反法规以遵循他的道德信念和价值观。比如,一个审计人员可能决定远离可获利且具有较高声誉的客户,因为即便这些客户遵循了公认的会计原则,但仍被视为在财务报告实务中行为过于激进。

由神学家、哲学家和大量的伦理学家所提出的第二个规范性框架断言,存在超越时空的普遍的道德原则和品格。比如,基督教传统指出了可以指导全人类的十项戒律。这些具有普遍性的道德原则的价值是因为它们的无条件性,也就是说,不存在这些道德原则不适用的例外的情况。因此,这些道德原则培养了一致的、易分辨的行为,这使基于每一个面对同样道德挑战的人应该按同样的方式行为。然而,总是存在普遍道德原则的例外,即可能违反这些原则的事情。例如,偷面包给一个挨饿的小孩吃,这种行为应该由一个富有学识的权威人士(如,神职人员、律师、执法官员)为其合理性进行全面的分析和检验以认同这些行为并为这些行为提供法律的保障。

普遍的道德原则对所有的组织和专业团体都具有吸引力。这是因为这些道德原则在促进行为的一致性和明确性的同时,减少了不确定性。相反地,道德发展的含义是指一个人的道德原则应该优先于指导道德行为的组织规则,然而这增加了不确定性的可能。在一些极端的例子中,这将会导致组织的混乱和骚动。因此,为了减少这种不确定性，组织和专业团体通过建立行为法规的方法来寻求可普遍适用的道德原则(Beach, 1984)。如同那些清晰定义了所有组织的流程和功能的规则和标准操作程序一样，道德法规尝试去确保个人将按其所在团体的规范和组织的指令来行动。

有趣的是，这似乎是美国会计行业的三个支柱中的两个。第一个支柱是美国注册会计师协会(AICPA)，它要求，身为其协会成员的注册会计师遵守其制定的道德行为法规。AICPA 的法规包括了对最佳行为的一般性陈述和有关执业人员对公众责任的具体规则的叙述。第二个支柱是隶属于管理会计协会(IMA)的执业注册会计师。IMA 也为其成员提供了清晰定义过的关于在日常实务中指导其道德行为的有关能力、正直性、信心等方面的法规。

第三个支柱是全国高校的大学会计教师这一团体。目前，并不存在一个仅仅针对会计学科的道德法规。相反，这一团体受各自大学、学院关于任务的规定以及机构内关于教职人员责任的规定的指导。而且，美国大学教授协会已经作出了关于“专业道德的声明”，这一声明清楚地要求教授(Academe, 1987, p. 49)“将其精力投入到发展和增强学术能力上去……表示出对学生的尊重，承担作为学者团体中普通一员所具有的义务”。尽管存在着各个组织的政策以及针对教授的一般性职业道德法规，尽管会计师实务界认为大学的会计教育者是诚实的，具有较强的能力和高度的正直性(Carver and King, 1986)，我们仍然需要一个适用于会计教育者的明确的法规(Loeb, 1990, 1994)。

Loeb(1990, p. 123)提出了“学院会计人员的道德法规”的问题，同时认为，对学院会计人员道德法规问题应该予以关注。尔后，Loeb(1994, p. 191)认为不仅是需要一个法规，而且是“迫切”地需要这种法规。我们则不这样认为。相反，我们认为美国会计协会(AAA)学术独立委员会在 1981 年所关注的针对学院会计人员的道德法规问题而所得出的结论仍然是有效的。这个委员会的结论是：“美国会计师协会为学院会计所制订的道德法规是没有用的。不存在对这些法规有力的支持，也不存在任何有力证据表明需要这种法规”(AAA, 1981, p. 42)。在本章中我们认为道德法规不是会计教育者所需要的。我们的论点将在下面几部分中展开。

Loeb 的六项支持法规的论点

美国注册会计师协会有一个针对其成员的道德法规

在我们看来,Loeb(1990, 1994)认为,会计学院需要道德法规的主要原因是 AICPA 有一个针对其成员的道德法规。如果这个原因是合理的,这可能是一个模仿同形(mimetic isomorphism)的例子(Dimaggio Powell, 1983),或者用更通俗的语言来说,是 McKingley, Sanchez 和 Schick(1995)所称的“克隆”。克隆是一种社会力量,这种社会的力量是机构理论者所声称的能帮助解释为什么同一个行业或市场内的组织经过一段的时间会变得相似的原因。根据 McKingley 等人(1995, p. 34)所说,克隆是对不确定性的反映,它发生于当组织模拟它这一行业最有声望的、最具象征性成员的行为过程中。克隆的力量的观点并没以有力的证据为基础。比如,组织的道德法规改进了组织成员的道德行为。然而,克隆由于导致相似性而产生自身的吸引力。美国会计师协会应通过设立一个法规以模仿美国注册会计师协会来表明,当涉及道德问题时,美国会计师协会有一个相关的法规,而且美国会计师协会积极地对可疑的违反道德法规的问题采取了一定的行动。然而,除非学院会计教育工作者在道德真空中活动并且道德法规超越了这一道德真空,否则美国注册会计师协会为其成员制订一个法规的事实就不是美国会计协会也应该有一个法规的原因。而且,根据 Beal(1984, p. 323)的说法,如果制订法规“仅仅是为了体现好的方面……那比根本没有法规更危险”。

存在某种分裂的可能性

Loeb(1994) 注意到 AICPA 已经开始去阐明它的针对于其成

员的会计教育者的道德标准。然而,他担心的是,AICPA 对道德准则的阐释不会影响很多的大学会计教员。他认为这可能会在受 AICPA 法规约束的大学会计教员和那些不受该法规约束的教员之间产生一定程度上的分裂。因此,他请求美国会计师协会建立一个适用于所有会计教育者的道德规范。尽管对可能存在这种分裂的担心是有根据的,但是如果能建立在逻辑分析和经验证据的基础之上,我们会对 Loeb 的论点感到更满意。然而,Loeb(1994)既没有提出可能的道德分裂的例子,也没有提出对道德分裂可能发生情况的说明。既然我们没有发现在受美国会计准则委员会的法规约束下的会计教职人员和那些没有受该法规约束的会计教职人员之间的道德分裂,我们认为美国会计师协会没有建立自己的道德法规的必要。

当然,我们承认在实务界人员和会计教育工作者间比在不同会计学术界团体中更容易产生道德分裂(Carver and King, 1986)。比如,这可能涉及许多大学里会计系从外部筹集资金的努力(Carver, Hirsch and Strickland, 1993)。他们称道德问题大量存在于资金筹集中。一个原因是“资金积累直接同一个机构的价值观和优先权相关”(Carver et al. , 1993, p. 301)。第二个原因可能涉及大量的金钱。如果捐赠了大量金钱的一些人相信这一黄金法规,即有钱人制定规则,那么,他们可能迫使大学会计教员去遵循他们所倡导的规范和价值观。如果这些捐助者可以指定或对会计课程的发展、所教课程的类型和课程的内容有较大的影响,那么大学会计教员的学术独立性和正直性方面就会产生问题。会计学院会成为会计职业的拥护者和他们未来雇员的训练者吗?大学会计教职人员能否不仅在会计的技术方面而且在会计行业的机构和组织方面保持他们教育的独立性和公开批评的建设性吗?

不服从法规的人不能教会计道德

我们有两个反对 Loeb 观点的理由。第一,他的关于为什么遵从道德法规会加强会计教育和教育方法的论点既没有合乎逻辑的论据也没有经验证据来支持。既然在法规和有效的教授会计道德间不存在联系,那么法规应该是教授道德的先决条件就是没有根据。当然,在大学里教授商业道德的学者,通常不可能坚持一个特定的组织和行业的法规。他们教授道德是因为他们被教育这样做。

我们的第二个质疑是在 Loeb 所呼吁的法规中潜在的假设。明确地说,他假设没有专业注册的学院会计教师,需要道德法规来更正他们的道德失败,那么这要么是因为他们道德无知,即由于没有任何道德概念所引起,要么是因为他们不道德所引起。如果这种假设成立,那么,如同 Loeb(1990,1994)所提出的,道德法规可以作为包括社会预期的一系列标准,并且可以增强会计教育者的声誉并教育他们,还可以用于训练会计学博士生怎样去解决道德困境问题。

然而,假设道德行为有两个组成部分。第一个是知道什么是正确什么是错误的行为。在本质上,这一组成部分表明了人们应该怎样行动,以及如果他们在真空中运作,最可能如何行动。第二个组成部分是实际的行为。我们认为,个人没有按道德规范来活动,不是因为他们不知道正确和错误间的区别而是因为没有遵循他们的道德信念。也就是说,合乎道德的行为可能导致坏的结果而不道德的行为可能产生好的结果。本质上,个人必须在按道德行动和按其自身利益行动间作出选择。在这样的情况下,因为个人通常不能控制同他们的行为相联系的大多数结果,那么改进的道德行为需要的不是道德法规,而是一个可以加强道德的可取行为和产生好的结果两者之间相互匹配的机制。换句话说,外部强制性的约束需要改变,以使按道德行动和按个人利益行动相互协调而不是相互冲突。

一个可能的同个人利益相冲突的不道德行为是被 Loeb(1994, p. 125)所引用的"对教育和学生的疏忽"。这些行为似乎同增加教职员工进行研究和发表论文的压力相联系。由学校强加在其教员身上的发表文章压力的隐含意思是,研究比教学更重要。这一普遍的看法,通过年度奖励工资的增长以及提升机会和任期而得到强化。

比如,我们观察到,在一些研究派别中,只有那些在应用性学术期刊上发表文章的教职员工才能获得每年的工资增长。相似地,那些在所谓的"主导性"学术期刊上发表文章的教职员工往往会获得更长的任期和有利的提升机会。如果我们的观察是准确的,那么,大学三项任务中的两项,即教学和服务得到的却是较少的回报或者根本没有回报。如果确实存在这样的环境,那么 Loeb (1994, p. 125)提出的"对教学和学生的疏忽"是大学会计教员的道德失败这一论点,则或多或少可称得上是过敏的。

的确,对这一问题的道德分析可能得出这样的结论,即学院的管理者做了一些不正当的行为。也就是说,他们明明知道其是鼓励教员去关注研究和发表论文而不是教学,但却用具有出色的教学水平的许诺来吸引大学在校生。如果大学的管理者承认教学的重要性并对其进行相应的奖励,那么,忽略"教学和学生的问题"将会很容易地得到解决。如果真的需要一个道德法规,那么这个法规也是确定大学及其各从属单位的道德基调的大学管理人员所需要的,而不是在现有的有关道德的条条框框中工作的学院会计教师。

作为对无意陷入不道德行为的会计教职人员的指导

Loeb(1994, pp. 195—196)提供了一些由于会计教职人员没有意识到这些行为是不道德的而可能做出的一些行为。这些例子有:

- 在写作时无意识地侵犯了他人的版权;
- 收取了某种形式的补偿作为采用某种教材的回报;
- 没能区别对待具有较强能力和不具有较强能力的学生;
- 使用其他人的观点而没有合理地指出这一思想的来源。

在提出道德法规作为对道德行为的指导时,Loeb(1990, 1994)含蓄地指出会计教育工作者面对的有关道德问题的两种情形。第一种情形,道德问题是独特的,因此,会计工作迫切需要的是一个道德法规;或者第二种情形,尽管道德问题不是独特的,如果美国会计师协会建立一个道德法规也不会有害处。

上面的例子对于会计教职员工而言明显不是独有的,而是同所有大学教职员工相联系的。因此,如果需要一个法规,它将是适用于整个大学范围内的。没有理由将大学会计教员单独选出而且也没有证据表明会计教员比其他学科的教员更需要一个成文的道德法规。但是,即使人们一致认为学院会计教师所面对的道德问题不是独有的,那么有一个道德法规会有什么害处呢?我们认为当将一个人的道德信念强加于另一个人时就会产生害处,从而可能侵害教育者的学术自由。

有一点根本就是不明确的,即 Loeb(1994)提出的可能的非道德行为的例子是实际生活中的非道德行为的例子。比如,考虑会计教育者收取了某种形式的补偿作为采用某种教材的回报的情况。Engle 和 Smith(1990)为视这种行为为不道德行为的看法提供了支持。在他们对会计学院道德标准的研究中发现,他们所调查的 245 个正、副教授以及助教中的 62%的人认为(Engle and Smith, 1990, p. 15):"当大学教员采用一种教科书作为其对出版商向会计系捐赠资产的回报时,严厉的谴责或者解雇……是合理的。"

然而,假设那个教授是一个招收了大量的少数民族学生(如非裔美国人)的大学里的教员。一般来说,这样的学生得不到较多的财务资助去念非少数民族的私立大学或公立大学(如,Babson, Vermont)。在这样的环境下,会计教员和会计系倾向于同教材出版商协商,使其为会计系捐助其需要的资源(如教科书、实习设备、电脑软件)作为采用一种会计教材的回报。对大学会计教员而言,协商的行为不失为一种帮助少数民族学生成功地完成学业减少财务障碍的创造性方法。这样的教职员应该被视为英雄,而不是受到谴责和被免职的不道德的人。

研究的压力可能导致值得商榷的道德行为

对会计学术界而言确实存在研究的压力。尽管如此,这些压力也存在于大多数其他学科的学术人员中。因此,如果研究的压力可能导致值得商榷的道德行为,那么这些压力应该影响的不仅是会计教育者而且还有其他学科的教育者。事实上,正是对自然科学(如化学、物理、生物科学等)和经济学上可能的错误和舞弊的发现才引起了对会计研究中的错误、舞弊和剽窃的关注(见 Davis and Ketz, 1991; Loeb, 1990)。尽管我们不知道在会计研究中是否出现舞弊,我们知道的是 Davis 和 Ketz(1991, p. 109)的研究表明"在会计研究中对舞弊的揭发是不公开的"。因此,我们想知道为什么在其他学科中可认定的研究欺诈的案例需要一个会计学科的道德法规?既然会计研究不具有独特性,也没有迹象表明会计教育者以独特的方法研究问题,我们认为会计学术界并不需要一个相对独立的道德法规。

物质滥用

Loeb(1990, 1994)没有解释为什么由于社会上存在物质滥用问题(如酒精和毒品的滥用)而需要为学院会计人员制订道德法规。尽管如此,我们可以想出可能构成 Loeb 观点的两个基础。第一是,酒精和毒品的滥用不仅存在而且更多地发生于学院的会计学科而不是其他学科。第二是酒精和毒品的滥用代表不道德行为。

然而,Loeb 既提不出证据,而且我们也不熟悉任何证据,表明酒精和毒品的滥用更多的是学院会计教师而不是其他教员的问题。尽管如此,如果假设学院会计教师是社会的代表,那么,认为一些会计人员可能会滥用酒精和/或毒品的观点看起来是合理的。但同样可以对其他领域的学院人员也做出这一假设,那么相信很多非会计教员可能滥用酒精和/或毒品的观点看起来也是合理的。然而,如果没有相反的证据的存在,那么认为酒精和毒品的滥用在会计教员中比在其他教员中更受流行的观点则是不合理的。正如第四点中所讨论的,Loeb 没有提供为什么单独选出会计教员并且表明他们比其他学科的教员有更需要成文道德法规的理由。

第二个隐含的原因是，酒精和毒品的滥用确实代表了不道德行为吗？是的。Engle 和 Smith(1990, pp. 14—15)所询问的大多调查者是这样回答的。在他们的研究中，他们报告说 245 个被调查者中 41%的人认为，如果一个在酒精和毒品作用下的大学教员履行大学里的责任，他或她是极端不道德的并且应该被解雇。另外 44%的人认为，上述行为比极端不道德的要稍微好一点但应该受到严厉的谴责。这种发现似乎同道德法规对于研究物质滥用问题是必需的观点相融合。

如果我们认为把物质滥用问题作为道德问题而予以更多的研究和思考可能是适当的，那么其他学科的大学教员会认为在 Engle 和 Smith(1990)的研究中的在酒精和毒品影响下的会计教师履行大学里的责任是一个道德问题吗？如果他们认为是这样的，而且如果他们认为这些物质滥用可能影响更大范围的教育者而不仅仅是会计教员，那么关于物质滥用的道德法规看起来应该适用于所有的教员以及其他所有的大学工作人员。

然而，更重要的是物质滥用可能是一种疾病。比如，“嗜酒可能被视为一种疾病……或者是心理或生理上紊乱的症状”。它的病因可能是“一种遗传的疾病，一个生理上的故障，一个心理上的混乱，或是对经济和社会压力的反应”(*New Encyclopedia Britanniac*, 1989, Vol. 1, p. 229)。事实上，大量的对待嗜酒者的方法是将其视为一种病(如，使用药物来帮助戒酒)。因此，如果嗜酒被视为一种病，如糖尿病、癫痫病，那么区别对待嗜酒者和糖尿病、癫痫病或具有其他疾病的大学教员是不道德的。因此，正如在 Engle 和 Smith(1990)研究中的 85%的大学教员受调查者所认为的——解雇或谴责一个在酒精和毒品影响下履行大学里责任的会计教员是不道德的。

我们认为，呼吁制定一个针对物质滥用的道德法规反映了一种态度——发生毒品和酒精滥用是因为个人性格懦弱而且没有坚持拒绝毒品和酒精的原则。总之，使用者因为滥用酒精和毒品而受到谴责。然而，因为依赖于毒品和酒精而谴责他们似乎忽略了可以为消费而轻易获得大量毒品(比如,止痛剂、镇静剂、安眠药)和酒精的现实。可能会发生依赖于处方毒品尤其是被广泛使用的镇静剂的情况,比如安定(Valium)等。尽管这些药品有滥用和被依赖的倾向,医生每年仍然开出成百万的这些药品的处方(*New Encyclopedia Britannia*, 1989, Vol. 4, p. 233)。至于酒精,"酒精饮料工业每年生产了成百万加仑的白酒和成百万桶的啤酒"(*New Encyclopedia Britannia*, 1989, Vol. 13, p. 240)。大量的毒品被作为处方开出去,大量的酒被生产出来,以至于"人们可能得出存在一个关于毒品的文化的结论……而且现在对此的态度至少是不一致的,可能是伪善的"(*New Encyclopedia Britannia*, 1989, Vol. 13, p. 240)。这表明担心物质滥用的人如果只关注使用者可能是把问题看得太简单了。相反,应该扩大他们的关注点,以包含过度使用毒品和酒精所处的社会环境和文化。

总之,我们已经讨论了 Loeb 的支持需要针对学院会计人员的道德法规的论据。我们的结论是,这些论据不足以证明制订针对会计教员的法规的论点是合理的。Loeb 提出来的大量的问题超越了大学会计教员,这些问题对所有大学教员来说是有共性的,同时,Loeb 的论据要么是不存在的,要么是局限于几个焦点,或忽略了环境因素。暂且不考虑我们最后的结论,我们有理由对 Loeb 关于制定该项法规的呼吁进行深入的分析。因为许多组织、协会和行业都有一个法规。因此,不考虑是否需要这种法规,假设为学院的会计人员制定道德法规并非是不合理的。然而,道德法规是否促进道德思考、分析、判断并最终导致更符合道德的行为? 我们得不到回答。下一部分的目的是为了说明这一问题。

Loeb 反对法规的三个论点

Loeb 确定了反对学院会计教师的道德法规的三个论点。它们是(1994, p. 194):"(a)会计教师已遵循的一个或多个道德法规的存在;(b)关于这个道德法规中应该包含什么内容存在达成一致的困难;(c)这个道德法规存在效用较低的可能性。"正如Loeb所指出的,认为学院会计教师已经受会计行业的法规的约束不是一个合理的反对学院会计教师法规的理由。原因是许多大学的会计教员没有职业资格,因此不受职业准则的约束。在我们看来,他的第二个论点,即对该项道德法规内容达成一致的困难,也是无效的。原因是不同的专业组织,如AICPA,美国管理会计协会,已经成功地为其成员制定了道德法规。这些法规的存在暗含了两种情形。第一,在不同环境下的多种群体,如商业组织、政府部门、专业公司,可以达成一致。第二,法规可以在没有达成一致的情况下制定并实施。因此,理论上说,一致或缺乏一致并不能制止道德法规的制定。然而,一致的存在或者不存在会影响道德法规执行的有效程度。因此,我们认为,惟一有效的反对道德法规的论点——我们现在就此展开分析——是道德法规不能有效地减少不道德行为。我们的分析由如下四部分组成。

高层管理当局对法规的规避

道德氛围被定义为"处理道德问题和解决道德冲突的组织文化"(Ponemon, 1994, p. 1124)。对公司的道德氛围的认识是重要的,因为一个较弱的道德氛围被认为是欺诈性财务报告的原因之一(National Commission on Frauduleat Financial Reporting, 1987)。相反,观察表明,具有较浓厚道德氛围的公司较少涉及欺诈性财务报告。因此,成文的道德法规被建议作为培养较强的道德氛围的一个途径,以减少欺诈性财务报告的诱因。

尽管如此,道德法规可能不会改进公司的道德氛围。例如,在对119个欺诈性财务报告行为的研究中,发现重复这类行为的公司的管理当局忽视了内部会计控制系统(National Commission on Frauduleat Financial Reporting, 1987)。因为管理当局忽视内部的控制被认为是财务欺诈最普遍的原因,所以很明显,这些管理当局持续了这种对内部会计控制的忽视(Hooks, Kaplan and Schultz,

1994)。这表明除非高层管理当局愿意遵循他们自己公司的道德法规,否则正如 Trevino 和 Nelson(1995, p. 205)所指出的,这些法规只是徒有好的形式,在增强公司道德氛围方面却没有什么价值。

把"吹口哨行为"(whistle-blowing)作为不道德的行为

为什么道德法规不能改进公司道德氛围并阻止欺诈的可能的理由是,公司还没有学会怎样使他的高层管理当局像其他员工一样坚持相同的道德原则和法规。用于鼓励高层管理当局去遵循他的公司道德法规的一个方法是"吹口哨"(Hooks, 1994; Ponemon, 1994)。吹口哨行为是指个人向在组织的正常报告结构和指令链条之外的人披露所发现的不道德行为。披露可以是内部的,也可以是外部的,这取决于披露是对组织内还是组织外的人做出的。这两种类型的吹口哨行为都被认为是一个组织内部控制环境的固有组成部分。因此,为了帮助防止并发现欺诈,它们作为加强组织道德氛围的方法受到了支持。

支持将吹口哨行为作为报告组织错误行为的机制的含义是,假设吹口哨行为是一个合乎道德的适当的策略。然而,对于管理会计(IMA, 1983)和内部审计师(IIA, 1985)而言,道德行为准则明确禁止向组织外部披露错误行为。简言之,根据这些准则,外部吹口哨行为被视为对道德的违背。

制定道德法规的目的是为了帮助人们得到决定什么是或不是道德行为或不道德行为的思考过程(Finn, 1995)。然而,管理会计和内部审计师的职业准则通过规定外部吹口哨行为是不道德的,不仅没有帮助,却引发了一个道德困境。这种困境产生的原因是双方面的。首先,一些人认为检举不仅是允许的而且在某种环境下是一种义务(DeGeorge, 1982; Finn, 1995)。其次,假设已经使用了所有的内部可供选择的用来阻止错误行为的方法,上述职业准则所认可的符合道德的行为和价值观的类型,在道德上是值得质询的。一个被明显地赞同的行为是支持某一个虽然你不同意的错误行动,并保守秘密。因为被倡导的价值观“无论是对是错,都是我们团体内部的事”。或者,如果你不支持错误的行为,第二个职业行为是表达正义的愤怒,然后离开,并保守秘密。这一被认可的价值观对于那些经历过越南战争的人来说是很熟悉的:“要么爱它,要么离开它。”因此,职业准则似乎将外部吹口哨者视为类似于“泄密”、“告密”、“欺骗”、“出卖”或“通告”。

我们认为,由职业准则所鼓励的行为和价值观是过分简单化的。这些准则把管理会计师和内部审计师作为永远长不大的孩子来看待。这些准则由于没有考虑组织和社会间不断增强的相互依赖性,导致了更多和更复杂的道德问题。这些准则看起来并没有增加管理会计人员和内部审计人员的道德意识、思考和分析,而且极有可能并没有帮助他们更符合道德地行动。相反,如果管理会计师和内部审计师认为外部检举是不适当的,那么这些准则对道德行为的害处大于好处。

道德法规使道德推理处于困境

为什么职业法规可能成为更强烈的道德意识的障碍而且可能限制道德推理的发展呢?一个原因可能是会计的道德教育“将重点放在遵守法规上而非优先的道德问题和道德行为上”(Langenderfer and Rockness, 1989)。因此,大多会计课堂上的道德教学遵循“教授法规”的方法(Langenderfer and Rockness, 1989, p. 63)。结果是学生可能开始把职业法规看成是所有道德智慧的来源。他们“可能从来不去考虑这些法规的含义,这些道德法规所没有包括的其他道德情景,或者是否这些法规是合法的”(Langenderfer and Rockness, 1989, p. 63)。简而言之,学生可能没有进行关键性的思考。另外,他们可能被教导可以不进行批判性的思考。

对审计人员的道德训练也明显地遵循“教授法规”的方法,既然审计人员通常被指导要去坚持 AICPA 的专业行为规范(Dreike and Moeckel, 1994)。至于作为学生的审计人员,教师期望审计人员应当把法规当作是他们道德问题决策的基础时,表现出较少的道德推理。由Dreike和Moeckel(1994)所做的经验性研究为这种期望提供了支持。他们的研究试图去确定:(1)高级审计人员所思考的是道德问题还是道德论题;(2)他们对这些问题所做的反应。他们报告了两项发现。首先,一般来说,"当面对一个道德问题时,审计人员对什么构成了道德问题以及什么是合理的行为过程所做的定义是狭隘的";第二,"定义和行为本身强烈地受到法规文字解释的限制"。(Dreike and Moeckel, 1994, p. 261)。因此,在他们的研究中被调查的高级审计人员认为对客户的信任比其对股东和公众的责任更重要的,而且对他们来说,向公众通报客户的错误行为是不合理的观点是不值得惊奇的。

教授学生遵守专业法规相当于将法规视为道德的"标准运行程序",运行程序的标准被制定出来是让人们用以执行的而不是进行批判性的思考的。因此,职业法规的一个影响是个人将遵循这些法规而不假思考,像Dreike和Moeckel(1994)所作报告中的高级审计人员那样。或者,相反地,个人认为不道德的行为会由法规所制止,因此,没有明确禁止的事情也是可以做的(Armstrong, 1993)。依赖于道德规范来决定什么是道德的什么是不道德的行为将对道德判断的责任从个人转移到了法规上。如同Gerboth(1987, p. 98)所说:"教育职业人员不对其所作决定的结果负责任是有害的。"会计人员是遵守还是以没有被职业法规所明确禁止的方式行为呢? 我们不相信这样的法规可以引起更强的道德意识和更浓厚的道德氛围。法规似乎使培养思考的能力,培养解决道德冲突以及处理会计职业中的不确定性的能力变得更困难(Scribuer and Dilleway, 1989)。

道德法规的效力

如果说关于道德的职业法规是可取的,那么可能期望受职业法规约束的人在智力和行为上比那些不受法规约束的人更加道德。然而,一些研究结果表明事情并非如此,在一项研究中,Armstrong(1987)发现注册会计师道德发展程度低于大学生的道德发展程度。在一项仅仅是对注册会计师的研究,Ponemon(1990)发现随着这些注册会计师升向合伙人的级别,他们的道德能力减弱。事实上,公司中那些更多的接触法规的人是道德能力减弱最多的人。在另一项研究中 Engle 和 Smith(1990)报告了那些不是注册会计师的大学教师比学校的注册会计师在所做的 29 项活动中有更严格的道德标准,尽管仅在三个活动中的标准差在统计上是显著的。

综合考虑,这些研究表明关于道德法规的存在同注册会计师进行更符合道德行为的倾向是没有联系的。因此,不受法规约束的学院会计教师应该就下列突出的问题提问:第一,为什么需要一个道德法规?第二,它有什么好处?

总之,我们讨论了 Loeb(1994)的反对针对学术界的会计师的道德法规的论点。我们同意 Loeb 的是,没有职业资格的学院的会计师并不受制于各种职业的道德法规。我们也同意可能很难进行对法规的调查。尽管如此,既然存在道德法规,我们提出了道德法规是无效的论点。我们的想法是通过评价道德法规在其他的环境中的有效性,来判断其对学院会计人员而言是否起作用。

基于我们的分析,我们得出这样的结论,道德法规是无效的而且它们的无效性可以作为一个反对学院会计道德法规的合理的论点。法规由于下列四个原因而不能发挥作用。第一,没有一个机制去防止高层管理者去违反其所制定的法规,进行非道德的行为。第二,一些专业法规禁止外部的吹口哨行为,将个别人的利益放在大家的共同利益之上。第三,职业法规似乎不能增加道德的意识或鼓励道德推理的发展。最后,受职业道德法规约束的团体并不比那些不在法规约束下的团体更具有道德。

结　论

在本章中,我们检验了 Loeb 支持或反对学院会计人员的道德法规的论据。我们得出这样的结论，即支持学院会计人员的法规是没有合理的论据的。由 Loeb 所提出的道德问题对于学院会计人员而言不是独有的。另外，道德问题在道德的含义上比 Loeb 所提出的更丰富，因此，需要比道德法规所能提供的更深刻的洞察力。同时我们认为，道德法规是无效的，而且它们的无效是一个反对学院会计师的道德法规的合理论点。我们认为，自从美国会计协会学术独立委员会在 1981 年所做的关于不需要针对学院会计的法规结论之后没有发生什么改变。用我们自己的话说，他们和我们的结论很简单，那就是没有理由去制订法规，也没有人需要法规。

参考文献

Academe. 1987. Statement on professional ethics (July-August): 49.

American Accounting Association (AAA), Committee on Academic Independence. 1981. *Report of the Committee on Academic Independence of the American Accounting Association.* Sarasota, FL: AAA, June.

Armstrong, M.B. 1987. Moral development and accounting education. *Journal of Accounting Education* (Spring): 27-43.

Armstrong, M.B. 1993. Ethics and professionalism in accounting education: A sample course. *Journal of Accounting Education* (Spring): 77-92.

Bacon, K.H., and L. Berton. 1992. Ernst to pay $400 million over audit of 4 big thrifts. *The Wall Street Journal* (November 24): A3.

Beach, J.E. 1984. Code of ethics: The professional catch 22. *Journal of Accounting and Public Policy* (Fall): 311-323.

Carver, M.R., Jr., M.L. Hirsch, Jr., and D.E. Strickland. 1993. The responses of accounting administrators to ethically ambiguous situations: The case of fund raising. *Issues in Accounting Education* (Fall): 300-319.

Carver, M.R., Jr., and T.E. King. 1986. Attitudes of accounting practitioners towards accounting faculty and accounting education. *Journal of Accounting Education* (Spring): 31-43.

Davis, S.W., and J.E. Ketz. 1991. Fraud and accounting research. *Accounting Horizons* (September): 106-109.

DeGeorge, R. 1982. *Business Ethics.* New York: Macmillan.

Dimaggio, P.J., and W.W. Powell. 1983. The iron age revisited: Institutional isomorphism and collective rationality in organizational fields. *American Sociological Review* (April): 147-160.

Dreike, E.M., and C. Moeckel. 1994. Audit seniors' responses to scenarios containing ethical issues and factors affecting actions. In *Proceedings of the Ernst & Young Research on Accounting Ethics Symposium,* June, 257-283.

Engle, T.J., and J.L. Smith. 1990. The ethical standards of accounting academics. *Issues in Accounting Education* (Spring): 7-29.

Finn, D.W. 1995. Ethical decision making in organizations: An employee-organization whistleblowing model. In *Research on Accounting Ethics,* Volume 1, ed. L.A. Ponemon, 291-313. Greenwich, CT: JAI Press.

Gerboth, D. 1987. The accounting game. *Accounting Horizons* (December): 96-99.

Hooks, K.L., S.E. Kaplan, and J.J. Schultz, Jr. 1994. Enhancing communication to assist in fraud prevention and detection. *Auditing: A Journal of Practice and Theory* (Fall): 86-117.

Institute of Internal Auditors (IIA). 1985. *Statement on Internal Auditing Standards No. 3: Deterrence, Detection, Investigation, and Reporting of Fraud.* Altamonte Springs, FL: IIA.

Institute of Management Accountants (IMA) [formerly, the National Association of Accountants]. 1983. *Standards of Ethical Conduct*. Montvale, NJ: IMA.

Kohlberg, L. 1969. Stages and sequences: The cognitive developmental approach to socialization. In *Handbook of Socialization Theory and Research,* edited by D. Goskin, Chicago: Rand McNally.

Langenderfer, H.Q., and J.W. Rockness. 1989. Integrating ethics into the accounting curriculum: Issues, problems and solutions. *Issues in Accounting Education* (Spring): 58-69.

Loeb, S.E. 1990. A code of ethics for academic accountants? *Issues in Accounting Education* (Spring): 123-128.

Loeb, S.E. 1994. Accounting academic ethics: A code is needed. *Issues in Accounting Education* (Spring): 191-200.

McKinley, W., C.M. Sanchez, and A.G. Schick. 1995. Organizational downsizing: Constraining, cloning, learning. *Academy of Management Executive* (August): 32-42.

Merchant, K.A., and J. Rockness. 1994. The ethics of managing earnings: An empirical investigation. *Journal of Accounting and Public Policy* (Spring): 79-94.

National Commission on Fraudulent Financial Reporting (The Treadway Commission). 1987. *Report of the National Commission on Fraudulent Financial Reporting.* New York: AICPA, October.

New Encyclopedia Britannica. 1989. Chicago, IL: Encyclopedia Britannica.

Ponemon, L.A. 1990. Ethical judgments in accounting: A cognitive-developmental perspective. *Critical Perspectives in Accounting*, 191-215.

Ponemon, L.A. 1994. Whistle-blowing as an internal control mechanism: Internal and organizational considerations. *Auditing: A Journal of Practice and Theory* (Fall): 118-130.

Rest, J. 1979. *Development in Judging Moral Issues.* Minneapolis, MN: University of Minnesota Press.

Scribner, E., and M.P. Dillaway. 1989. Strengthening the ethics content of accounting courses. *Journal of Accounting Education* (Spring): 41-55.

Treviño, L.K., and K.A. Nelson. 1995. *Managing Business Ethics: Straight Talk About How to Do it Right.* New York: John Wiley & Sons.

17

德行在审计人员道德问题决策中的作用——认知—发展和德行—道德观的统一*

Linda Thorne

摘　要

最近,会计研究者已经注意到"德行"对审计人员道德问题决策的重要性(Dobson and Armstrong, 1995; Francis, 1990; Mintz, 1995; Moizer, 1995)。德行描述了决策制定者的特性和动机,以及那些对往往能增强人们对按道德做事的倾向性的把握和运用(MacIntrye, 1984)。然而,"德行"在审计人员的道德问题决策中的确切作用和影响仍然需要被诠释。因

* 作者要感谢 Mary Beth Armstrong, Susan, Louis Culumovic, Dawn Massey,几位匿名评论者以及 1996 年在芝加哥召开的美国会计师协会道德座谈会参与者的富有洞察力的评论。本论题得到了 Yoka-CGA 研究计划的资金支持。

此,本章的目的是通过描述德行在审计人员道德问题决策中的作用和影响以丰富我们对审计人员道德判断和行为的理解。通过整合了德行—道德和认知—发展观点的审计人员道德问题决策过程模型的展开来实现本章的写作目的。这一模型使审计人员道德判断和行为的研究的重要成果得到了检验,而且提出了对未来研究有益的领域。

介 绍

会计道德问题研究的有用性和重要性在于它具有减少会计和审计人员非道德行为的倾向性。然而,这一目标的实现需要理解对实务中呈现出的道德两难处境的解决方式(Ponemon, 1995)。道德的两难处境是复杂的,不可预测的,而且并非是通过具体规则的运用所能处理的(Ladd, 1991; Dienhart, 1995)。审计人员对道德两难处境的解决方法涉及一个复杂的决策过程,包括下列的组成部分(Rest, 1983, 1994):(1)对一个特定两难困境的理想解决问题方法的道德判断;(2)是否遵循道德判断的道德意向;(3)执行道德意向的行为。不同的审计人员,对于某一特定的道德两难困境的“合乎道德的解决问题的方法”会做出不同的定义。因此,理解审计人员道德决策行为是完整评价他们道德行为的合理性所必需的(Gaa, 1992a)。

会计道德的研究者已经发起了一项与审计人员道德行为相关的经历和因素的调查(如,Lampe and Finn, 1992; Ponemon, 1992; Gabhart, 1993; Tsui and Gul, 1996; Windsor and Ashkanasy, 1995)。一般来说,这项工作主要依赖于一个认知发展的观点,这一观点关注个人的道德发展水平(Kohlberg, 1958)。比如,使用了认知发展方法的审计人员道德问题决策过程的几个经验模型被用以预测环境因素对审计人员执行专业判断和进行道德行为的影响(如,Lampe and Finn, 1992; Ponemon and Gabhart, 1993)。尽管如此,描述个人性格而非道德发展水平对审计人员道德决策过程影响的理论模型仍然在被研究。

最近,会计研究者将其注意力转移到“德行”对审计人员进行道德判断的重要性上来(Dobson and Armstrong, 1995; Francis, 1990; Mintz, 1995; Moizer, 1995)。德行描述了决策制定者的特点和动机以及他们对进行全面道德判断倾向的把握和运用(MacIntrye, 1984)。然而,“德行”在审计人员的道德问题决策过程中的影响仍然需要被诠释。因此,本章的目的是通过描述德行在审计人员道德问题决策过程中的作用和影响,丰富我们对道德行为及判断的理解。通过整合了的德行—道德理论和认知—发展观点的道德决策模型的展开来达到本章的目的。在这个模型中,提出了一个有益于理解审计人员道德方面的职业判断的理论框架。

本章的结构如下。首先,对道德决策制定的认知发展观点做了评述。其次,简要地说明了“德行”的概念和德行—道德理论。接下来,提出了道德决策过程的整合模型。这个模型提出了一个描述审计人员职业判断和行为的道德问题的框架。这个框架检验了现存的有关审计人员道德判断和行为的重要发现并提出了有价值的未来研究领域。

本章旨在为会计道德研究做出两项贡献。首先,它希望有助于发展一个对理解审计人员道德问题决策和行为有用的全面的框架。其次,通过关注德行对审计人员职业判断的重要性,增加会计道德研究者近来的成果(Dobson and Armstrong, 1995; Francis, 1990; Mintz, 1995; Moizer, 1995)。同时,本章希望提供一个有助于理解德行在道德决策中的作用的理论框架,对道德研究的一般性领域作出贡献。

认知—发展观点下的审计人员道德问题决策过程

会计研究者最近通过采用认知—发展观点已经取得了对职业

会计师的道德行为和判断的研究的重大突破(如, Armstrong, 1987; Ponemon, 1988, 1990, 1992; Ponemon and Gabhart, 1993, 1994)。根据这一观点,一个人道德的复杂演进也是其在走向成熟的过程中所经历的一系列的发展阶段(Kohlberg, 1958)。当这一研究被运用到审计领域,使用认知发展观点的研究表明审计人员道德发展水平和他们有能力在更高的水平上做出职业判断(Gaa and Ponemon, 1994; Sweeney, 1995)以及和他们按道德行事的倾向(Ponemon, 1992)间联系的存在。而且,经验性结果表明环境变量(Ponemon, 1992; Ponemon and Gabhart, 1993)和个人变量(Tsui and Gul, 1996; Windsor and Armstrong, 1995)同审计人员的道德发展水平相互作用来影响他们的道德问题决策过程。

认知—发展的研究者也试图去理解道德决策制定的过程。尤其是,Rest(1986)断言道德行为不是一个单一的决策过程的结果而是各种各样的认知结构和心理过程相结合的结果。

Rest(1983, 1994)提出了一个建立在个人的道德行为同他的道德发展水平相关的假设基础之上的道德行为模型。Rest 的道德行为模型分了四个同道德决策制定过程密切相关的组成部分。根据表 17.1 所列示的心理过程和结果对每一组成部分进行描述。

表 17.1 Rest(1994)的四成分模型

过 程	结 果
道德敏感性	两难处境的认定
规范性推理	对“理想”的道德判断
道德动机	道德意向
道德品质	道德行为

成分 1:道德敏感性

道德敏感性通过对道德两难处境的认定引发了道德问题的决策过程。道德敏感性是指对特定两难处境的解决办法可能影响其他人利益的意识(Rest, 1994)。它涉及对环境方面的觉察、解释以及潜在的可供选择方法对他人利益影响的评价(Rest,1983)。

成分 2:规范性推理

个人对最好的解决道德两难处境方式的道德认知被称为规范性推理(Rest, 1979)。个人规范性推理的结果是他对道德两难处境的最完美的解决方法所作出的道德判断。一般来说,个人的规范性推理反映了他对被看作是由他的道德发展水平来衡量的道德情况的认知性理解。(Kohlberg, 1976, 1979)。

成分 3:道德动机

Rest 的论点提出了道德动机对道德问题决策的重要性,该论点认为,"世上声名狼藉的坏人"并不是在认知上受到限制而是缺乏道德动机(如,希特勒)。道德的动机反映了个人将道德的价值(如,诚实、正直、真诚)置于非道德的与个人利益相关的价值(如,财富、权利、名誉)之前的意愿。个人的道德的动机影响了他是否遵循在解决道德两难处境过程中的道德判断的道德意向。

成分 4:道德品质

个人不是总能按道德意向来行动的。Nisan 和 Kohlberg (1986)将个人的合乎道德的行为意向和他同道德行为的偏离归因于缺乏道德品质。Trevino 提出了影响个人行为道德倾向的个人品质的三个方面,即自我的力量、领域的信任、场所的控制。① 具有较强道德品质的个人比那些具有较弱道德品质的个人,更容易实行他们的道德意向。

道德问题决策中的德行—道德和互动观点的比较

Rest(1983, 1994)的道德行为模型被用作"互动"观点的结构基础,这一结构试图去预测关键的个人和环境因素对道德判断的影响(比如,Dubinsky and Loken 1989; Ferrell and Gresham, 1985; Hunt and Vitell, 1986; Jones, 1991; Trevino, 1986)。互动的观点主要被会计一道德研究者所采用,以解释环境因素怎样来影响审计者的道德行为(比如,Lampe and Finn, 1992; Ponemon and Gabhart, 1990)。尽管对审计者的道德问题决策过程的洞察来自于互动结构,但这些结构在审计者道德问题决策过程中没有提供对个人性格特征的理论性描述,不包括道德的发展水平。为了弥补这一缺憾,本章使用一个整合的观点来提出个人道德问题决策的具有理论基础的模型,在这一模型的基础之上可以发展对审计者行为和职业判断更好的理解。

所提出的这个一体化的道德行为模型与相互影响主义者的框架是一致的,同认为个人性格特征会调和个人的道德发展水平,并影响他们的道德问题决策过程(如,Ferrell and Gresham, 1985; Trevino, 1986)。认知一发展和德行一道德观点在道德问题决策中的"本质的区别"得到了强调(Dobson and Armstrong, 1995)。而认知一发展理论关注于对道德认知的作用和发展的理解,德行一道德理论关注于理解个人的品格在影响其个人的道德判断和道德行为上的作用。

德行一道德理论提出了一个建立在亚里士多德学派的道德哲学基础之上的理论的基础,该道德哲学描述了个人的德行对道德问题决策的作用和重要性。德行是决策者的个性特征,是对那些往往会增强他对进行全面的道德判断倾向的把握和运用(MacIntyre, 1984)。Falk(1995)描述了德行一道德理论的四个基本的特点:(1)德行的含义;(2)道德问题的判断;(3)成长的团体(nurturing community);(4)道德范例。前两个特点同道德问题决策个人自身的各方面情况相关,后两个特点同个人对德行定义所处的团体相关(Solomon, 1993)。描述个人性格特征在道德问题决策中作用的是德行一道德理论的个人因素。因此,道德问题决策的整合模型将德行一道德的个人因素融入了 Rest 的道德行为模型中去。

德行的涵义

根据亚里士多德学派的德行—道德观点,高尚的德行是个人在即使涉及了自身的利益时而去关心他人的利益的性格。高尚的德行是个体中的内在力量和个体中的"美德",这种"美德"是通过仅仅为做好事本身而行善的倾向得到反映的(Wallace, 1978)。比如一个具有美德的人是尽管存在着个人的风险仍然为了人类的利益而行动的人(如,甘地、南丁格尔、特里萨修女)。而且,高尚德行不仅是一个做好事的倾向,一个具有美德的人必须有意去选择一些行为,而且仅仅是为了善良本身(Pincoffs, 1986; Wallace, 1978)。这表明一个德行高尚的人必须了解的不仅仅是什么是好的,而且还要具有去促成"好的"结果的愿望和能力。

Pincoffs(1986)提出了一个高尚的德行的范畴以使我们更清楚地理解德行高尚者的基本性格特点,这包括机械性德行(instrumental virtue)和道德的德行。讲道德的德行是一个人固有优点,尤其注意考虑别人的利益被认为在精神上是德行高尚的。根据Pincoffs的说法,道德上德行好的人是"友善的、仁爱的、利他的、大度的、温和的、无私的、仁慈的、敏感的、肯帮忙的、理解人的"(p. 91)。比如,Pincoffs把公正形容为最完美的精神上的高尚德行。同时被列为精神上的高尚德行的有:忠诚、正直、真诚、老实(Mintz, 1995)。

同道德德行相比,即机械性德行是那些实现个人道德意向的基本的品格(如,坚持不懈、勇气、细致、谨慎、坚毅)用Pincoffs自己的话来说:

> 作为个体的人,如果能坚持不懈,不易被挫败,有足够的勇气去面对令人畏惧的挑战,有足够的机警去设计可供选择的策略,有足够的谨慎去为可能发生的事做出计划,有足够充沛的精力去实行他们的计划,面对紧急情况头脑足够清醒而无惊恐,具有足够的自信和决心而不让步于可能使其偏离他们工作的瞬息的感觉和渴望。

因此,机械性德行是指那些同实施其好的意向的能力相关的个人品格。

尽管,德行—道德理论的中心是检验那些促成好的或道德行为的个人性格特征,它的道德问题决策过程的观念同认知—发展观点所提出的方法在三个重要方面上具有相似性。首先,两个观点都提出道德的行为是一个理性的道德问题决策过程的最终结果。其次,两个观点都关注个人的道德问题决策过程。第三,两个观点都承认认知对个人道德问题决策的至关重要的影响。尽管如此,关于德行—道德观点所倡导的道德问题决策过程模型的研究仍然在进行中。

一个整合的道德问题决策过程模型

假设在德行—道德和认知—发展观点中存在相似性,一个对道德问题决策的深刻理解源于它们"基本的差异"的统一。它们的"基本的差异"反映了各自理论所关注的不同的中心(Dobson and Armstrong, 1995)。一方面,认知发展理论关注于道德认知而且提供了一个用于理解道德问题决策过程的重要组成部分间关系的结构(Rest, 1983, 1984);另一方面,该理论提出了一个检验当面临道德两难困境时决策者的德行和动机的理论基础;然而,德行—道德理论缺乏一个用以发展一个全面理解对德行在道德决策中作用的结构。为了加强对道德问题决策的理解,通过清楚的认定高尚德行对个人道德决策过程的影响,提出了一个融合了两个理论观点的整合模型。图 17.1 表明了道德问题决策过程的整合模型。

图 17.1 表明,除了道德发展水平之外,个人的德行对于道德两难困境的解决非常重要,对于道德行为的决策是必不可少的。更明确地说,一个整合的模型拓展了对道德问题决策的三个方面的理解。第一,这个模型确认了道德上的德行在道德动机决策中的影响。其次,这个模型也认定了机械性德行在决定某人的道德德行中的影响。第三,这个模型承认在个人的道德德行和规范性推理间的联系。对这三个因素重要性描述如下:

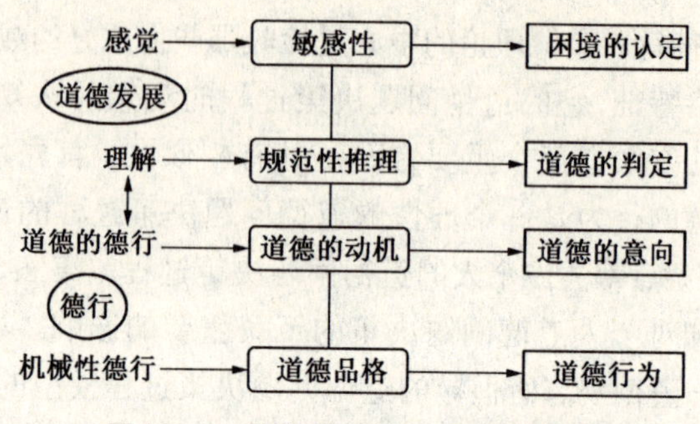

图 17.1　整合的道德问题决策模型

道德德行和道德动机

道德德行和道德动机都同个人按其道德判断行为的意向相关。如同前面所讨论的,道德德行是一个积极的德行属性,这一德行是指尽管存在个人的风险依然关注他人利益(Pincoffs, 1986),而且道德动机描述了将他人利益放在自已利益之上的个人意愿(Rest, 1994)。

尽管,这两种观点的相似性是显而易见的,但对个人道德意向的影响因素的深入理解来自于认知—发展观点的焦点和德行—道德观点的焦点的结合。因此,一个整合的观点认为个人的道德动机是他的道德德行的反映。这反过来表明,那些在道德上德行高尚的个人比那些道德德行不太高尚的人更多地被符合道德的行为意向所激励。

机械的德行和道德上的品格

相似地,对于影响一个人道德意向的深入理解也来自于德行—道德观点下的机械性德行和认知—发展观点下的道德品格的结合。根据认知—发展观点,一个人的道德品格影响他按其道德意向行动的意愿和能力(Nisan and Kohlberg, 1982; Rest, 1994; Trevino, 1986)。根据认知—发展理论,对个人行使其道德意愿的能力而言至关重要的品格特性是机械性德行(Pincoffs, 1986)。因此,整合的观点表明一个人的道德品格是机械性德行的反映。

道德德行和规范性理解间的联系

在图17.1中连接规范性理解和道德德行双箭头被用来描述这两个观点的联系的反射性本质。尽管与认知—发展理论不相一致,这种联系的本质很大程度上反映了德行—道德观点的重点,即承认德行高尚的人既具有对什么是好的理解又具有去成为好的渴望。如同 MacIntyre(1984)描述的:

> 具有高尚德行的直接结果是作出正确的选择。受教育的有道德的调查人员必须在当他进行符合道德的判断和行动时知道他在做什么。因此,他做那些高尚的事情仅仅因为他们是高尚的。真正德行高尚的调查人员的行为是建立在可靠和理性判断的基础之上的。

因此,整合的观点明确地承认个人对道德两难困境的规范性理解是按道德行为的渴望和能力所必不可少的组成部分,而且一个人的道德品格是他对道德两难困境的常规性理解必不可少的一部分。

总　结

道德问题决策的整合模型是通过将道德—德行观点的道德德行和机械性德行合并入由 Rest(1983, 1994)的道德行为的模型提出的结构而得以发展的。这一整合的模型通过认定德行在个人道德问题决策中的至关重要影响,提供了对德行和道德发展在个人道德决策过程中作用的丰富理解。从这个整合的模型中我们可以推断出的是德行和道德的发展对个人道德问题决策过程都是必要的组成部分,而且结合起来影响个人的道德行为。

审计人员职业判断中的道德组成部分的理论框架

“职业判断”是在可行的职业标准所提供的框架之内,由有经验且知识丰富的人员以应有的谨慎、客观性和正直去行使判断(Gibbins and Mason, 1988, p. 5)。大量的会计研究者提供了对审计人员职业判断的道德方面的支持(比如,DeAngelo, 1981; Lampe and Finn,1992;Ponemon and Gabhart,1993;Watts and Zimmerman, 1983)。进行职业判断需要的不仅仅是下面的规则(Gaa,1992b)。它涉及"职业标准"在不存在清晰的或明确的标准情况下的运用(Gaa, 1994, 1995)。它也要求审计人员具有"在客户发生违反法纪的行为时具有承受客户压力去有选择地进行披露"的道德品格(De Angelo, 1981, p. 115)。

对道德问题决策过程的整合模型的检验表明该模型似乎包括了审计人员道德判断过程的基本方面。这可以通过包括在表 17. 2 中的一个例子说明,这个例子做了一个在出具保留的审计意见过程中所涉及的步骤和整合模型四个组成部分间的类比。

表 17. 2　按整合模型的四个组成部分发表保留意见的审计报告

1. 审计人员对是否出具保留意见的审计报告的评价的第一步是其对客户违法行为存在的认定。这类似于整合模型的第一个组成部分:对道德两难困境的认定。
2. 第二步要求审计人员系统地陈述关于客户应该在特定的情况下所报告的内容的职业意见。这类似于整合模型的第二个组成部分:规范性推理。
3. 假设存在违法行为,审计人员需要审慎地考虑他是否指明了审计意见的性质。这类似于整合模型的第三个组成部分:道德意向。
4. 最后,审计人员出具保留意见的审计报告的行为类似于模型的第四个组成部分,即道德行为。

因此,道德问题决策的整合模型被用作研究现存会计—道德研究的一个框架。这一检验的范围仅限于从一个认知—发展的观点来调查审计人员职业判断的会计道德研究。这种检验将被用来评价整合模型对于描述审计人员职业判断以及对了解未来研究机会而言是否有用。表 17. 3 通过检验整合模型的组成部分对会计道德研究进行了分类。

表 17.3　按审计人员职业判断过程的整合框架进行分类的审计人员道德问题决策的文献综述

道德决策过程的组成	职业判断过程的组成	研究调查
道德两难困境的认定	客户违法行为的认定	Bernardi(1994) Ponemon(1993) Ponemon 和 Gabhart(1993) Shaub、Finn 和 Munter(1993)
常规判断(prescriptive judgement)	对职业判断的系统表述	Gaa 和 Ponemon(1994)
道德意向	执行职业判断的意向	Ponemon 和 Gabhart(1990)
道德行为	执行职业判断	Ponemon(1992) Tsui 和 Gul(1996) Windsor 和 Ashkanasy(1995)

违法行为的认定

道德问题的决策过程产生于对某一特定事态将会影响他人的利益的识别(Rest, 1983)。在审计方面,这类似于对客户违反法规的认定。几项研究(Bernardi,1994; Ponemon and Gabhart, 1993; Ponemon, 1993; Shaub, Finn and Munter, 1993)考察了在审计人员的道德敏感性和他觉察客户有意或无意违法行为的能力间的联系。

Bernardi(1994)考察了审计人员道德发展和他们发觉客户虚假会计报表信息的能力间的联系。这项研究的内容是,让具有不同经验水平的审计人员去评价财务报告的真实性以及这些财务报告中可能存在的引导审计人员发现重大舞弊的错误。这项研究结果表明具有更高的道德发展水平和较多经验的审计人员比其他审计人员(较低的道德发展水平或缺乏经验)更可能发现客户财务报告上的欺诈。其他两项研究,Ponemon 和 Gabhart(1993)和 Ponemon(1993)考察了审计人员道德发展水平和他们对上下相连的可能表明客户违法的线索的敏感性间的关系。这些研究指出,假设给定一个技术能力水平,在一个更高道德水平上的审计人员比较低的道德发展水平的审计人员对那些发生违法行为的环境线索更具有敏感性。从这些研究中我们可以推断出,在较高的道德发展水平上的审计人员能更好地发现财务报告中重大错报的存在。这反过来表明,审计人员的道德敏感性水平同其执行工作的能力是相联系的,道德的相关发展水平在其进行职业判断时是必不可少的。

另一个运用了认知发展方法的研究也考虑了审计人员在客户违法问题上的道德敏感性。Shaub 等人(1993)发展了对审计人员道德敏感性的衡量而且考察了在审计人员道德敏感性和投入(commitment)之间的联系。投入是由审计人员为其所代表的职业或会计公司而努力的意愿来衡量的。Shaub 等没有发现投入和他们所预期的道德敏感性问题间重要联系的证据。尽管如此,如果已知道德问题决策的整合模型所提供的框架,他们的研究结果是可以预期的。尽管,断定在研究中的"投入"性质是困难的,但它可以和 Pincoffs(1986)所描述的机械性德行相类比。整合模型表明机械性德行同个人的按其道德意向而不是按个人的道德敏感性进行行为的这种倾向相关。我们需要其他的研究来评价"投入"(如 Shaub 等在研究中所运用的)和审计人员进行职业判断的道德意向间的联系。尽管如此,整合模型指导经验性会计道德研究的潜在作用得到研究结果的支持。

职业道德判断的系统表述

职业道德判断的系统表述需要的不仅仅是遵循规则(Moizer, 1995)。它涉及这些规则在不清楚或没有明确的标准情况下的运用。对职业判断的系统描述促使审计人员在发现财务报告存在重大错报时,规范性地去确定他们需要做的事情(Moizer, 1995)。尽管大量的研究已经描述了审计人员规范性推理的能力(如,Lampe and Finn, 1992; Ponemon, 1990, 1992; Ponemon and Gabhart, 1993,1994; Shaub, 1994),但是很少有研究考虑在审计人员规范性推理和职业判断间的联系。

一个文献综述提到了一个未发表的考虑了这两者联系的研究。Gaa 和 Ponemon(1994)检验了具有较高或较低道德发展水平和较高或较低专业技能的审计人员解决现实的审计两难困境的方式,这一困境要求冲突的会计原则彼此协调。他们的分析涉及了对审计人员的共同口头协议(concurrent verbal protocol)的检验。研究结果表明在现实的审计案例中较高的道德发展水平和专业技能对审计人员规范性的推理是必要的。这项研究表明对于具有较高专业技能的审计人员而言,一个审计人员的道德发展水平是同他在专业水平上系统描述专业判断的能力是相关的。反过来,这也表明道德专长,即被定义为较高道德发展水平的个人所具有的对道德的理解,对于系统描述专业职业判断而言是至关重要的。而且这一研究提供了在整合模型中所描述的相互关系的支持,这种关系是指整合模型的第二个组成部分——规范性推理,类似于对审计人员职业判断的系统描述。

进行职业判断的意向

进行职业判断的意向需要一位审计人员审慎地考虑是否遵循,如道德法规所建立的和他的规范性推理过程所决定的那些"最完美的"职业判断。因此,一位审计人员进行职业判断的意向反映了他的道德动机。Ponemon 和 Gabhart(1990)检验了在审计人员进行职业判断的意向,有关的环境情况对道德选择的影响和作为衡量道德发展水平的道德认知间的联系。Ponemon 和 Gabhart 的研究表明审计人员进行职业判断的意向似乎具有道德认知和环境结果相结合的功能。而且这一研究表明环境情况可能对审计人员根据其道德发展水平执行道德判断的倾向产生完全不同的影响。

尽管 Ponemon 和 Gabhart 的研究为应用于审计人员职业判断的整合模型提供了支持,但由于缺乏对道德品德和审计人员进行职业判断的意向间的联系的研究调查,我们难以对这一整合观点的有用性作出评价。然而,知识上的欠缺也提出了未来研究的机会，这些机会具有增强我们对道德决策过程和审计人员的道德判断过程的理解的潜力。

实践职业判断

职业判断的执行描述了遵循个人意向的职业判断的行动。整合框架表明审计人员进行职业判断的意向被影响他们职业判断的机械性德行的力量所控制。反过来，这表明道德德行和机械性德行的个人特征影响审计人员的道德发展和进行职业判断。

只有一个使用了认知发展方法的研究考察了审计人员的道德行为和他们道德发展水平间的联系，即 Ponemon(1992)考察了审计人员低报完成一份模拟的审计工作所需时间的倾向性。这项研究的结果表明在较低的道德发展水平上的审计人员比具有较高的道德发展水平的人更倾向于少报工时。因此，这项研究为在整合模型中的审计人员道德认知和道德行为间的联系提供了支持。

另外，其他的两项研究考察了按 Rotter 的“控制轨迹”法测得的审计人员的机械性德行和其在实务中所遇到的现实道德两难处境的反应间的联系(Tsui and Gul, 1996；Windsor and Ashkanasy, 1995)。Trevino(1986)认为按 Rotter 的测量方法，“内部”审计人员比“外部”审计人员具有更多的机械性德行。因此，“内部”审计人员比“外部”审计人员更易于作出符合道德的职业判断。在 Tsui 和 Gul(1996)以及 Windsor 和 Ashkanasy(1995)的文献中都能找到对 Trevino 主张的支持。这些研究表明，在一个已知的道德发展水平上，“内部”审计人员比“外部”审计人员更易作出道德判断。另外同整合的框架相一致，这些研究调查结果也表明审计人员的道德发展水平和控制轨迹影响他们的道德行为。较高道德发展水平的个人和“内部人”比那些具有较低道德发展水平的个人和“外部人”更容易做出合乎道德的行为。

经验证据表明一个审计人员遵从他的职业判断是他的德行和道德发展的结合的结果。因此，这些研究为整合框架对于理解德行和道德发展在审计人员进行职业判断中的效用提供了支持。

结　论

尽管整合的框架确实需要经验数据的支持,但其为会计—道德研究者提供了理论支持,这些研究者坚持认为,作出道德的职业判断需要审计人员证明其德行方面的高尚,同时要在技术和道德方面足以胜任(如,Dobson and Armstrong,1995;Doucet and Ruland,1994; Gaa and Ruland, 1995; Mintz, 1995)。在道德问题决策中整合方法的使用,没有把德行和道德的发展看作是对审计人员进行职业判断的外部限制,而是将德行和道德的发展视为一个好的专业人士的基本素质的核心(Dobson and Armstrong, 1995)。与德行—道德观点相一致,整合的框架表明具有专业和道德上的专长是必要的,但是对审计人员满足对社会的职业义务而言是不够的(Mintz, 1995)。要成为一个好的审计人员,他必须德行高尚,在技术和道德上也是胜任的(Dobson and Armstrong, 1995)。

发展道德问题决策整合模型的目的是为理解德行和道德发展在审计人员职业判断中各自的作用提供一个理论框架。这个框架可以被用作对现存的经验性会计—道德研究理解的指导,而且用以为会计道德研究者提供关于审计人员道德决策过程方面未来的研究机会。

通过对现存的会计道德研究结果的综合分析,几个未来研究的机会清晰可见。尽管可以从两项研究(Tsui and Gul, 1996; Windsor and Ashkanasy, 1995)中推断出审计人员的道德品格和职业判断间的联系,清晰和全面地检验审计人员的德行和其对职业判断的影响方面的经验性研究似乎有些缺乏。对审计人员德行的经验性研究的匮乏表明需要一个定义和计量各种审计人员的个性特征的研究计划。

局　限

在本章中整合模型的研究范围局限于考虑将道德—德行理论

所描述的个人方面统一到认知—发展框架中去。因此，整合模型并没有明确地包含从德行—道德理论群体的角度所提出的各方面的理论。尽管如此，由德行—道德观点所提出的团体和业务的作用和性质，可能有助于洞察环境因素对道德问题决策过程的影响。比如，整合模型可能为理解道德方面的专业法规对审计人员职业判断和道德行为的影响提供一个理论的基础。另外，整合模型可用以为理解道德文化对组织内部控制的影响提供理论基础。因此，整合模型可以为调查高层（tone at the top）对组织内部控制的影响提供一个平台，这一调查将强调反虚假财务报告委员会（Tread way Commitee, 1987）和 CICA 控制标准委员会（Criteria of Control Committee, 1994）关于处于权威地位的人对组织内部控制的影响（Gaa and Ruland, 1995）。

本章所提出的模型限制了德行—道德整合理论和认知—发展观点的范围。然而，通过可供选择的道德方法，可洞察审计人员的职业判断。Cohen, Pant 和 Sharp（1995）提出了会计道德研究方面的多维方法对整合模型第一个组成部分，即道德敏感度的检验（如 Flory et al., 1992; Cohen, Pant and Sharp, 1992, 1995）。因此，对整合模型其他主流研究者的发现进行结合有助于对审计人员道德决策过程丰富的理解。而且，对会计道德研究者所使用的不同的道德范例的相似性和区别的额外调查有助于对审计人员职业判断更全面的理解。

注 释

① 自我的力量描述的是一个人抵抗冲击，遵循他自己的信念的倾向。情景依赖描述了一个人使用社会标准（social referents）作为行为指导的程度（Witkin and Goodenough, 1977）。对于控制的关注反映了一个人认识到其已经控制了自己命运的程度（MacDonald, 1976）。

参考文献

Armstrong, M. 1987. Moral development and accounting education. *Journal of Accounting Education* 5: 27-43.

Bernardi, R. 1994. Fraud Detection: The effect of client integrity and competence and auditor cognitive style. *Auditing: A Journal of Practice and Theory* 14(Supplement): 68-97.

Cohen, J., L. Pant, and D. Sharp. 1992. Cultural and socioeconomic constraints on international codes of ethics: Lessons from accounting, *Journal of Business Ethics.* (11): 687-700.

Cohen, J., L. Pant, and D. Sharp. 1995. Towards a model of moral decision making: A multidimensional study of Canadian accounting students and accountants. Working paper, Western Ontario.

Criteria of Control Committee (CICA). 1994. *Exposure Draft on the Guidance on Criteria of Control.* Toronto: CICA.

DeAngelo, L. 1981. Auditor independence, low balling and disclosure regulation. *Journal of Accounting and Economics* 3: 113-127.

Dienhart, J. 1995. Rationality, ethical codes and an egalitarian justification for ethical expertise. *Business Ethics Quarterly* 5(July): 419-450.

Dobson , J., and M. Armstrong. 1995. Application of virtue-ethics theory. In *Research on Accounting Ethics,* Vol. 1, ed. L.A. Ponemon, 187-202. Greenwich, CT: JAI Press.

Doucet, M., and R. Ruland. 1994. Exploring the necessary virtues for professional accountants. Working paper, Bowling Green State University.

Dubinsky, A., and B. Loken. 1989. Analysing ethical decision making in market. *Journal of Business Research* 19(2): 83-107.

Duncan, S. 1995. *A Primer of Modern Virtue Ethics.* Lanham, MD: University Press of America.

Falk, H. 1995. Professional services and ethical behavior. In *Research on Accounting Ethics,* Vol. 1, ed. L.A. Ponemon, 203-212. Greenwich, CT: JAI Press.

Ferrell, O., and L. Gresham. 1985. A contingency framework for understanding ethical decision making in marketing. *Journal of Marketing* 29(3): 87-96.

Flory, S., T. Phillips, R. Reidenbach, and D. Robin. 1993. A multidimensional analysis of selected issues in accounting. *Accounting Review* 67(2, April): 284-302.

Francis, J. 1990. After virtue? Accounting as a moral and discursive practice. *Accounting, Auditing and Accountability Journal* 3(3): 5-17.

Gaa, J. 1992a. The auditor's role: The philosophy and psychology of independence and objectivity. In *Proceeding of the 1992 Deloitte & Touche/University of Kansas Auditing Symposium,* eds. R. Srivastava and A. Ford, 7-43, Lawrence, KS: University of Kansas Press.

Gaa, J. 1992b. Discussion of auditors' ethical decision processes. *Auditing: A Journal of Practice and Theory* 11: 60-67.

Gaa, J. 1994. *The Ethical Foundations of Public Accounting.* Vancouver: Canadian Certified General Accountants' Research Foundation.

Gaa, J. 1995. Moral judgment and moral cognition: A comment. In *Research on Accounting Ethics,* Vol. 1, ed. L.A. Ponemon, 253-266. Greenwich, CT: JAI Press.

Gaa, J., and L. Ponemon. 1994. Towards a theory of moral expertise: A verbal protocol study of public accounting professionals. Working paper, Macmasters University, Canada.

Gaa, J., and R. Ruland. 1995. Ethics in accounting: An overview of issues, concepts and principles. Working paper.

Gibbins, M., and A. Mason. 1988. *Professional Judgment in Financial reporting.* CICA Research Study. Toronto: CICA.

Hunt, S., and S. Vital. 1986. A general theory of marketing ethics. *Journal of Macro Marketing* 6(1): 5-16.

Jones, T. 1991. Ethical decision making by individuals in organization: An issue-contingent model. *Academy of Management Review* 16(2): 366-395.

Klein, S. 1989. Platonic virtue theory and business ethics. *Business and Professional Ethics Journal* 8(4): 59-81.

Kohlberg, L. 1958. The development of modes of moral thinking and choice in the years ten to sixteen. Ph.D. dissertation, University of Chicago.

Kohlberg, L. 1976. Moral stages and moralization: The cognitive-developmental approach to socialization. In *Handbook of Socialization Theory and Research,* ed. D. Goskin, 347-480. Chicago: Rand McNally.

Kohlberg, L. 1979. *The Meaning and Measurement of Moral Development*. Worcester, MA: Clark University Press.

Ladd, J. 1991. Bhopal: An essay on moral responsibility and civic virtue. *Journal of Social Philosophy* 22(Spring): 241-263.

Lampe, J., and D. Finn. 1992. A model of auditors' ethical decision processes. *Auditing: A Journal of Practice and Theory* 11: 33-59.

MacDonald, A. 1976. Internal/external locus of control. In *Measure of Social Psychological Attitudes,* eds. J.P. Robinson and P.R. Shaver, 413-582. Ann Arbor, MI: Institute for Social Research.

MacIntyre, A. 1984. *After Virtue*, 2nd edition. Notre Dame, IN: University of Notre Dame Press.

Mintz, S. 1995. Virtue ethics and accounting education. *Issues in Accounting Education* 10(2, Fall): 247-267.

Moizer, P. 1995. An ethical approach to the choices faced by auditors. *Critical Perspectives on Accounting* 6: 415-431.

Nisan, M., and L. Kohlberg. 1982. Universality and cross-cultural variation in moral development: A longitudinal and cross-sectional study in Turkey. *Child development* 53: 359-369.

Pincoffs, E. 1986. *Quandaries and Virtues.* Lawrence, KS: University Press of Kansas.

Ponemon, L. 1988. A cognitive-developmental approach to the analysis of certified public accountants' ethical judgments. Ph.D. dissertation, Union College.

Ponemon, L. 1990. Ethical judgments in accounting: A cognitive-developmental perspective. *Critical Perspectives on Accounting* 1: 191-215.

Ponemon, L. 1992. Auditor under reporting of time and moral reasoning: A lab study. *Contemporary Accounting Research* 9(1, Fall): 171-189.

Ponemon, L., ed. 1995. *Research on Accounting Ethics,* Vol. 1. Greenwich, CT: JAI Press.

Ponemon, L., and D. Gabhart. 1990. Auditor independence judgments: A cognitive-developmental model and experimental evidence. *Contemporary Accounting Research* 7: 227-251.

Ponemon, L., and D. Gabhart. 1993. *Ethical Reasoning in Accounting and Auditing*. Vancouver: Canadian Certified General Accountants' Research Foundation.

Ponemon, L., and D. Gabhart. 1994. Ethical reasoning research in accounting and auditing professions. In *Moral Development in the Professions: Psychology and Applied Ethics,* eds. J. Rest and D. Narvaez, 101-121. Hillsdale, NJ: Erlbaum Associates.

Ponemon, L., and A. Glazer. 1990. Accounting education and ethical development: The influence of liberal learning on students and alumni in accounting practice. *Issues in Accounting Education* 5: 195-208.

Rest, J. 1979. *Development in judging moral issues*. Minneapolis, MN: University of Minnesota Press.

Rest, J. 1983. Morality. In *Manual of Child Psychology: Cognitive Development*, Vol. 3, eds. J. Flavell and E. Markman, 556-629. New York: Wiley.

Rest, J. 1986. *Moral Development: Advances in Research and Theory.* New York: Praeger.

Rest, J. 1994. Background theory and research. In *Moral Development in the Professions,* eds. J. Rest and D. Narvaez, 1-26. Hillsdale, NJ: Erlbaum & Associates.

Rotter, J. 1966. Generalized expectancies for internal versus external control of reinforcement. *Psychological Monographs* 609.

Shaub, M. 1994. An analysis of Factors affecting the Cognitive moral development of auditors and auditing students. *Journal of Accounting Education* (Fall): 1-26.

Shaub, M., D. Finn, and P. Munter. 1993. The effects of auditors' ethical orientation on commitment and ethical sensitivity, *Behavioural Research in Accounting* 5: 145-169.

Solomon, R. 1992. Corporate role, personal virtues: An Aristotelian approach to business ethics. *Business Ethics Quarterly* 2: 317-339.

Solomon, R. 1993. *Ethics and Excellence: Cooperation and Integrity in Business.* Oxford, UK: Oxford University Press.

Sweeney, J. 1995. The moral expertise of auditors: An exploratory analysis. In *Research on Accounting Ethics,* Vol. 1, 213-234, ed. L.A. Ponemon. Greenwich, CT: JAI Press.

Treadway Commission. 1987. *Report of the National Committee on Fraudulent Financial Reporting.*

Trevino, L. 1986. Ethical decision making in organizations: A person-situation interactionist model. *Academy of Management Review* 11: 601-617.

Tsui, J., and F. Gul. 1996. Auditors' behaviour in an audit conflict situation: A research note on the role of locus of control and ethical reasoning. *Accounting, Organizations and Society* 21(1, January): 41-54.

Wallace, J. 1978. *Virtues and Vices.*, Ithaca, NY: Cornell University Press.

Watts, R., and J. Zimmerman. 1986. *Positive Accounting Theory.* Englewood Cliffs, NJ: Prentice-Hall.

Windsor, C., and N. Ashkanasy. 1995. The effect of client management bargaining power, moral reasoning development and belief in a just world on auditor independence. *Accounting, Organizations and Society* 20(7/8): 701-720.

Witkin, H., and D. Goodenough. 1977. Field dependence and interpersonal behaviour. *Psychological Bulletin* 84: 661-689.

图书在版编目（CIP）数据

会计职业道德研究/（美）波尼蒙，（美）爱泼斯坦，（美）盖尔主编；李正等译．—上海：格致出版社：上海人民出版社，2010

（会计职业道德丛书）

ISBN 978－7－5432－1866－6

Ⅰ．①会… Ⅱ．①波…②爱…③盖…④李… Ⅲ．①会计人员－职业道德－文集 Ⅳ．①F233

中国版本图书馆 CIP 数据核字（2010）第 222830 号

责任编辑　王　炜
封面设计　钱宇辰

会计职业道德丛书

会计职业道德研究

［美］劳伦斯·A．波尼蒙 主编
马克·J．爱泼斯坦　詹姆斯·盖尔 副主编
李　正　王　晖　翁乐天　王　颖 译　郭永清 校

出　版　世纪出版集团　www.ewen.cc
格致出版社　www.hibooks.cn
上海人民出版社
（200001　上海福建中路193号24层）

编辑部热线 021－63914988
市场部热线 021－63914081

发　行　世纪出版集团发行中心
印　刷　上海商务联西印刷有限公司
开　本　635×965 毫米　1/16
印　张　22.5
插　页　1
字　数　294,000
版　次　2010 年 12 月第 1 版
印　次　2010 年 12 月第 1 次印刷
ISBN 978－7－5432－1866－6/F·354
定　价　48.00 元

Research on Accounting Ethics

L. A. Ponemon

This edition of Research on Accounting Ethics By L. A. Ponemon is published by arrangement with Elsevier BV, Sara Burgerhartstraat 25,1055 KV, Amsterdam, The Netherlands